NACHT
WILDLAPPEN
RUSSIA
GRUNLAND
FINLAND
SWEDEN
GOTLAND
Riga
MARE GERMANICUM
Silandia
Femern
LIVONIA
Melbing
POMERN
Danczg
Grifpalt
PRUSSIA
MARCHIA NOVA
Stetin
Vistula fl
LITTAV
Franckfurt
GERMANIA MAGNA
Warse
POLONIA
SLESIA
Bosenn
MOSOVIA
TART
ORIEN
LUSACIA
POLONIA
Lemberg
Gorlitz
WALAC
Cracouia
OEMIA
MORAVIA
WURTZLANT
TRANSILVANA
Wienna
Noua ciuitas
Wardein
Sibenburg
Vesperin
UNGARIA
Ofen
Belgrad
Dunia fl
Sau fl
TURCHIA
MITAG
Andrinopolis
Zeng

D1869912

Dieter Zimmerling

STÖRTEBEKER & Co.

Dieter Zimmerling

STÖRTEBEKER & Co.

Die Blütezeit der Seeräuber in Nord- und Ostsee

Bechtermünz Verlag

Genehmigte Lizenzausgabe für
Bechtermünz Verlag im
Weltbild Verlag GmbH, Augsburg 1997
© by Ernst Kabel Verlag GmbH, Hamburg
Umschlagmotiv: AKG, Berlin
Umschlaggestaltung: Adolf Bachmann, Reischach
Gesamtherstellung: Bercker Graphischer Betrieb GmbH, Kevelaer
Printed in Germany
ISBN 3-86047-162-7

Inhaltsverzeichnis

Für Anna

1. Kapitel

Klaus Störtebeker, der sagenhafte Seeräuber

Seemann bei Godeke Michels – Der Pudel mit dem goldenen Becher – Das festgelötete Ruder und die »Bunte Kuh« – Soweit die Füße tragen – Verborgene Schätze – Vitalienbrüder

Klaus Störtebeker ist, bevor er Seeräuber wurde, ein Landedelmann gewesen, und er wurde zu Halsmühlen bei Verden an der Aller geboren. Er war schon als Kind ein ungebärdiger Bursche, und er hatte immer den Kopf voller Streiche, die seinen lieben Eltern manchen Kummer bereiteten. Auch als er älter wurde, hat sich das nicht gebessert. Statt etwas Ordentliches anzufangen, hat er lieber lustig in den Tag hineingelebt, hat Fehden ausgefochten, ist auf Turnieren geritten und hat lange und gut geschmaust und gezecht. Auch hat er so manche Rauferei angefangen, und dabei hat es immer welche gegeben, die nur mit Mühe vom Kampfplatz davonhinken konnten, so übel waren sie von dem bärenstarken Klaus zugerichtet worden. Klaus selbst trug dabei nie eine richtige Verletzung davon. Denn er war so stark, daß sich vor ihm alle anderen fürchteten und er stets Sieger blieb.
Eines Tages aber verließ Klaus Störtebeker das heimatliche Schloß und zog mit seinen Kumpanen nach Hamburg, wo sie ihr wildes Leben fortzusetzen gedachten. Sie zechten und würfelten die Nächte durch, sie praßten, daß sich alle wunderten, woher wohl soviel Reichtum käme. Auch hier begannen sie wieder ihre Raufereien, so daß bald alle Hamburger sagten: »Ach, wenn wir ihn doch nur bald los wären. Er ist eine rechte Plage.«
Zuletzt aber hatte er kein Geld mehr, da mußte er seine Ritterrüstung und sein Schwert dem Wirt zum Pfand geben. Aber Störtebeker wollte so leben wie bisher, und da haben ihn die Hamburger aus der Stadt geworfen. Er ist dann zu den Vitalienbrüdern gegangen und wurde ein Seeräuber, wie es noch keinen vor ihm gegeben hat.
Bei den Seeräubern nun traf er Godeke Michels, den Häuptling

dieser todesmutigen Scharen, der stammte von Gut Ruschwitz auf Jasmund. Dort war er ein Knecht gewesen, hatte aber vor langer Zeit seine Dienstherrschaft verlassen, um zur See zu fahren.

Michels war ein tapferer und gewaltiger Mann, der den Störtebeker gern bei sich aufnehmen wollte, denn er hatte schon viel von ihm gehört. Aber zuvor mußte Störtebeker noch drei Proben ablegen. Michels ließ ihm eine schwere eiserne Kette um Arme und Hände legen und sagte: »Zerreiß die Kette«. Der spannte die Muskeln an, und mit einem Schlag zersprang die Kette.

Da gab er ihm ein Hufeisen in die Hand und sagte: »Brich es auseinander.« Der spannte wieder die Muskeln an und brach's in zwei Stücke.

Da gab ihm Michels einen Becher, der war so hoch wie ein Stiefel und gefüllt mit Wein: »Trink das aus, aber auf einen Zug. Dann kannst du Pirat werden.« Der setzte den Becher an und leerte ihn auf einen Zug.

Da sagte Michels: »Jetzt bist du Pirat. Nun mußt du noch deinen adligen Namen ablegen.« Und weil Klaus den Becher mit Wein in einem einzigen Zug hinuntergestürzt hatte, ohne ihn abzusetzen, wurde er »Störtebeker« genannt, das heißt »stürz-den-Becher«.

Über die ganze Nord- und Ostsee fuhren sie jetzt, raubten manch schwer beladenen und bewaffneten Kauffahrer aus. Sogar Stralsund haben sie überfallen und dabei viel Beute gemacht. Und weil Klaus Störtebeker bei all diesen Fahrten sich als der tapferste und unerschrockenste Mann zeigte, überließ Michels ihm ein Schiff, das er nun als Kapitän führte.

Eines Tages überfielen Störtebeker und seine Gesellen Saßnitz. Sie töteten alle Einwohner bis auf ein junges Mädchen. Das entführte Klaus nach Schweden und wollte es zur Frau nehmen. Aber es konnte die Schande nicht ertragen und erstach sich selbst.

Störtebeker hatte schon bald so viel Gold und Silber, kostbare Tuche und Edelsteine zusammengebracht, daß er sich immer neue

Verstecke dafür suchen mußte, denn die alten reichten bald nicht mehr aus. In der Stubbenkammer auf der Insel Rügen bewachte ein großer schwarzer Pudel, den Störtebeker immer an Bord seines Schiffes gehabt hatte, die vielen Kostbarkeiten. Er war so treu, daß er niemand an die Schätze heranließ. Ein Verbrecher aber, dem man die Freiheit versprochen hatte für den Fall, daß er in die Höhle gelangen würde, hangelte eines Tages an einem Strick hinunter. Der Pudel ließ ihn gewähren, und er gab ihm sogar noch einen goldenen Becher mit als Zeichen dafür, daß er unten in der Höhle gewesen sei.

Ein anderes Versteck Störtebekers lag auf der Insel Helgoland in der Nordsee. Unten am roten Felsen, war ein großes Loch, das die Brandung geschlagen hatte. Ein schmaler, gewundener Gang führte zu einer Schatzkammer, in der soviel Gold glitzerte, und soviel Geschmeide und Edelsteine funkelten, daß ein Mensch geblendet worden wäre, hätte er unvorsichtigerweise die Augen in der Höhle geöffnet.

Und so gab es noch viele, viele Verstecke an der Küste von Ost- und Nordsee, wohin die Vitalienbrüder ihre Beute schleppten. Aber wo das war, das weiß kein Mensch genau.

Wenn Klaus Störtebeker Gefangene machte, die ihm ein hohes Lösegeld versprachen, so ließ er sie am Leben. Andere, die nichts hatten, oder alt und schwach waren, ließ er gleich über Bord werfen. Wer ihm aber stark und für das gefahrvolle Leben eines Vitalienbruders gut schien, den ließ er die Becherprobe machen, wie Godeke Michels sie einst mit ihm gemacht hatte. Leerte der Mann den Humpen in einem Zug, wurde er in die Reihen der Vitalienbrüder aufgenommen. Schaffte er es aber nicht, erging es ihm wie den anderen, und er wurde erbarmungslos ins Meer geworfen.

Aber Störtebeker hatte auch ein gutes Herz, das in seiner Brust schlug, und er gab den Armen ein gut Teil dessen, was er sich von den Reichen holte. Eines Tages ging er durch ein Dorf auf Rügen.

Da sah er vor der Haustür eine Frau sitzen, die Hosen flicken wollte. Aber sie war so arm, daß sie nicht einmal Flicken hatte. Da warf ihr Störtebeker ein Stück Tuch hin, und als die Frau es umdrehte, klebten an der Rückseite lauter blanke Goldstücke. Und ein andermal sah Störtebeker, wie ein alter Mann vor der Haustür stand und bitterlich weinte. Er sollte aus dem Haus ausziehen, weil er die Miete nicht mehr bezahlen konnte. Er fragte den Alten, warum er weine. Da klagte der Mann ihm seine Not, und Störtebeker gab ihm soviel Geld, daß es auf mehrere Jahre für die Miete reichte.

Einmal drückte Störtebeker und Godeke Michels so sehr das Gewissen, daß sie eine Stiftung in Verden an der Aller verfügten. Noch heute herrscht dort die Sitte, daß jedes Jahr am Montag nach Lätare Brot und Heringe an die Armen und an alle Angestellten beim Dom verteilt werden. Auch haben sie sieben Fenster im Dom zur Abbüßung ihrer sieben Todsünden gestiftet, eines davon mit Störtebekers Wappen, das sind zwei umgestürzte Becher. Auch im Dom zu Stockholm haben sie eine ewige Messe Gott zum Lobe, dem heiligen Blut und verschiedenen Heiligen zu Ehren gestiftet.

Winters, wenn sie nicht auf See hinausfahren konnten, lebten die Vitalienbrüder oft in Marienhafe, das ist in Ostfriesland. Sie befestigten die Einfahrt zum Hafen und ließen eine Mauer mit vier gewölbten großen Pforten bauen, durch die sie mit ihren Schiffen hindurchsegeln konnten. An großen eisernen Ringen, die an der Friedhofsmauer angebracht waren, wurden die Schiffe dann befestigt.

Der Herr von Marienhafe und des Landes ringsum hieß Keno ten Broke. Er hatte seine Tochter dem Klaus Störtebeker zur Frau gegeben. Eines Tages aber kam eine Gesandtschaft aus Hamburg zu Keno ten Broke und drohte ihm mit Krieg, wenn er weiter seinen Schwiegersohn bei den Kaperfahrern unterstütze und ihm die Beute auch noch abkaufe. Keno versprach, dies künftig nicht mehr zu tun. Störtebeker aber, der die ganze Zeit dabeigewesen war, beschimpfte seinen Schwiegervater und nannte ihn einen Verräter. »Sei doch still«, antwortete da Keno, als die Hamburger den Saal verlassen hatten, »ich habe doch nur so getan, als sei ich ihnen zu Willen. In Wirklichkeit aber wollte ich sie hinters Licht führen«.

Ein Hamburger aber hatte drinnen im Saal seine Handschuhe vergessen, und er hörte nun zu seinem nicht geringen Erstaunen, wie Keno ten Broke sein Wort brechen wollte. Eiligst machte sich die Gesandtschaft nun auf den Heimweg.

Weil aber die Beute in der Nordsee mit der Zeit immer magerer wurde, segelten Klaus Störtebeker und Godeke Michels nach Spaniens Küsten. Dort raubten sie die Reliquien des heiligen Vincentius und trugen sie auf der Brust, weil sie dachten, nun wären sie unbesiegbar. Aber das Verhängnis war nicht mehr weit.

Die Vitalienbrüder fuhren nämlich wieder zurück in die Elbmündung, da auch in Spanien nicht viel zu holen war. Sie lauerten bei Helgoland auf die Hamburger Englandfahrer, denen sie den Weg abschneiden wollten. Das aber ärgerte die Hamburger Kaufleute so sehr, daß sie ein Admiralsschiff bauen ließen, das nannten sie »Bunte Kuh«, und die wurde von dem Hamburger Ratsherrn Simon von Utrecht befehligt.

Eines Nachts, als Störtebekers Schiff bei Neuwerk ankerte, gebrauchten die Hamburger eine List, um ihn zu besiegen. Ein Fischer mit seinem Ewer von Finkenwerder schlich sich leise von hinten an das Piratenschiff heran und goß geschmolzenes Blei in die Ösen, in denen sich das Ruder von Störtebekers Schiff drehte. Nun war das Ruder festgelötet.

Als am nächsten Morgen die »Bunte Kuh« heranbrauste, wollte Störtebeker sein Schiff zum Kampf bereitmachen. Aber er merkte, daß sich das Ruder nicht mehr bewegen ließ, weil es mit Blei

festgelötet war. Eilig ließ er einen Topf voll siedendes Öl bringen, um damit das Blei wieder zu schmelzen, aber das gelang nicht.
Die »Bunte Kuh« war inzwischen ganz nah herangekommen und rannte gegen das erste Piratenschiff so gewaltig an, daß dessen ganzes Vorderkastell in Trümmer ging. Drei Tage lang währte der Kampf, und die Vitalienbrüder unter Klaus Störtebeker wehrten sich tapfer. Weil aber der Häuptling der Vitalienbrüder so heftig mit seinem Schwert um sich schlug, daß ihm überhaupt nicht beizukommen war, dachten sich die Hamburger wieder eine List aus. Sie nahmen ein großes Netz und warfen es über ihn. Da war er gefangen wie ein Fisch und konnte sich nicht mehr wehren. So behielten zuletzt doch die Hamburger die Oberhand und nahmen Klaus Störtebeker mitsamt seiner 70 Spießgesellen gefangen. Und wer nicht im Kampf gefallen war, war in alle Winde entflohen.
Nachdem sie Störtebeker besiegt hatten, durchsuchten die Hamburger sein Schiff nach Schätzen. Aber außer einigen Pokalen und anderen Geräten fanden sie anfangs nichts. Da schlug zufällig ein Zimmermann mit der Axt gegen den Hauptmast. Dort tat sich eine Höhlung auf, die war voll geschmolzenen Goldes. Von diesem Schatz aber wurden die beraubten Hamburger Bürger entschädigt und die Kosten des Kriegszuges bezahlt. Von dem Rest aber ließ der Rat eine schöne goldene Krone für den St. Nikolaiturm anfertigen, später soll sie dann an St. Katharinen angebracht worden sein.
In Hamburg freute man sich sehr darüber, daß man die Seeräuber gefangen hatte und machte kurzen Prozeß mit ihnen. Denn der Kaiser hatte den Hamburgern den Blutbann über die Seeräuber verliehen. Der Häuptling aber saß in einem Keller des Rathauses, den man später »Störtebekers Loch« genannt hat. Als man ihm aber sein Todesurteil vorlas, hat er sich nicht in sein Schicksal ergeben wollen. Für sein Leben und die Freiheit wollte er dem Rat eine goldene Kette schenken, die so lang sei, daß man damit den

Dom, ja sogar die ganze Stadt umschließen könne. Diese Kette wolle er aus seinen versteckten Schätzen herbeischaffen.
Aber der Rat hat dieses Angebot abgelehnt. Schon am Tag darauf führte man Störtebeker und seine Vitalienbrüder zum Richtplatz auf dem Grasbrook. Pfeifer und Trommler schritten dem traurigen Aufzug voran, und manche von den Weibern und Jungfrauen, die am Wegesrand standen, mußten weinen. Klaus Störtebeker tat das sehr leid, daß so viele seiner Gefährten den Kopf verlieren sollten. So bat er denn: »Wenn ihr mir den Kopf abgeschlagen habt, so laßt mich vom Richtblock aufstehen und gehen. Alle Kameraden, an denen ich ohne Kopf vorbeikomme, sollen am Leben bleiben.« Diese letzte Bitte wurde ihm gewährt.
Und wirklich, als Meister Rosenfeld sein Schwert geschwungen hatte und Störtebekers Kopf in den Sand kullerte, stand er auf und ging festen Schrittes an der Reihe seiner Gesellen vorbei. Da aber wurde allen unheimlich zumute. Der Scharfrichter nahm einen Klotz und warf ihn dem wandelnden Leichnam vor die Füße. Störtebeker strauchelte und fiel hin, nachdem er schon an elf seiner Gefährten vorbei gelaufen war.
Aber noch segelte Godeke Michels mit dem Rest der Vitalienbrüder in der Nordsee. Gleich nach der Hinrichtung Störtebekers machte Simon von Utrecht seine »Bunte Kuh« wieder gefechtsklar und jagte hinter Michels her. In der Wesermündung konnte er ihn fangen, dazu 80 seiner Mannen und den Unterführer Wigbold, einen Magister der sieben freien Künste, der seinen Katheder zu Rostock mit dem Schiffskastell vertauscht hatte. Auch diese 80 Vitalienbrüder und ihr Anführer wurden in Hamburg auf dem Grasbrook hingerichtet.
Als nun aber der ehrsame Rat der Stadt Hamburg, welcher der Hinrichtung beigewohnt, gesehen hatte, wie schwer die Arbeit für Meister Rosenfeld war, der bis an die Knöchel im Blut stand, fragte er ihn, ob er sehr ermüdet sei. Darauf gab der Henker hohnla-

chend die Antwort: »Mir war noch niemals wohler zumute, und ich habe noch Kraft genug den ganzen Rat zu köpfen«. Diese freche Antwort sollte ihm schlecht bekommen. Auf Befehl des Rates wurde er gefangen genommen und sofort vom jüngsten Ratsherrn enthauptet.

Das ist die Sage von Klaus Störtebeker und Godeke Michels. Das heißt, es ist der Zusammenschnitt vieler einzelner Sagen, die, jede für sich, nur Teilbereiche aus den Leben der beiden Helden erwähnen, immer je nach dem, worauf es den Sagenerzählern ankommt. Gar keine Frage, man schmückt sich gern mit solchen Helden, auch damals schon im beginnenden fünfzehnten Jahrhundert, als die Ära der Störtebeker, Michels, Wichmann, Wigbold, Stuke und Milies, und wie sie sonst noch alle hießen, endlich vorüber war und sich nun diese Geister am Feuer zur abendlichen Stunde beschwören ließen. Und da sich die Vitalienbrüder, später auch Likedeeler genannt, fast überall in der Ostsee, an allen Küsten herumgetrieben hatten, erfand jeder Landstrich auch seine eigenen Sagen.

Mehr als 20 Orte und Länder rühmen sich – jedenfalls in den Sagen – Geburtsort von Störtebeker gewesen zu sein, darunter auch Hamburg und Wismar, wobei letzterer Stadt von seriösen Historikern ein gewisser Vorrang zuerkannt wird. Aber eben nur ein gewisser – genau weiß das nämlich kein Mensch, und es war bis auf den heutigen Tag auch nicht zu ermitteln. Je eine pommersche, eine mecklenburgische und eine friesische Mär lassen den Seeräuber Störtebeker von Adel sein, der dann – als verkrachte Existenz – zum Piraten wurde.

Dem sagenhaften Störtebeker fehlt fast vollständig die soziale Attitüde, von Ausnahmen – zum Beispiel die mit dem Tuch und mit den dahintergeklebten Geldstücken – abgesehen. Störtebeker als ein Robin Hood – das gibt es in den deutschen Sagen praktisch nicht. Zwar nimmt er den reichen Pfeffersäcken Waren und Geld und beschenkt auch die Armen, aber es ist nicht die Regel. Lediglich die Roman-Literatur, vornehmlich die aus sozialistischer Sicht, funktioniert den Freibeuter Störtebeker zum großen Gerechten um, der dann, leider, an den irdischen Machthabern scheitern muß.

Weitaus wichtiger als die Armenfürsorge ist dem gewalttätigen Mann die Sorge für das eigene Wohl, bestenfalls noch für das seiner Schiffsbesatzung. Da werden dann keine Anstrengungen gescheut, immer neue, und immer verschwiegenere Verstecke für die Beute ausfindig zu machen, die zum Teil dann mit den Schlupfwinkeln der Piraten identisch sind. Die »Stubbenkammer« auf Rügen heißt deswegen so, weil der Piratenhäuptling dort »Stube« und »Kammer« bewohnte, wenn er zufällig in dieser Gegend war. Am Burgwall zu Venz lag die goldene Kette, mit der er sich in Hamburg freikaufen wollte, als ihm sein Kopf nur noch locker auf den Schultern saß.

Die Haupthöhle indessen –, dort nämlich, wo er die meisten Schätze gestapelt hatte, befand sich in der Heringsdorfer »Störtebeker-Kuhle«. Alles konnte man dort finden: Unmengen Gold, Unmengen Silber, Rubine, Smaragde, Edelsteine aller Art, kostbare Gewänder, teure Stoffe, überhaupt alles, was das Herz begehrte. Leider nur, so wissen die Sagen und so weiß auch die Historie, hat bisher niemand diese Schätze erblickt, geschweige denn heben können. Ausgenommen jener Verbrecher, von dem oben erzählt wurde.

Störtebeker freilich hat sich auch noch listigere Verstecke für das Beutegut ausgedacht. So hat er es in Seen versenkt, auch irgendwo vergraben, oder in unterirdischen Gängen gelagert – es fehlt eigentlich nichts an Zutaten, die den Schatz in ganz geheimnisvolles Dunkel tauchen. So nimmt es denn auch nicht sonderlich Wunder, daß ein Zimmermann den Goldschatz eingeschmolzen in einen Schiffsmast findet – und einen ganzen Wald solcher goldener Schiffsmasten vermutet eine andere Sage an der norwegischen Küste, den Störtebeker unter Wasser angepflanzt haben soll.

Über 120 Schlupfwinkel und andere verschwiegene Orte mit gehorteten Schätzen bieten die Sagen an. Gefunden hat bisher niemand etwas; freilich, es hat auch noch keiner richtig danach gesucht.

»Vitalienbrüder« nannte sich die Bande in der Ostsee, was immer so gedeutet wurde, als habe sie das von Königin Margarete eingeschlossene Stockholm mit »Vitalien«, also Lebensmitteln, versorgt. Als Bezeichnung der Piraten, die dann in der Nordsee rauben, wird auch der Begriff »Likedeeler« verwandt – schon weitaus treffender, weil damit der Eigennutz charakterisiert wird. »Gleichteiler« nennen sie sich; jeder Mann erhält den gleichen Anteil an der Beute. Ein kommunistisches, ein romantisches Prinzip – und damit ein zweifelhaftes. Der Räuberkapitän hätte Halbpart mit dem geringsten Mann vor dem Mast gemacht? Kaum vorstellbar; aber es klingt eben gut und macht die Seeräuber ein wenig sympathischer. Die Sage weiß sowieso alles besser, und das ist auch gut so.

Was ist nun wahr an Störtebeker; ist überhaupt etwas wahr, oder hält uns eine Chimäre zum Narren? Immerhin stimmt soviel, daß unsere Helden Störtebeker, Michels und ihre Kupane tatsächlich gelebt haben; ferner, daß sie eine Truppe von Seeräubern befehligten, die sich zunächst »Vitalienbrüder«, dann auch »Likedeeler« nannten; daß sie sich einen – damals – unrühmlichen Namen machten und im Jahre 1401 in Hamburg hingerichtet wurden. Freilich nicht, nachdem Simon von Utrecht sie gefangen genommen hatte. Das waren vielmehr die Hamburger Ratsherren Hermann Lange und Nikolaus Schocke. Ihr Schiff, die vielbesungene »Bunte Kuh« – ein Name, der noch heute auf Ausflugsdampfern lebendig gehalten wird, hatte Simon von Utrecht zwar bauen lassen, aber nicht befehligt.

Den Störtebeker gab's also wirklich; über seinen Vornamen aber herrscht bereits Gelehrtenstreit: die einen meinen »Johann« habe er geheißen und führen dafür Belege an; die anderen sind für den herkömmlichen »Klaus« und führen dafür Belege an. Bleiben wir bei Klaus; man hat sich daran gewöhnt und so gänzlich falsch kann es dann ja auch nicht sein.

Störtebeker und seine Vitalienbrüder sind typische Produkte ihrer Zeit; einer unruhevollen, kriegerischen Zeit, die ebensolche unruhevollen Geister hervorbringt. Allesamt sind sie Söldnertypen, bedingungslos auf der Jagd nach Gold und Geld, skrupellos in der Wahl ihrer Mittel; illusionslos und willensstark, mindestens soweit es die Führer betraf. Große Ziele sind ihnen fremd, ihre Phantasie, etwas den Seeweg nach Indien finden zu wollen, wie es Kolumbus später tat, reicht dazu nicht aus.

Um so mehr aber hat vor allem Störtebeker die Phantasie und die Träume der Nachgeborenen angeregt. Zu der Zeit, in der unser Bericht beginnt, ist Störtebeker noch nicht aus dem historischen Dämmerlicht herausgetreten. Man darf zwar vermuten, daß er schon herumstreift, aber seine Konturen sind noch nicht auszumachen; man kann ihn noch nicht identifizieren.

Einer der Großen der Literatur, Theodor Fontane, erzählt von einer Waldstelle nahe bei dem schon erwähnten Heringsdorf, die »Störtebekers Kuhle« hieß. Damals war er noch Kind. »Dies war ein tiefes Loch, richtiger ein mächtiger Erdtrichter, drin der Seeräuber Störtebeker mit seinen Leuten gelagert haben sollte. Gerade so wie wir jetzt. Das gab mir ein ungeheures Hochgefühl: Störtebeker und ich. Was mußte ich für ein Kerl sein! ... Die Kuhle war sehr tief und bis zu halber Höhe mit Laub vom vorigen und vorvorigen Jahr überdeckt. Da lag ich nun an der tiefsten Stelle, die wundervollen Buchen über mir, und hörte, wenn ich mich bewe-te, das Rascheln des trockenen Laubes, und draußen rauschte das Meer ...«

2. Kapitel

Auf Kaperfahrt für Mecklenburg

Gegen Königin Margarete – Markttag in der Hafenstadt – Schweine auf den Straßen – Frachter im Strom – Koggen als Kriegsschiffe – Staatlich konzessionierte Piraten – Angeheuert

So mag denn am Abend eines wunderschönen Spätsommertages, als die Sonne eben untergehen, das Erdreich die Wärme des Tages nur zögernd wieder abgeben wollte – an einem dieser linden Abende mag dann bei einer sanften Brise von Land unser Klaus Störtebeker wohlig entspannt, mit sich und der Welt zufrieden, in jener Kuhle geruht haben, und seine Gedanken mögen über die weite See gezogen sein, an die andere, unsichtbare Küste Schwedens und Dänemarks unter dem Horizont, und er mag sich gewünscht haben, auf einem Schiff mitzusegeln, das eben jetzt weit draußen lautlos vorüberglitt.

Mit einem leisen, wehmütigen Seufzer mag er sich dann von seinem weichen Lager aus vorjährigem Buchenlaub erhoben haben, um in die Stadt zu gehen, noch bevor die Nacht hereinbrach.

Er hatte noch nicht das Stadttor erreicht, als ihm eine unerklärliche Geschäftigkeit der Bewohner draußen vor dem Tor auffiel, denen er auf seinem Heimweg begegnete. Sie schienen alle ein bißchen aufgeregt, schwatzten laut von »Kaperfahrt« und »Königin Margarete« – er konnte sich keinen rechten Vers darauf machen. Oder doch? Es hatte ja schließlich lange genug in der Luft gelegen ...

»Was, du weißt noch nicht?«

»Nein, wie sollte ich, war doch den ganzen Tag weg.«

»Na, paß mal auf: Der Herzog hat zum Kaperkrieg gegen Dänemark aufgerufen. Mein Lieber, jetzt geht's los. Der alten Vettel werden wir es zeigen.«

Die alte Vettel war damals – man schrieb das Jahr 1390 – 37 Jahre alt, Mutter zweier Söhne, deren einer, Olaf, vor drei Jahren gestorben war. Sie war Dänemarks Königin, seit 1387 auch Königin Norwegens und 1388 Regentin von Schweden geworden. Und sie hatte denkbar beste Aussichten, demnächst für diese Regentschaft die Königskrone Schwedens einzutauschen.

Der da so kess gesprochen hatte war ein waschechter Mecklenburger, einer, der offenbar so etwas wie patriotische Gefühle zeigte; durchaus eine Rarität damals, als es hieß: Krieg gegen Dänemark. Wollen wir ihm weniger edle Motive andichten, müssen wir schlicht konstatieren: Den Mann lockte die leichte Beute, die er auf See machen würde. Ein Motiv auch, das bei seinem Gegenüber stark zu vermuten ist, wenn man dessen weiteren Lebensweg betrachtet.

Was war eigentlich geschehen? Herzog Johann von Mecklenburg, genannt »der Ältere«, weil er noch einen gleichnamigen Sohn hatte – der dann folgerichtig »der Jüngere« genannt wurde – hatte tatsächlich einen Aufruf erlassen, in welchem er geschickt an die Raffgier, die Lust zum Abenteuer und ein bißchen an den Patriotismus seiner Landeskinder appellierte. Wer will, der könne auf eigene Gefahr und Risiko losfahren, um das dänische Reich zu schädigen, so hieß es.

Das herzogliche Haus hatte gerufen – und es kamen wirklich alle: Jede Schicht der Bevölkerung war vertreten und wollte auf Kaperfahrt gehen, allen voran der mecklenburgische Adel, der sich in den Hafenstädten ein Stelldichein gab. Klangvolle Namen waren darunter, wie Henning Manteufel, Olav Schutke, Henning Krabbe, Hinrich von der Lühe, Lüder Rantzau, Henning von See, Henning Normann, Klaus Schwarz, Rambold Sarnewitz, Bosse von dem Kalande, Marquard Preen, Hinrich Lüchow und die bedeutenden Arnold Stuke und Nikolaus Milies.

Auch die nicht so hoch Geborenen aus Stadt und Land, den Dörfern und Weilern, gaben sich ein Stelldichein. Üblicherweise kam die Mehrzahl der »normalen« Seeleute – so war es in der Handelsschiffahrt – aus den Hafenstädten, wo sie sich von Berufs wegen niedergelassen hatten. Mitunter war es eine recht bunt zusammen-

gewürfelte Mannschaft, die ein Schiff bevölkerte. Wie zum Beispiel jene Mannschaft eines Danziger Frachters, die recht anschaulich so beschrieben wird: »Der Schiffer«, der Kapitän also, »hat bei sich einen alten Seeländer, namens Balduin, und auch einen kurzen schwarzen Gesellen, der heißt William und ist aus Kampen, und ferner ist ein Schiffmann an Bord, der ist ein Schwede und spricht gebrochen und schlecht deutsch, und ein weiterer Schiffmann stammt hier aus Preußen, und der Jungknecht des Schiffes schielt und ist aus Stettin und hat einen kahlen Kopf.«
Unbedingt zuverlässig und ihrem Schiffsherrn treu ergeben scheinen Besatzungen wie diese, aber auch andere, nicht immer gewesen zu sein, und das, obwohl auf Desertionen in der Handelsschiffahrt hohe Strafen standen. Ganz besonders unangenehm konnten solche Desertionen in Kriegszeiten werden, wenn die Schiffskinder, wie die Matrosen hießen, zum Feind überliefen, weil der sie besser bezahlte.
Solch verwegenes Völkchen also sammelte sich auch jetzt, 1390, in den mecklenburgischen Häfen, und wahrscheinlich Klaus Störtebeker unter ihnen, der in den Kneipen herumlungerte, um sich anheuern zu lassen, denn er wollte auf Kaperfahrt gehen und das große Geld machen.
Weshalb man nun ausgerechnet den Dänen das Fell über die Ohren ziehen sollte, besonders der Königin Margarete, dürfte den meisten dieser Seefahrer herzlich gleichgültig gewesen sein. Wozu auch hätten sie sich den Kopf ihrer jeweiligen Herrschaften zerbrechen sollen, was das nun für ein Streit zwischen dem mecklenburger Herzogshaus und der dänischen Königin war. Soviel freilich wußte man, und das genügte: Daß nämlich Schwedens König Albrecht und sein Sohn, hervorragende Mitglieder der mecklenburgischen Herzogsfamilie, von Margarete im Jahr zuvor, 1389, gefangen genommen worden waren, nachdem Albrecht eine Schlacht verloren hatte, drüben in Schweden. Margarete wolle sich

auf den schwedischen Thron setzen und Albrecht verdrängen, nun gut, warum auch nicht.

Mehr wußte der gemeine Mann von der hohen Politik nur in Ausnahmefällen. Was auch ging ihn Politik an. Nahmen etwa die hohen Herren Rücksicht auf seine Meinung? Na also. Er mußte zusehen, daß er sich und seine Familie durchbrachte, und das war schon schwer genug in diesen Zeiten, in denen Hungersnöte noch nichts von ihrem Schrecken verloren hatten und die letzte Pestepidemie von 1349/50 noch sehr vielen Leuten in den Knochen steckte. Gottes Fügungen waren das alles, gewiß, was hätte man da anderes machen können, als beten und auf bessere Zeiten hoffen. So eine Gelegenheit aber wie diese, auf Kaperfahrt zu gehen, und, wer weiß, vielleicht sein Glück zu machen, so eine Gelegenheit durfte man nicht vorrüber gehen lassen, sie mußte genutzt werden.

Man muß sich das Gewimmel in einem der mecklenburgischen Häfen einmal vorstellen, besonders jetzt, wo reichlich Menschen zusätzlich auf der Suche nach Quartier und einem Kaperfahrerschiff die Straßen verstopften.

Hinunter zum Hafen zu kommen, war gar nicht so einfach. Markttag war heute, die Straßen und Gassen von Bauern und Händlern aus dem Umland gefüllt, abgestellte Karren überall und ein Gedränge, daß einem die Luft wegbleiben konnte. Und das ging noch solange bis der Ratsdiener die rote Flagge am späten Nachmittag vom Rathaus holte – Zeichen dafür, daß die Marktzeit für heute abgelaufen war. Markttag – Hauptgeschäftszeit auch für Beutelschneider und sonst allerlei zwielichtiges Volk. War man einen Augenblick unachtsam – vielleicht wegen jenes fahrenden Gesellen dort an der Ecke, der einen Kasten mit ekligen Schlangen zeigte, die sich nach seinem Befehl drehten und wiegten, und die er angeblich in der Nähe gefangen hatte; oder weil vielleicht an der gegenüberliegenden Seite ein Gaukler seinen Tisch aufgeschlagen hatte und das Publikum mit allerlei Taschenspielereien zu unterhalten verstand – paßte man nicht auf, war die Geldbörse weg. Von Glück konnte man dann sagen, wenn der Dieb irgendwo erwischt und kurzerhand ins Gefängnis geworfen wurde. Trug er dann zufälligerweise das gestohlene Geld noch bei sich und konnte man dann obendrein noch beweisen, daß es einem gehörte, dann hatte man wirklich Glück gehabt.

Daß man jetzt, selbst zur Marktzeit, das Rindvieh durch die ohnehin schon schmalen Gassen trieb, mochte gerade noch hingenommen werden; daß aber auch noch die Schweine in den krummen Sträßchen herumgrunzten und den Modder, der vom letzten Regen in den Ecken angeschwemmt worden war, und den anderen Dreck, der reichlich herumlag, durchschnorchelten, ging denn doch vielen braven Bürgern allmählich auf die Nerven. Obwohl gerade sie es waren, die das Borstenvieh hielten. In Ulm jedenfalls beschränkte 1410 der Stadtrat den Auslauf der Tiere auf die Zeit von 11 bis 12 Uhr. In den übrigen Stunden hatten die Viecher in ihren Ställen zu bleiben oder durften nur auf dem Hof ihrer Herrchen herumtollen. Schweineställe durften zum Beispiel in Frankfurt seit 1421 nicht mehr an der Straße gebaut werden, was bis dahin üblich gewesen war – und nicht nur in der Mainmetropole.

Der Matsch und Dreck, der normalerweise auf den Straßen lag, wurde durch das Vieh natürlich auf drastische Weise angereichert und mit dem Erdboden zu einer zähen, schmierigen Paste verknetet, denn die Straßen waren seinerzeit nur in Ausnahmefällen gepflastert. Immerhin, in Hamburg hatte man schon im 13. Jahrhundert begonnen, die Hauptstraßen zu befestigen; Lübeck ließ seit 1310 Pflastersteine setzen. Aber noch 1399 wurden in Frankfurt schlechte Straßen nur mit Holzplanken, Sand und Kies ausgebessert.

Bürgersteige hätte man vergeblich gesucht; es gab sie nicht. In der Straßenmitte befand sich eine Vertiefung: Die übliche Abflußrinne, manchmal durch Bretter abgedeckt. Da entlang floß nun der

ganze Unrat der Anlieger, der Inhalt von Nachttöpfen, Waschschüsseln und Eimern, den man der Einfachheit halber zum Fenster hinauskippte; Essensreste, die selbst für Schweinefutter nicht mehr zu verwerten waren – alles flog auf die Straße: Fußweg, Fahrdamm und Kloake in einem.
Entsprechend schwierig konnte sich das Fortkommen zu Fuß gestalten, besonders dann, wenn es gerade geregnet hatte oder der Schnee schmolz. Für Domherren gab es eine gesetzlich sanktionierte Entschuldigung, beim Konvent zu fehlen, wenn der Straßenschmutz zu hoch lag. Üblicherweise schlüpfte man in solchen Fällen in Holzschuhe, um überhaupt auf der Straße gehen zu können. Ratsherren hatten diese dann aber vor der Sitzung auszuziehen.
Bei schönem Wetter saßen die Handwerker vor ihren Werkstätten auf der Straße. Ein Schuhmacher vielleicht, wie weiland Meister Hans Sachs in Nürnberg; oder einer von jenem neueren Gewerbezweig der Sarwürker, die Kettenpanzer anfertigten. Die bunten und phantasiereichen Wappenschilder, adligen Vorbildern nachempfunden, hingen vor ihren Innungshäusern, wie die gekrönte Brezel der Bäcker, die von zwei schreitenden Löwen mit Schwertern in den Pranken gestützt wurde, ein Wappen, das ihnen Kaiser Karl IV. wegen ihres Löwenmutes verliehen hatte.
Dennoch, es war alles andere als eine Idylle. Meist war es schon zu heftigen Auseinandersetzungen zwischen der herrschenden Schicht der Patrizier in den Städten und den Handwerkern gekommen, die seit dem 14. Jahrhundert zu einer Demokratisierung der städtischen Verwaltung geführt hatten. Das Handwerk blühte, hatte inzwischen wirtschaftlich mit dem Handel gleichgezogen und wollte ihm patrizischen Stadtrat mitreden. Die führenden Familien – um die Mitte des 14. Jahrhunderts in Lübeck (mit mehr als 10000 Einwohnern eine Großstadt) waren es 46 – sahen ihre Privilegien gefährdet. Kam es zu keiner gütlichen Einigung, floß häufig Blut. Wobei anzumerken ist, daß das Handwerk durchaus nicht

immer geeint dem Patriziat gegenüber stand. In Köln zum Beispiel versuchten 1371 die Weber, ihre Forderungen mit Gewalt durchzusetzen. Sie scheiterten, weil die Buntwirker, Bäcker und Bierbrauer den Stadtrat unterstützten.
Erst 1396 wurde die rücksichtslose Gewalt der »Richerzeche«, ein Kartell der Reichen Kölns, das seit 1180 die Stadtvertretung bildete, von den Handwerkern gebrochen, freilich nicht für allzu lange. Berühmt geworden ist auch der Knochenhaueraufstand in Lübeck, der aber mit brutaler Gewalt beendet wurde; auch das Schreckensregiment der Familie Wulflam – das, einer Sage nach, einer der Auslöser für die Taten Störtebekers gewesen ist, wurde von den Bürgern beseitigt; auch dies freilich nicht für lange.

Daß er sich allmählich dem Hafen näherte, konnte unser Mann – wenn er nicht schon irgendwo in den Lücken zwischen den engen Häuserzeilen ein paar Schiffsmasten ausmachen konnte – auf jeden Fall riechen: Dem penetranten Gestank nach Schweinemist und sonstigen üblen Gerüchen mischten sich nun angenehmere nach Holz und Teer bei, bis sie schließlich, je näher man dem Hafen kam, gänzlich dominierten. Dann bot sich ihm ein Anblick, wie er noch in den 80er Jahren des vorigen Jahrhunderts in Hamburg zu haben war, nur nicht so gewaltig: Ein Gewimmel von Bordings, Schuten, Leichtern, Prähmen, die zwischen den hochaufragenden Bordwänden der Frachtschiffe hin- und herfuhren; die draußen im Strom beladen wurden, wo die meisten Koggen und Holke an Pfählen festgemacht hatten, weil sie für den eigentlichen Hafen zuviel Tiefgang aufwiesen. Konnten sie nicht an Pfählen vertäut werden, so ankerten sie auf der Reede in Stromrichtung, jeweils Bug- und Heckanker waren dazu vorgeschrieben, damit die Flut sie nicht querstellen konnte. Teilweise – wie in Sluis, dem Hafen von Brügge – lag man gut verankert und vertäut als Schiffs-Päckchen in bis zu sechs Reihen nebeneinander.

Trotz dieser Betriebsamkeit gingen Laden und Löschen der Frachter recht langsam vonstatten. Nur in wenigen Häfen konnten die seegehenden Schiffe direkt am Kai anlegen, um die Ladung von Bord zu schaffen. Derartige Anlagen gab es ganz einfach nicht, von ein paar rühmlichen Ausnahmen abgesehen, wie die »Deutsche Brücke« im norwegischen Bergen, eine Holzkonstruktion auf Pfählen mit darüber befestigten Bohlenplanken; ähnliches auch im englischen Lynn, sowie die »Lange Brücke« Danzigs. In Lübeck, der »Königin der Hanse«, hatte man den Kai durch Prähme ersetzt. Das waren starke, mit der Schmalseite am Ufer vertäute Flöße, an welche die Frachter anlegen konnten; anders hätte die hansische »Hauptstadt« ihren riesigen Seegüterumschlag auch gar nicht bewältigen können.
In unserem Hafen aber hat es eine solch feine Einrichtung nicht gegeben; entsprechend langwierig gestaltete sich der Warenumschlag, der so manchesmal zur wahren Geduldsprobe für Kaufmann und Schiffer wurde. Liegezeiten von zwei bis drei Wochen waren im Swin, dem Fluß an dem Brügge lag, durchaus keine Seltenheit. Weil das nun alles so lange dauerte, reiste der Handelsherr oder der Superkargo mitunter an den Bestimmungshafen voraus, um eine möglichst rasche Abfertigung vorzubereiten. Engpaß der Lade- und Löscharbeiten war der vielfach einzige Kran im Hafen, der die unzähligen Ballen, Fässer und sonstigen Kolli aus den Schuten hieven mußte, wenn sie sonst nicht irgendwie durch Lastträger oder Schauerleute an Land gesetzt werden konnten.
Die Zünfte wurden naturgemäß in Hafenstädten um alle die bereichert, die mit dem Schiffbau zu tun hatten, in erster Linie also die Schiffbauer selbst, deren Arbeitsplatz die sogenannte Lastadie war – die heutige Helling. Dazu kamen die Segelmacher, die Reepschläger – noch heute heißt Hamburgs bekannteste Straße »Reeperbahn«, weil die Reepschläger dort die Schiffstaue herstellten und auch teerten. Eine besondere Gruppe bildete das Amt der An-

kerschmiede; sie hatten sich aus dem allgemeinen Schmiedeamt abgespalten und sich auf die Herstellung von Schiffsankern spezialisiert.

Der Hafen schwirrte von Gerüchten. Man wollte wissen, daß der Herzog eine Kaperflotte nur deswegen aufstellen wolle, weil die deutschen Einwohner Stockholms dringend um Hilfe gegen Königin Margarete gebeten hatten; andere wieder behaupteten, daß man Dänemark selbst Stück für Stück erobern wolle. Ganz Schlaue hielten das alles nur für einen Trick des herzoglichen Hauses, um der Hanse eins auszuwischen, weil sich ihre Mitgliedsstädte bis jetzt fast immer mit Erfolg dagegen wehren konnten, von Fürsten vereinnahmt, das heißt, ihrer städtischen und damit bürgerlichen Freiheiten beraubt zu werden. Vor allem Rostock und Wismar hatten ihre trüben Erfahrungen mit den mecklenburgischen Landesherren machen können.

Eine stehende Kriegsflotte war nicht vorhanden, und es gab nicht einmal ein einziges Kriegsschiff, das ständig unter Segel gewesen wäre. Das wäre auch viel zu kostspielig gewesen. Schon die Ausrüstung nur eines einzigen »Friedeschiffes«, wie ein Kriegsschiff genannt wurde, führte regelmäßig zu Streitereien über den finanziellen Anteil unter denen, die die Initiative zur Ausrüstung eines solchen Schiffes gegeben hatten. Denn meist diente ein solches Fahrzeug als Geleitschutz vor feindlichen Piraten, oder aber es machte Jagd auf diese. »Flagge zeigen« nur als Demonstration der Stärke, kam für die Hansen nicht in Frage, dazu waren sie zu gute Rechner.

Woher aber sollten nun die vielen Kaperschiffe kommen, um »Dänemark zu beschädigen«? Ganz einfach: Aus der Handelsflotte. Es war damals gang und gäbe, die üblichen Frachter, also vornehmlich Koggen und seit Ende des 14. Jahrhundert – der Störtebeker-Zeit also – vermehrt auch Holke, im Bedarfsfall entsprechend umzurüsten. Das heißt, umgerüstet zu werden im eigentlichen Sinne brauchte ein solches Schiff nicht mehr, seine herkömmliche Ausstattung reichte vollkommen aus. Vor allem die armierten Vor- und Achterkastelle boten bei entsprechender Bemannung hinreichenden Schutz, und auch der Mastkorb glich eher einer Kampfplattform als einem Ausguck.

Ohnedies war die Mannschaft eines Handelsschiffes bewaffnet, um gegen Piratenüberfälle gerüstet zu sein. Manchmal hatte ein Janmaat einen teuren Harnisch mit an Bord gebracht oder eine Armbrust, später im Laufe des zu Ende gehenden 14. Jahrhunderts vielleicht sogar eine der noch seltenen Feuerbüchsen. Eine Hieb- oder Stichwaffe befand sich allemal in seinem Gepäck. Ausserdem reisten aus Sicherheitsgründen stets mehr Matrosen mit, als für die rein nautischen Aufgaben benötigt wurden. Eine Kogge von 200 Tonnen Tragfähigkeit hatte rund 20 Mann an Bord; die Hälfte hätte ausgereicht, das Schiff sicher in den Zielhafen zu bringen. Aber ein Matrose war eben zugleich auch Seesoldat, und das Seerecht verpflichtete Schiffer und Mannschaft ausdrücklich zur Verteidigung gegen Seeräuber mit Leib und Leben. »Ils sont bon combattans« – »sie sind gute Kämpfer«, lobt denn auch der Franzose Philippe de Commines die Besatzungen von deutschen Kauffahrtteischiffen. Sollten Schiffe nur zur Kriegsfahrt eingesetzt werden, holte man noch einige Leute mehr an Bord.

Für den Reeder, der vielfach auch zugleich Kapitän eines Schiffes war, stellte sich angesichts solcher Kaperaufrufe wie diesem im Spätsommer 1390 stets die Frage, wo er mehr Geld verdienen könne: bei der normalen friedlichen Handelsfahrt oder in der Kaperfahrt. Und es galt dann, die Risiken gegeneinander abzuwägen: Handelsfahrt war immer und überall von feindlichen »Ausliegern«, wie man die unter Staatsflagge segelnden Kaperer nannte, oder auch nur von dem ordinären Seeräuber-Gesindel bedroht, das ohne staatliche Rückendeckung plünderte. Dennoch, als gut bewaffnetes Kauffahrtteischiff hatte man in jedem Fall eine reelle

Chance, Leib und Leben, Schiff und Gut heil an den Bestimmungshafen zu bringen und so sein relativ sicheres Geld zu verdienen.
Unsicherer zwar, aber weitaus schneller konnte man sein Geld als Kaperfahrer machen – Überfall auf ein fremdes Schiff, die Mannschaft niedergemacht oder über Bord geworfen, die Ladung geraubt, für deren Absatz ja schon die Obrigkeit in den Heimathäfen gesorgt hatte – gewiß eine verlockende Vorstellung, jedenfalls solange man davon ausging, nicht seinerseits Opfer eines schwer bewaffneten Handelsschiffes zu werden. Wie stets in solchen Fällen gab auch hier das Temperament, die Lust am Abenteuer oder die Furcht davor, das schrecklich schöne Schauergefühl, mit hohem Einsatz hoch gewinnen oder verlieren zu können, den Ausschlag. Abenteurernaturen nahmen das herzogliche Angebot an, ängstliche Gemüter und brave Bürger wiesen es entsetzt zurück. Kaperfahrer oder »Auslieger« waren nun beileibe nicht mit gewöhnlichen Strauchdieben zur See gleichzusetzen. Es waren legalisierte Seeräuber, die man bei kriegerischen Konflikten, oder um Repressalien für erlittenen Schaden zu üben, auf den Gegner losließ. Auslieger in diesem Sinn war, wer sich durch einen entsprechenden Kaperbrief ausweisen konnte. Das war eine Urkunde, die den Zweck der Ausrüstung des Schiffes darlegte, den Namen des Feindes nannte und allen wirklich Neutralen Sicherheit versprach und um Unterstützung des Kaperfahrers bat. So ein Auslieger gehörte nach den gängigen Regeln des Völkerrechts zur kämpfenden Truppe, war also Soldat, für den das Kriegsrecht und nicht etwa das Kriminalrecht galt.
Diese Kaperbriefe glichen sich alle bis auf unwesentliche Einzelheiten. Hier ein besonders schönes Beispiel aus Hamburg:
»Wii unde ittlike unse borgere mit unsem willen unde medewetende«, so heißt es, haben ein Schiff namens »Tumedevige« ausgerüstet, dessen Schiffer Albert Misznar, Steuermann Diderik Vlints-

ceep, Hauptbootsmann Diderik Bernesten, Quartiermeister Hans van Duiten, Hans Bruns, Hans Rovere und Hans Gerdes sind. Diese samt dem Schiffsvolk und den Söldnern haben vor dem Rat Hamburgs unter Eid gelobt: wissentlich niemand anders als Hamburgs Feinde zu beschädigen, vielmehr anderen Seefahrern und Kaufleuten, die nicht Hamburgs Feinde sind, Hilfe und Beistand zu leisten. Wenn sie Schiffe oder Gut, die nach ihrer Meinung Feindesgut sind, jedoch Freunden zugehören, nehmen, wollen sie alles bis zur gerichtlichen Erkenntnis der Wahrheit unverrückt beisammen lassen, »und ok dat een iclek van en geborlike straffinge binnen schepesbord, wen he brikt edder jegen sine loffte, eere edder wilkor deit, liden will und holden de eendracht twischen den reders und en ghemaket und in twen czertes begrepen, der een bii den ghesellen und een by uns is in vorwaringe licht.«

Mit so einem Papierchen also konnte sich jeder Kaperkapitän als Mitglied der Kriegsmarine ausweisen, als ein von Gesetzes wegen sanktionierter Seeräuber mithin.

Damit nun alles seinen geregelten Gang nehme, hatten die Städte feste Regeln für die Kaperfahrt aufgestellt, so unter anderem die »Danziger Ausliegerinstruktion« von 1458. Daneben gab es Prisenordnungen, und ein Prisengericht konnte in Zweifelsfällen entscheiden, ob das geraubte Gut als feindliches oder neutrales anzusehen sei. Nach der lübischen Prisenordnung von 1472 fiel die Hälfte der guten Prisen – also der Feindesbeute – dem Rat, die andere Hälfte den an der Ausrüstung der Auslieger beteiligten Bürgern zu. Ausgenommen davon blieben lediglich gewisse Stücke der Schiffsausrüstung, die dem Kaperer zustanden. Über Gefangene, sofern überhaupt welche gemacht worden waren, hatte der Rat zu befinden. Die Beute, die man bei Kommandounternehmen oder regelrechten Feldzügen in Feindesland machte, gehörte zur Hälfte den beteiligten Söldnern, die andere Hälfte fiel an den Rat. Auf jener Prisenordnung findet sich dann noch der Vermerk: »Den hovetlu-

den in de zee medegedan.« Den Kapitänen hatte man also die Prisenordnung ausgehändigt.
Zunächst hatte Herzog Johann der Ältere Kaperbriefe nur für seine landeseigenen Häfen Ribnitz und Gollwitz ausgestellt. Wenig später aber folgten dann die bedeutenden Hansestädte Rostock und Wismar nach, was zu nicht geringem Ärger innerhalb der Hanse führen sollte.

Mittlerweile hatte sich die Dämmerung über die Flußniederung und den Hafen gesenkt, überzog die Farben der Uferwiesen, der Häuser, der Schiffe mit samtigem Glanz, und unser junger Mann schlenderte noch ein wenig am Hafen hin und her, genoß es, in dem Menschengewirr mitzuschwimmen und zuzusehen, wie gearbeitet wurde. Entschlossen hatte er sich längst, er wollte mit auf Kaperfahrt gehen. Ihn lockte die Beute. Stockholm, Schweden, Königin Margarete oder der gefangene König Albrecht waren ihm Schnuppe, hohe Politik interessierte ihn nicht.
Vom Kirchturm schlug es sieben Uhr, als er eine Schenke betrat. Der Lärm war hier der gleiche wie draußen auf der Straße, mit dem Unterschied nur, daß hier die Luft zum Schneiden dick war. Kienfackeln blakten vor sich hin und hatten Wände und die niedrige Decke mit ihren Tragbalken angesengt; an diesen Balken konnte man sich den Kopf kräftig stoßen, wenn man sich nicht rechtzeitig bückte. Gegröle dahinten in der Ecke, betrunkene Schiffsleute hatten sich in die Wolle gekriegt und wurden überflüssigerweise noch von schrillen Weibern angefeuert – freilich nur so lange, bis sie ihrerseits mit spitzen Schreien aufeinander losgingen. So wäre denn alles in schönster Ordnung gewesen, wenn der Wirt den Dingen ihren Lauf gelassen hätte. Nein, er wuchtete seinen massigen Körper hinter dem Schanktisch hervor, was aber gar nicht so schnell ging, denn sein Holzbein verhakte sich an der Tischecke. Dann war er mit drei, vier raumgreifenden, schaukelnden

Schritten bei den Streithähnen und -hennen, griff sich wortlos zwei Frauen, wieder drei, vier ausladende Schritte zur niedrigen Tür und, schwupp, waren die beiden an der frischen Luft. Natürlich stolperten sie und setzten sich in den Straßendreck, worauf sie nun gemeinsam gegen den Wirt anzeterten. Der schloß wortlos die Tür und schaukelte auf die drei Schiffsleute hinten in der Ecke los, denen vor Staunen über den ebenso lautlosen wie selbstverständlichen Auftritt des Kneipiers die Mäuler offengeblieben waren. Sie waren halt zum erstenmal in dieser Stadt und kannten diesen Wirt noch nicht. Der baute sich nun drohend vor ihnen am Tisch auf, klopfte vielsagend mit den Fingerknöcheln auf sein Holzbein, blickte für zehn Sekunden finster und stumm in ihre verschwiemelten Augen, machte dann elegant auf dem Absatz seiner Beinprothese kehrt und verschwand wieder hinter der Tonbank. Die Krakeeler gaben Ruhe.

Der neue Gast hatte sich auf einen eben freigewordenen Platz gesetzt und ein Bier bestellt, das er, wie in Schenken üblich, sofort bezahlen mußte. Man saß sich gegenüber, auf einfachen, blankgescheuerten Holzbänken, zwischen sich einen bekleckerten Tisch mit einigen Bierlachen, und man trank sich zu. Die Bier-Bekanntschaft auf der Gegenseite des Tisches erwies sich als sehr nützlich für unseren jungen Mann. Es war ein Schiffmann, wie sich schnell herausstellte – Matrose wäre heute seine Berufsbezeichnung –, der am Nachmittag bei einem Schiffer angeheuert hatte, welcher auf Kaperfahrt gehen wollte. Er versprach, ihn zu seinem Kapitän zu bringen. Der brauche noch gute Leute, vor allem solche, denen schon die Seebeine gewachsen waren. Prost!

So geschah es dann auch. Unser Mann musterte gleichfalls an, und der Schiffer, nach altem Rechtsbrauch stets für die Anheuerung der Mannschaft verantwortlich, war's zufrieden. Üblich war in der Handelsschiffahrt seit dem Beschluß des Hansetages von 1380 die Auszahlung der Heuer in drei Teilen: Das erste Drittel war fällig bei der Ausfahrt, das zweite im Bestimmungshafen und das dritte nach Rückkehr in den Heimathafen.

Wie die Entlohnung der Kaperfahrer ausgesehen hat, ob es überhaupt Geld gegeben hat, wissen wir nicht. Möglich, daß ein Matrose trotz der Prisenordnung, die – soweit es Lübeck angeht – den Rat und die Schiffsausrüster über Gebühr bevorteilte, gewisse Anteile an der Beute erhielt. Man wird davon ausgehen dürfen, daß den Matrosen eines Ausliegers, die ja in erster Linie als Soldaten eingesetzt werden sollten, wenigstens soviel Geld zur Verfügung gestellt wurde, daß sie sich eine gewisse Bewaffnung für die zu erwartenden Kämpfe leisten konnten: Einen Harnisch vielleicht, oder sogar eine Armbrust, eine »Lotbusse« (Büchse) eventuell, wenn der Geldgeber sehr spendabel war. Denn jetzt gegen Ende des 14. Jahrhunderts kamen Schußwaffen allmählich in Gebrauch, die freilich noch sehr kostspielig waren; auch an Enterbeile, Netze und Messer, Lanzen und Piken ist zu denken.

Andererseits wurde mitunter, so 1396, auf preußischen Friedeschiffen, den Schiffsleuten, soweit sie schon einen Harnisch besaßen, 12 Scot, den Unbewaffneten dagegen nur 8 Scot pro Woche gezahlt.

Das ältere Hamburger Schiffsrecht enthält einen Heuertarif für die wichtigsten Reisen, der sich freilich nur auf die reine Handelsschiffahrt bezieht. Ein Matrose erhielt danach für die 12-Wochen-Reise von Hamburg nach der Ostsee oder Bergen 12 Schilling englisch. Die Jahresheuer, so hat Schiffahrtshistoriker Walther Vogel ermittelt, würde sich somit auf 2 mal 10 Schilling englisch = 20 Schilling englisch = 1 Pfund Sterling belaufen, da mehr als 24 Wochen Fahrzeit pro Saison eigentlich nicht möglich war. Die Schiffahrt endete für gewöhnlich zu Martini (11. November), und die neue Saison begann nach der Winterliegezeit, der sogenannten »Winterlage«, wieder zu Petri Stuhlfeier (22. Februar).

Zu den Währungen: 1 Mark preußisch (26,5 Gramm Silber) = 24 Scot = 60 Schilling = 720 Pfennig.
1 Pfund Sterling (320 Gramm Silber) = 20 Schilling = 240 Pfennig.
Unterschiedliche Bezahlung konnte auch daraus resultieren, daß der Schiffmann für die Verpflegung nichts zu bezahlen hatte, dafür aber seine Heuer um einen entsprechenden Betrag gekürzt wurde. Versorgte er sich dagegen selber, stieg der Betrag seiner Heuer.

Den Oberbefehl über die Auslieger-Flotte hatte sich das herzoglich-mecklenburgische Haus vorbehalten; es wollte Tag und Stunde der Abreise rechtzeitig bekanntgeben. Im Augenblick aber blieb noch reichlich Zeit bis zum Auslaufen, und das war gut so.
Denn zwei der wichtigsten Leute an Bord fehlten noch: der Koch, von dessen Kunst, wie unschwer einzusehen ist, die gute Laune auf dem Schiff abhing, und nicht zuletzt auch die Kampfmoral; und der Zimmermann, der während der Reise für Reparatur und Ersatz der zu Bruch gegangenen hölzernen Schiffsteile verantwortlich war. Außerdem – besonders wichtig für Unternehmungen, wie sie demnächst bevorstanden – mußte er für schnelle Abdichtungen von Lecks sorgen, die durch Seegefechte entstanden waren.
Auch unser Mann konnte noch in Ruhe seine Seekiste durchmustern und Fehlendes ergänzen. Es waren sicherlich ziemlich geräumige Möbel, diese Seekisten, denn sie mußten ja alle bewegliche Habe aufnehmen, die der Matrose während der langen Fahrtzeit benötigte: In erster Linie Wäsche und Kleidung, dann die Schlafmatte; außerdem allerlei Kleinkram, von dem er sich nie hätte trennen mögen – unter Umständen war auch ein Harnisch einzupacken oder ein Kettenhemd, Waffen und das, was die Quellen als »Seekleider« bezeichnen, höchstwahrscheinlich das Arbeitszeug. Woraus diese Seekleider bestanden, ist unbekannt. Auf den sechs Bildern Hans Memlings zur Legende der Heiligen Ursula in

Brügge, und besonders auf dem Bergenfahrerbild in der Lübecker Marienkirche sind Seeleute dargestellt, die einen faltigen Wams mit Gürtel tragen und die allgemein üblichen enganliegenden Strumpfhosen. Den Kopf bedeckte eine Kapuze mit Schulterkragen – vielleicht ein ganz praktisches Kleidungsstück für den Dienst in Wind und Wetter. Die langen, flatternden Schifferhosen aus Leinen sind mutmaßlich erst im 16. Jahrhundert Mode geworden.
Was hatte der Schiffmann nun für eine solche Ausrüstung zu zahlen? Im Jahre 1449 wird der Verlust jedes Matrosen der preußischen Baienfahrerflotte – das waren die, welche Salz aus der Gegend von Bourgneuf in Frankreich holten – an seiner Seekiste, Matte und Kleidern durchschnittlich auf 10 Mark preußisch berechnet. Macht 265 Gramm Silber im Gegenwert. Kaum vorstellbar, aber das sind gut 80% der oben erwähnten Jahresheuer. Ein teures Stück mithin, das da zu den Fischen gegangen war.

Eines schönen Tages kam dann endlich die Order: Morgen, noch vor Sonnenaufgang hat sich jeder, der bei einem Auslieger angemustert hat, an Bord einzufinden. So geschah es. Im Hafen lebhaftes Gewühl, Geschiebe und Gezerre, Fluchen und Stöhnen über die schweren Seekisten, die über die Bordwand gehievt werden mußten; Empfang durch den Schiffer, Einteilung der Wachen, Zuweisung der Schlafplätze und so weiter, und so weiter ...
Ob es nun wirklich der nachmals so gefürchtete Klaus Störtebeker war, der sich an Bord dieses Kaperschiffes begeben hatte; oder vielleicht der nicht weniger gefährliche, aber nicht so berühmte Godeke Michels; Magister Wigbold unter Umständen, der seinen Katheder verlassen hatte, um seine akademische Karriere gegen die eines Piraten einzutauschen; eventuell auch der Wichmann – wir werden es nie mehr erfahren. Aber möglich wäre es schon, daß der eine oder andere mit dabei gewesen ist, jetzt im Spätsommer 1390, als sie ihren Seemannsbräuten am Ufer ein letztes Lebewohl zu-

winkten. Und als das Kommando »Anker auf« kam – ein guter Wind füllte die Segel –, da wurde so manches Auge feucht. Dann verschwand langsam die mecklenburgische Küste unter der Kimm. Kurs Schweden. Ahoi!

3. Kapitel

Wer wird König von Dänemark?

Zwei Enkel streiten um die Krone (1375) – Margarete atmet auf – Mecklenburg in zwielichtiger Gesellschaft – Rostock und Wismar für den Kaperkrieg – Herzog Albrecht stirbt (1379) – Unter dänischer Flagge – Brüchiger Friede mit den Piraten

Warum nun eigentlich dieser öffentliche Aufruf des mecklenburger Herrscherhauses, gegen Dänemark auf Kaperfahrt zu ziehen, wozu dieser Aufwand? Da war von einem gefangen genommenen König Schwedens die Rede; von Stockholm, das vielleicht Hilfe benötigte – warum diese Aktivitäten, durch die man sich unzweifelhaft schweren Ärger mit der Hanse einhandeln mußte – Ärger mit der Wirtschaftsmacht Nummer eins in Europas Norden, deren Handelsbeziehungen von der iberischen Halbinsel, Frankreich, England, Flandern, Holland, über Riga und Reval bis nach Nowgorod und noch weiter reichte, und die praktisch den Handel von ganz Skandinavien beherrschte?
Rostock und Wismar, nach Lübeck die bedeutendsten hansischen Handelsmetropolen an der Ostseeküste, mußten sich unweigerlich in Widerspruch zu der Wirtschaftsorganisation setzen, wenn sie bei derlei Aktionen mittaten, und es ist ja auch tatsächlich mehr als einmal deswegen innerhalb der Hanse zu heftigen Auseinandersetzungen gekommen.
Es ging um dynastische Streitigkeiten zwischen dem Königreich Dänemark und dem Herzogtum Mecklenburg. Wie immer in solchen Fällen, wurden auch die Untertanen mit hineingezogen in die Verwicklungen, durften dann die Suppe auslöffeln, die andere ihnen eingebrockt hatten. Wenigstens aber war man damals ehrlich genug zu sagen: Freunde hier gibt's was zu verdienen am Krieg, und zwar für jedermann. Woran sich im Laufe der Jahrhunderte einiges geändert hat. Dies freilich nicht: Die Last zu tragen haben nach wie vor die Untertanen; und die tun es jetzt schon für wohlfeile Sprüche.
Der Ärger begann, als der dänische König Waldemar Atterdag am

24. Oktober 1375 starb. Dieser Monarch gehörte zu den Großen auf dem Thron des inselreichen Staates zwischen Ost- und Nordsee. Er regierte umsichtig und konnte die volle Ausdehnung des dänischen Herrschaftsgebietes wieder herstellen. Dabei stieß er zwangsläufig an die Grenzen hansischer Interessensgebiete und mußte sich damit die Gegnerschaft der Hanse, das heißt vor allem die Lübecks, zuziehen.
Ein langwieriger Krieg mit der Wirtschaftsgemeinschaft war die Folge der Zerstörung Wisbys durch Waldemar, ein Krieg, den die dänischen Reichsstände im Frieden von Stralsund 1370 eigenmächtig beendeten. Dieser Frieden war ein Diktatfrieden der Hanse, sie beherrschte danach uneingeschränkt die Ostsee und hatte sich auch ein Mitspracherecht für den Fall ausbedungen, daß es zu einer Neubesetzung des dänischen Throns kommen würde.
Daran entzündete sich merkwürdigerweise aber kein Streit. Hansische Interessen schienen durchaus im Einklang zu stehen mit dem, was sich nach Waldemars Tod tat. Er hinterließ zwei Töchter. Die Ältere, Ingeborg, hatte Heinrich von Mecklenburg, den Bruder des schwedischen Königs, geheiratet; die jüngere, schon bekannte Margarete, den norwegischen König Hakon VI.. Als mögliche Thronfolger standen zwei Enkel Waldemars zur Debatte: Albrecht IV., der Jüngere, Sohn Ingeborgs; und Olaf VI., der Sohn Margaretes, damals noch im Kindesalter. Diese beiden Enkel rauften nun um Opas Königskrone, das heißt, es waren die Mütter, die für ihre minderjährigen Sprößlinge stritten.
Wäre es nun nach deutschem Erbrecht gegangen, hätte man Albrecht IV., den Jüngeren, als neuen König auf den Thron heben müssen, schließlich war er zur Hälfte Deutscher. Aber dieses Recht galt eben nicht auf der cimbrischen Halbinsel und den sonstigen königlichen Eilanden. Außerdem herrschte dort die schöne Sitte und alte Tradition, wonach die Großen des Reiches sich ihren König selber wählten und nicht einfach vor die Nase setzen ließen.

Folglich hatte auch Olaf VI. ein Wörtchen mitzusprechen, und zwar ein gewichtiges, welches seine selbstbewußte und tatkräftige Mutter auch sofort artikulierte, als sie vom Ableben ihres königlichen Vaters hörte. Sie weilte zu dieser Zeit nicht in Dänemark, war aber sofort in die Heimat zurückgereist, um ihrer Schwester Ingeborg, ihrem Neffen Albrecht IV., dem Jüngeren, samt dessen mecklenburgischen Anhang nicht das Feld allein zu überlassen.

Und sie tat recht daran, denn schon 1371, also vier Jahre zuvor, hatte ihr Vater Waldemar – zugleich Großvater des kleinen Albrecht IV., mit dem anderen Großvater Albrechts IV., dem mecklenburger Herzog Albrecht II., der Ältere, einen Vertrag geschlossen, der dem beiderseitigen Enkel den dänischen Thron sichern sollte, welche Erbfolgeabrede durch flankierende Verträge, unter anderem auch mit Kaiser Karl IV., abgesichert worden war.

Der Kaiser forderte denn auch prompt nach Eintritt des Erbfalls den dänischen Adel auf, dem jungen Albrecht IV. zu huldigen, das heißt ihn als legitimierten Mann des Herrn anzuerkennen, wozu sich die Dänen aber keineswegs verstehen wollten. Wenn ihr Herz schon für jemanden schlug, so noch am ehesten für Klein-Olaf den Sohn Margaretens.

Sie wählten ihn auch schließlich am 3. Mai 1376, ein gutes halbes Jahr nach dem Tod seines Großvaters Waldemar Atterdag, wozu sie sich umso mehr ermutigt fühlten, als nämlich – politisch und psychologisch instinktlos – Albrecht IV., der Jüngere, die Großen des dänischen Reiches durch Annahme des Titels und Wappens eines Königs von Dänemarks verprellt hatte und sie obendrein im Januar 1376 durch ein Bündnis mit den holsteiner Grafen schockte; ein Pakt ausgerechnet mit den Erzfeinden Dänemarks.

Die Hanse, die sich gemäß dem Friedensvertrag von 1370 ein Mitbestimmungsrecht bei der Besetzung des dänischen Throns hatte einräumen lassen, verfolgte den Lauf der Dinge mit Wohlgefallen. Ihr war diese dänisch-norwegische Konstellation Margarete-Hakon-Olaf sehr viel genehmer als die dänisch-mecklenburgische Gruppe um Ingeborg, Heinrich und Albrecht. Denn von Dänemark drohte nach jenem Friedensschluß in Stralsund weit weniger Gefahr für die Handels-Großmacht, als wenn man umgekehrt den mächtigen Mecklenburger ins Spiel gebracht hätte. So bestätigte die Hanse gönnerhaft die Wahl Olafs VI. zum dänischen König zwei Wochen nach dessen Wahl. Mutter Margarete konnte aufatmen, denn tatsächlich war sie es ja, die die Staatsgeschäfte führte.

Natürlich fühlten sich Schwester Ingeborg, deren Ehemann Heinrich und Großvater Albrecht der Ältere in Mecklenburg übertölpelt, von Jung-Albrecht gar nicht zu reden. Diesen Coup einfach so hinzunehmen, war man nicht gewillt. Wozu hatte man schließlich seinerzeit soviele Verträge geschlossen, wenn Jung-Albrecht nun leer ausgehen sollte? Wie in den flankierenden Erbfolge-Absprachen vereinbart, fielen jetzt die Holsteiner in Schleswig ein und konnten fast das gesamte Land erobern. Großvater Albrecht segelte höchstpersönlich mit einer stattlichen Flotte nach Kopenhagen, konnte indessen nicht viel ausrichten. Die als eindrucksvolle Demonstration der Stärke gedachte Unternehmung wurde Opfer eines schlimmen Unwetters. Stürme zerzausten die maritime Streitmacht derart, daß dem Mecklenburger angesichts des desolaten Zustands seiner Flotte nichts anderes übrigblieb, als mit den dänischen Olaf-Anhängern einen Vergleich auszuhandeln.

Der lief darauf hinaus, Albrecht d. J. die Stellung eines dänischen Titularkönigs zu belassen, die Entscheidung aber über dessen Landbesitz und die tatsächliche Herrschaft aber einem Schiedsgericht anzuvertrauen – dies nun wieder ein Ergebnis, das sich Margarete und mit ihr der gewählte König Olaf nicht bieten lassen wollten. Margarete hintertrieb denn auch nach Kräften den Vertrag, daß er schließlich wertlos wurde. Was ihr freilich nicht überall in Dänemark Freunde schuf, denn die Albrecht d. J.-Partei war durchaus kein kleiner Club, den man so ohne weiteres an die Wand spielen konnte.

Was konnte in dieser Situation das mecklenburgische Lager unternehmen? Eigentlich gar nichts; etwa einen offenen Krieg mit dem nördlichen Nachbarn wagen, verbot sich von selbst. Dazu war man denn doch zu schwach, trotz aller irgendwann einmal getroffenen Bündnisabreden, und auf die Albrecht-Parteigänger in Dänemark selbst schien nun ein so unbedingter Verlaß auch nicht geraten. Was also machen, um dennoch vor aller Welt unmißverständlich zu demonstrieren, daß man seine Thronansprüche durchaus nicht aufzugeben bereit war?

Man verlegte sich auf eine Politik der Nadelstiche: Dänemark – das Dänemark Margaretes – sollte geschädigt werden, ohne daß man das Land direkt angriff. Und man schädigt das Land am effektvollsten, wenn man seine Wirtschaft trifft. Deren Wohlergehen hing aber weitgehend vom störungsfreien Verkehr über See ab. Damit war klar, wo die Nadeln am meisten stachen.

Mecklenburg knüpfte Kontakt zu den Seeräubern, also zu einer höchst zweifelhaften und obendrein unzuverlässigen Gesellschaft. Die Gelegenheit dazu schien günstig, es trieben sich genug von ihnen herum. Schon in den Jahren 1375 und 1376 – der Zeit, in der das Gerangel um die dänische Krone fürs erste entschieden wurde – hatten sich auf Hansetagen die Klagen über die zunehmende Piraterie bedenklich gehäuft. Wobei alle Betroffenen zu Recht den Grund dafür in den Thronwirren sahen. »Übel wird es im Sommer auf See stehen«, meinten schon 1375 die Abgesandten der Ostseestädte, wenn es mit Dänemark so weitergehe wie bisher.

Es stand übel, und zwar so sehr, daß der Hansetag zu Wismar vom Januar 1376 den Städten empfahl, hart gegen die Freibeuter durchzugreifen. Lübeck und Stralsund schickten Kriegsschiffe in die Ostsee, zum Schutze des Handels. Im Juni desselben Jahres beschloß man, vom nächsten Februar an ein Pfundgeld, das ist eine

Sondersteuer, zu erheben, um die enormen Kosten für die Kriegsschiffe zu decken. Der Hansetag riet außerdem den Schonenfahrern, die den Hering holten, sich zu bewaffnen und den Schiffen, die den Sund passieren mußten, sich in Konvois zusammenzuschließen.

Viel Erfolg freilich war den Hanseaten nicht beschieden. Lediglich zwei Kriegsschiffe operierten in der See, mehr war mangels ausreichender Finanzen nicht auszurüsten. Diese beiden Schiffe taten zwar ihr Bestes, welches leider nicht gut genug war, die Piratenscharen in Schach zu halten. Diese erfreuten sich nämlich großen Wohlwollens der Parteigänger Mecklenburgs in Dänemark, die ihnen bereitwillig, wie es schien, Unterschlupf auf ihren Schlössern und in ihren Häfen innerhalb der verwirrenden dänischen Inselwelt gewährten. Am 14. März 1377 waren bei Fünen rund 200 Seeräuber versammelt, wie zuverlässig berichtet wurde, und knapp einen Monat später schon hatte sich ihre Zahl verdoppelt.

Die Folgen, wie nicht anders zu erwarten, waren schlimm; freilich nicht so sehr für Dänemark, sondern eher für den hansischen Handel. Wohl oder übel mußten nun die Hansestädte zu Gegenmaßnahmen greifen:

Mai 1377: Die Hansestädte sollen keine auf See geraubten Waren kaufen und die Seeräuber auch nicht unterstützen.

Juni 1377: Die Hansestädte beschließen, gegen die Piraten zu rüsten. Wismar und Rostock werden allerdings davon so lange befreit, bis zwischen Mecklenburg und Dänemark Frieden geschlossen sei. Wörtlich: »Ok hebben de stede den van Rostock unde von der Wismar des vordreghen, dat se in den ersten twen jaren neue wapende lude dorven utmaken. Weret aver, dat ere here van Mekkelnborch sich versonede mit dem rike to Denemarken, unde allikewol de serovere uppe der see waren, so scolen ze lik den anderen steden doen, alze en to boren mach.«

Oktober 1377: Eindringlich warnt Lübeck die übrigen Städte:

Wenn man nicht rechtzeitig diesem Unwesen entgegensteuere, sei zu befürchten, daß die Seeräuber so mächtig würden, daß man ihrer nicht mehr Herr werde.
Lübeck hatte allen Grund zu dieser Warnung. Es war natürlich nicht verborgen geblieben, daß zumindest Rostock und Wismar sich an den Beschluß vom Mai nicht mit der gebotenen Strenge hielten. Ihre Händler kauften und verkauften das auf See geraubte Gut, wiewohl das nach allen Regeln nicht hätte sein dürfen. Zu ganz besonderen Mißhelligkeiten führte es stets dann, wenn Firmenvertreter entdeckten, daß es sich um eigene Handelsware handelte, die auf See geraubt worden war, und nun in einem Hafen wieder zum Verkauf angeboten wurde.
Das taten die betreffenden Städte nun nicht aus reiner Böswilligkeit oder weil sie sich in Obstruktion gefielen, sondern sie standen in einem unerfreulichen Interessenkonflikt. Rostock und Wismar waren Städte, die zum Land des mecklenburger Herzogs gehörten.
Lübeck, seit 1226 reichsunmittelbare Stadt, war sehr viel besser dran: Es hatte nur den Kaiser über sich und sonst niemanden; und der Kaiser war weit weg. Rostock und Wismar aber? Sie waren mitten hineingestellt in das dänische Thron-Gerangel als mecklenburgische Städte, und sie sollten sich auf der anderen Seite auch noch der Hanse gegenüber loyal verhalten – ein Konflikt, der so lange nicht lösbar war, wie die Thronstreitigkeiten andauerten. Wie es schien, nahm die Hanse auch auf diese mißliche Lage ihrer höchst wichtigen Ostseestädte Rücksicht, freilich nur soweit und solange, wie hansische Belange nicht wesentlich dadurch berührt wurden.
Das änderte sich folgerichtig eben in dem Augenblick, als Wismar und Rostock auf Kosten hansischer Kaufleute meinten handeln zu dürfen, das heißt, mehr oder weniger offen mit den Piraten paktierten.

Am 30. Mai 1378 verkündeten die in Stralsund versammelten Abgesandten der Hansestädte, daß derjenige für eben so schuldig an dem Übelstand angesehen werde, der Piraten in seinen Schlössern oder sonstwo aufnehme. Demonstrativ verweigerten daraufhin die Abgesandten Wismars und Rostocks ihre Zustimmung und nahmen offen Partei für die Seeräuber und damit auch für ihren Landesherrn. Daß ein derart unsolidarisches Verhalten auch von kräftigem Eigennutz und nicht nur von untertäniger Rücksichtnahme auf das Herzogshaus diktiert wurde, dürfte nicht weiter wundernehmen. Mit großer Wahrscheinlichkeit zogen die Städte einen ansehnlichen Gewinn aus dem Piratenkrieg, da sie den Beutemachern die Waren zu Schleuderpreisen abkauften, um sie dann mit horrendem Gewinn weiter zu veräußern.

Die Klagen über das schandbare Treiben der Seeräuber nahmen also beständig zu. Sie hatten sich auf der Ostsee ausgebreitet wie ein Ölfleck: überall waren sie zu finden, hinter jeder Klippe, hinter jeder Bucht konnten sie lauern. Der ursprüngliche Anlaß ihrer Aktivitäten war schon bald in den Hintergrund getreten.

Lübeck und Stralsund, die bislang die Hauptlast der Bekämpfung trugen, wandten sich nun zwecks Unterstützung an die anderen Hansestädte, denn die Lage war unhaltbar geworden. Preußen und Livland erklärten sich ohne die sonst übliche Ziererei bereit, Pfundgeld zu zahlen und gaben Lübeck überdies Vollmacht für alle Aktionen zur Sicherung des Seeverkehrs. Aktiv freilich wollten sie an der Seeräuber-Bekämpfung nicht teilnehmen.

Greifswald versprach, ein Kriegsschiff mit Hilfe des Pfundgeldes auszurüsten.

Aber es war alles vergeblich, gegen die Scharen von Kaperern war die kleine hansische Kriegsflotte machtlos. Dazu gesellten sich einige unerfreuliche interne Auseinandersetzungen – kurz, das Geld wurde knapp, so daß schließlich 1380 auch nicht ein, und sei es noch so kümmerliches, Friedeschiff mehr die Ostseewellen pflügte. Eine blamable Lage für die Hanse, die hier keine gute Figur gemacht hatte. Und die Seeräuber lachten sich ins Fäustchen.

Zuweilen schien sich die mißliche Lage zwischen den Ostsee-Anrainern bessern zu wollen. Mecklenburgs Herzog Albrecht II., der Ältere, starb nämlich unvermutet im Frühjahr 1379, und sein Sohn und Nachfolger im Amte, Heinrich III. (1379–1384), eine weit gutmütigere Natur als Albrecht, schloß nach langwierigen Verhandlungen einen Waffenstillstand mit Dänemark. Womit der Hauptgrund der Kaperfahrerei erledigt gewesen war. Dazu kam noch, daß Heinrich, der Ehemann Ingeborgs und Vater Albrechts IV., des Jüngeren, seinem Filius den Verzicht auf die dänische Königswürde nahegelegt hatte. Was der auch tat, und sich fürderhin nur noch »Erbe von Dänemark« betitelte – eine nichtssagende Bezeichnung, die staatsrechtlich keinen Wert hatte.

Damit hätte nun die leidige Thronrangelei ihr Bewenden haben können, denn Albrecht IV., der Jüngere, hatte ja de facto auf Dänemarks Krone verzichtet und seinem Vetter Olaf VI. endgültig Platz gemacht. Womit sich auch die leidige Seeräuber-Angelegenheit hätte von selbst erledigen sollen. Sollte man meinen.

Tatsächlich sah es aber ganz anders aus, denn jetzt drehte Margarete den Spieß um und benutzte ihrerseits die zwielichtige Piraten-Gesellschaft für ihre Zwecke. Damit wechselt allmählich auch der Schauplatz des Geschehens von Sund und Belt hinüber nach Schweden.

Ein politisches Ziel hatte die ehrgeizige Margarete nie aus den Augen verloren: Die Vereinigung ganz Skandinaviens unter dänischem Zepter, Pläne die schon ihr Vater Waldemar Atterdag zu verwirklichen suchte, dabei aber scheiterte. Norwegen, Schweden und Dänemark: Ein Reich unter Dänemarks Führung – die Gelegenheit dazu schien günstig, und Margarete war nicht die Frau, die ihre Chancen ungenutzt verstreichen ließ.

1380 starb ihr Mann, König Hakon VI. von Norwegen. Sie wurde zur vorläufigen Regentin des nördlichen Reiches gewählt und acht Jahre später auf Lebenszeit in diesem Amt bestätigt. Regentin sei sie, so tratschte man mit einem gewissen Vergnügen, ohnehin gewesen; Hakon stand unter ihrem Pantoffel. Sie hatte nun freie Hand, und die arbeitslosen Piraten kamen ihr gerade gelegen.

Langwierige Verhandlungen standen bevor wegen der hansischen Handelsprivilegien, die nach dem Tod Waldemar Atterdags und Hakons VI. hätten vom Nachfolger bestätigt werden müssen. Margarete dachte gar nicht daran, diese zu erneuern; im Gegenteil, sie versuchte, sie außer Kraft zu setzen. Um nun aus einer möglichst starken Position heraus in die Verhandlungen gehen zu können, ging sie mit Hilfe der Piraten zum Angriff über.

Die hansischen Kaufleute wunderten sich, daß Überfälle auf ihre Schiffe, statt weniger zu werden, wieder gehörig zunahmen, und zwar so stark, daß sie 1381 erneut Kriegsschiffe zur Bekämpfung der Seeräuber in See schickten. Dem schlossen sich nun auch Wismar und Rostock an, da ja Mecklenburg die Seeräuber nicht mehr unterstützte.

Der Erfolg freilich war mehr als bescheiden. Die schlimmsten Überfälle, das hatte man alsbald ergrimmt festgestellt, ereigneten sich stets in den dänischen Gewässern – was Wunder, daß die Hansestädte binnen kurzem herausgefunden hatten, daß statt der Mecklenburger sich jetzt Dänemark der Piraten angenommen hatte. Da kein Krieg mehr mit Mecklenburg bestand, konnten sich die Raubüberfälle nur gegen den Hansekaufmann richten, woraufhin man mit aller Deutlichkeit und öffentlich Margarete als Urheberin dieser Übel bezeichnete.

Keineswegs fuhren nur Strauchdiebe für die Königin auf Kaperfahrt. Ebenso wie in Mecklenburg nahm auch der dänische Adel fleißig an den Raubzügen teil, und Margarete stand im begründeten Verdacht, mit den Kaperern sogar halbpart zu machen.

Angesichts dieser Situation blieb den Hansestädten nichts anderes übrig, als einmal mehr gegen die Räuber zu rüsten. Freilich mußten sie mit aller Vorsicht zu Werke gehen, denn noch standen die Verhandlungen wegen der Privilegien aus, ein schwieriges Geschäft für beide Seiten, und die Hanse war natürlicherweise bestrebt, endlich Klarheit in diese unsicheren Verhältnisse zu bringen. Einen Trumpf indessen hielten die Hanseaten: die vier Schlösser am Sund – nämlich Helsingborg, Malmö, Skanör und Falsterbo –, die sie sich als Unterpfand für den Friedensvertrag von 1370 hatten auf 15 Jahre abtreten lassen. Margarete aber wollte sie schon vor Ablauf der Frist wieder in ihren Besitz bringen.
Erste tastende Gespräche Ende September 1381 ergaben dann, daß die Dänin nur dann Schadensersatz für die Raubüberfälle zur See leisten und die hansischen Privilegien bestätigen wolle, wenn sie sofort die vier Sund-Schlösser zurückerhalten würde. Zu einer solch weitreichenden Zusage aber fühlten sich die Unterhändler der Hanse nicht autorisiert; so vertagte man sich auf März des nächsten Jahres.
Ganz so sicher freilich scheint sich Margarete denn doch nicht gefühlt zu haben; möglicherweise fürchtete sie, daß sie auf die Schlösser doch noch würde länger warten müssen: Die Hanse könnte sich ja weigern, sie abredegemäß 1385 zurückzugeben; die Gemeinschaft könnte ja alles ein bißchen verzögerlich, etwas schleppend behandeln, weil sie, Margarete, sich so sperrig in Sachen Privilegien und Schadensersatz zeigte.
Die Königin schwenkte um. Sie gab sich fortan hansefreundlich. Und zum Beweise ihres nunmehr guten Willens vermittelte sie einen Friedensschluß zwischen den Seeräubern und der Hanse. Ein brüchiges Vertragswerk, wie sich denken läßt, denn die dänische Regentin hatte die Ostsee-Kamarilla keineswegs fest im Griff. Man verständigte sich auf einen Waffenstillstand, der vom September 1381 bis zum 1. Mai 1382 dauern sollte und dann mit den »är-

meren« Piraten, wie es hieß, bis zum Februar 1383, mit den »Wohlhabenderen« bis zum 11. November 1383 verlängert werden konnte.

Gleichwohl, Kriegsschiffe in See zu schicken, erwies sich ein ums andere Mal als leider nur zu notwendig, und Margarete ging in der Folge oft sogar soweit, ihre tätige Mithilfe bei der Bekämpfung der Piraten anzubieten. Bis man diese Seegangster aber tatsächlich unter Kontrolle hatte, vergingen noch mehrere Jahre.

Dänemark und die Hanse hatten ausgehandelt, daß eine gemeinsame Flotte von 15 Schiffen auslaufen sollte zum Kampf gegen die Freibeuter. Über ihre Wirksamkeit ist leider nichts bekannt. Sonderlich groß scheint sie auch nicht gewesen zu sein, denn die Verhandlungen über weitere Rüstungen werden auch noch im Winter 1384/85 fortgeführt.

Zwischen den Hansestädten kam es zu schwerwiegenden Differenzen. Man konnte sich nicht über die einzelnen Beiträge für die Rüstungen einigen, so daß man schließlich auf diesen Ausweg verfiel: Man übertrug den Kampf gegen die Seeräuber einem Privatmann. Es war Wulf Wulflam, Mitglied der meistgehaßten Stralsunder Patrizierfamilie. Er soll ein großes Schiff mit der nötigen Anzahl kleinerer Begleitschiffe sowie 100 bewaffnete Männer stellen und mit diesen zwischen Ostern und Martini Jagd auf die Seeräuber machen. Piraten oder ihre Sympathisanten darf er aus eigener Machtvollkommenheit aburteilen und hinrichten, oder sie zur Aburteilung den Städten überstellen. Freunde der Hanse genießen auf jeden Fall Schutz, dürfen nicht angegriffen werden; auch darf er keine Piraten als Hilfstruppen seinerseits in Dienst stellen. Für Verluste an Schiffen und Mannschaft hat er selber aufzukommen. Die Städte werden sich mit vier Schniggen, kleineren wendigen Kriegsschiffen, einer bedeutenden Anzahl Geschützen samt Munition beteiligen und seine Bemühungen mit 5000 Mark sundisch pro Jahr honorieren.

Das war eine bedeutende Summe, mit der er mühelos sein großes Schiff, eine Kogge, und noch einiges mehr ausrüsten konnte. Im Jahr 1383 hatte zum Beispiel Lübeck für seine Friedekogge 3000 Mark lübisch, Stralsund für sein Schiff 3500 Mark sundisch gezahlt. Wulflam durfte die Waren, die er den Piraten abjagte, für sich verwenden, ausgenommen hansisches Gut.

Wie erfolgreich der wackere hansische Admiral im einzelnen operiert hat, ist unbekannt. Generell jedoch scheinen seine Fahrten zu einer gewissen Beruhigung geführt zu haben, wie auch im Laufe der Zeit das Larifari bei der Piratenbekämpfung wirkungsvolleren Aktionen wich. Dänemark sandte jetzt eine eigene Flotte aus, der es binnen kurzem gelang, die bei den dänischen Inseln kreuzenden Freibeuter in alle Winde zu zerstreuen. Außerdem hatte König Olaf VI. seinen Vögten befohlen, nach Kräften zur Vernichtung dieser Plage beizutragen, was in erster Linie hieß: Kein Beutegut kaufen, keinen Unterschlupf gewähren. Selbst das schwedische Kalmar beteiligte sich auf eigene Kosten an dem Kampf.

Allmählich zeigten die Seeräuber Wirkung; das jahrelange Katz- und Maus-Spiel ohne feste Basis an der Küste, ohne sichere Rückzugsmöglichkeiten, hatte sie zermürbt. Kriegsmüde waren sie geworden, und so schlossen sie am 28. September 1386 im dänischen Vordingborg unter Vermittlung Margaretes einen Friedensvertrag, deren Partner Dänemark und die Hansestädte auf der einen, einige adlige Seeräuber auf der anderen Seite waren. Deren Namen sind bekannt. Sie hießen Ludeke Schinkel, Eler Rantzow, Henneke von Oertzen und Kurt Hovenschild. Von unseren nachmaligen Häuptlingen der Vitalienbrüder, wie Störtebeker oder Michels, fehlt noch jede Spur.

Der Friedensschluß zu Vordingborg hatte Bestand bis 1390, auch wenn sich noch vereinzelt Überfälle zur See ereigneten.

4. Kapitel

Schlacht in den schwedischen Sümpfen

Staatsstreich gegen König Albrecht – Beistandspakt mit Margarete – Schloß Axvall wird belagert – Ritter Snakenburg nimmt Reißaus – Albrecht gefangen

Gegen Ende der 80er Jahre verlagert sich das Geschehen hinüber nach Schweden, und hier sind auch die Hauptursachen für das Aufkommen der Vitalienbrüder zu finden. Wieder spielt Margarete von Dänemark die entscheidende Rolle; freilich, zunächst bleibt sie noch im Hintergrund. Sie hat sich im Sommer 1387 mit ihrem Sohn Olaf nach Schonen begeben, damals dänisches Staatsgebiet, und wartet ab. Sie wartet auf ihre Chance, den schwedischen Thron zu gewinnen, um mit einer Union der drei skandinavischen Reiche ihr politisches Lebenswerk zu krönen. Natürlich sitzt sie nicht untätig herum und dreht die Daumen oder schaut gelangweilt zum Schloßfenster hinaus. Margarete ist eine große Diplomatin, versteht geschickt zu verhandeln und besitzt das Talent, fähige Leute als Berater und Unterhändler um sich zu sammeln. Sie spinnt ihre Fäden hinter den Kulissen und verhält sich aber nach außen zunächst abwartend; läßt, wie es scheint, die Dinge auf sich zukommen.

Schweden bewegte sich hart am Rand eines Bürgerkriegs. Seit 1363, mehr als 20 Jahre also, herrschten die Mecklenburger in diesem Land, soweit dies überhaupt bei dem sehr selbstbewußten schwedischen Adel möglich war. In letzter Zeit nun hatte die Aristokratie verstärkt versucht, die Königsmacht zu beschränken, hatte unter anderem Güter der Krone an sich gebracht, und der König war machtlos dagegen gewesen. Diese Obstruktionspolitik gelang dem Adel auch deshalb besonders gut, weil er in dem mächtigen Reichsdrost Bo Jonsson eine Führungspersönlichkeit von außerordentlichen Qualitäten besaß. Jonsson war es auch, der das Land de facto regierte, und nicht der König. Der Drost setzte gegenüber dem Herrscher durch, daß die Bauern von Abgaben an die Krone freigestellt wurden. Womit sie sich leider noch schlechter als zuvor standen, denn jetzt waren sie der unkontrollierbaren adligen Willkür und Ausbeutung ausgesetzt.

König Albrecht hatte nicht vergeblich gehofft, mit diesem Zugeständnis die großen Familien zu besänftigen. Bo Jonsson schwenkte um und zeigte sich fortan seinem Herrscher gnädig, was seine Standesgenossen dann ebenfalls taten.

Diese schöne Eintracht währte aber leider nicht allzu lange. Bo Jonsson starb im August 1386, in dem Jahr des Friedensschlusses zwischen den Seeräubern und der Hanse, den Margarete vermittelt hatte. Sein Tod wäre nun nichts Bemerkenswertes gewesen, wenn er nicht eine merkwürdige testamentarische Verfügung getroffen hätte: Seinen riesigen Besitz – das meiste davon zu Lehen – übergab er zehn der größten schwedischen Adelsfamilien zur Verwaltung. Seinen Erben überließ er Güter in dem Wert, wie er ihn selbst seinerzeit geerbt hatte.

Die erste Verblüffung nach der Testamentseröffnung wich einem Zorn, der sich jetzt Luft machte. Vor allem seine Witwe, Margarete Dume, eine geborene Mecklenburgerin, und der Sohn Knut fühlten sich zu Recht schnöde benachteiligt. Aber auch König Albrecht sah sich betrogen. Er mochte gehofft haben, die Jonssonschen Güter nach dem Tod des Besitzers als erledigte Lehen einziehen zu können – daraus wurde nun nichts. Die Besitzungen befanden sich wieder in mächtigen schwedischen Händen, unerreichbar für den König.

Der sann nun nach Möglichkeiten, die Phalanx der zehn »Testamentarii«, wie man die jetzigen Besitzer nannte, aufzubrechen. Es gelang ihm tatsächlich, wenn auch nicht vollständig. Als erstes schaffte er es, die Witwe auf seine Seite zu ziehen: Eine Koalition der Verlierer, die möglicherweise auch deshalb zustande kam, weil beide Mecklenburger waren; landsmannschaftliche Gefühle mögen da eine Rolle gespielt haben. Der König übernahm formell die

Vormundschaft über die Jonsson-Kinder. Beide konnten dann den wichtigsten Testamentarius, Jakob Abrahamsson Djekn, Vogt von Jonsson im finnischen Abo, für ihre Sache gewinnen, nachdem man ihm weitreichende Privilegien eingeräumt hatte.

Dann aber machte König Albrecht einen schweren Fehler. Er forderte die Herausgabe der vormals vom Adel usurpierten Krongüter. Dabei überschätzte er sträflich die eigene Stärke und sah die Gegner durch den Abfall Djekns schon am Ende. Ein folgenreicher Irrtum; denn der Adel dachte gar nicht daran, Albrechts Forderung zu erfüllen. Im Gegenteil, er setzte das Staatsoberhaupt unter Druck, indem er die latente Abneigung gegen die Deutschen im Lande schürte und kategorisch verlangte, daß kein Schloß oder Lehen mehr an Ausländer vergeben werden dürfe.

Darauf konnte sich Albrecht wiederum nicht einlassen, denn gerade die kleinen Lehen waren es, mit denen er deutsche Söldner entlohnen konnte; und eben diese Truppen waren, neben Stockholm und Kalmar, sein einziger Rückhalt. Er lehnte die Forderung des Adels als unzumutbar ab.

Damit war nun der endgültige Bruch da. Die Großen des Reiches, an der Spitze die Testamentarii, gingen in den ersten Monaten des Jahres 1388 zum offenen Kampf gegen den ungeliebten König über. Ein Staatsstreich, dem der Bürgerkrieg folgte.

Bürgerkrieg in Schweden – in einem seinerzeit nur wenig erschlossenen riesigen Land; wald- und seenreich, eine verwirrende Küstenlinie mit abertausenden von Schären und Buchten; nur wenig bedeutende Städte, von denen Stockholm die wichtigste war; eine sehr geringe Bevölkerungsdichte – konnte sich angesichts solcher Verhältnisse ein regelrechter Bürgerkrieg nach heutigen Maßstäben überhaupt entfalten?

Sicher nicht; jedenfalls nicht als Kampf aller gegen alle. Dieser Krieg war vielmehr eine Angelegenheit des Adels. Zwangsläufig mitbetroffen aber waren die kleinen Lehnsmannen der Großen, mochte ihnen der Streit auch herzlich egal sein. Dank der antideutschen Stimmung im Lande konnte die Anti-Albrecht-Partei, also die, welche den Staatsstreich angezettelt hatte, leichte Vorteile im Land erringen. Peinlichst aber vermied man alles, was in eine offene Feldschlacht hätte ausarten können. Söldnertruppen kosteten viel Geld, und daran herrschte beim Adel, und nicht nur bei ihm, chronischer Mangel. Ersatz etwa für einen gefallenen Ritter zu schaffen, riß ein großes Loch in den Geldbeutel, das kaum zu stopfen war.

So zog man statt dessen plündernd und brandschatzend über die Ländereien des Gegners oder belagerte dessen Burgen. Das war der ökonomischere Weg, Krieg zu führen; einen Kleinkrieg mit all seinen Greueln und Möglichkeiten, Privatfehden auszutragen und Privatrache zu üben.

Eindeutige strategische Vorteile zu erringen, gelang keiner Partei. König Albrecht beschlich allmählich ein ungutes Gefühl: Wenn er nicht bald etwas für seine Anhänger tun würde, könnte seine Sache übel ausgehen. In durchaus richtiger Einschätzung der Sache sah er, daß nur massive militärische Unterstützung etwas ändern würde. Gefahr war im Verzug, und der Monarch handelte.

Zunächst – und das spricht dafür, wie ernst Albrecht die Lage in Schweden beurteilte – traf er Vorsorge für den Fall, daß er sterbe oder in Gefangenschaft gerate: Sein Sohn Erich und sein Neffe Herzog Johann III. (Sohn von Albrechts Bruder Magnus) sollten dann seine Nachfolger in Schweden werden. Und von seiner Hauptstütze in Schweden, der Stadt Stockholm, ließ sich der vorsichtige Monarch ausdrücklich bestätigen, daß die Stadt diesen Verfügungen auch folgen werde – nachdem Albrecht ihr aufs neue ihre Privilegien bestätigt hatte.

Dann reiste der König ab, zurück in die angestammte mecklenburger Heimat, um dort Geld und Geldeswert aufzutreiben, damit er die nötigen Truppen bezahlen könne. Sonderlich zimperlich scheint er sich dabei nicht gezeigt zu haben. Kloster- und Kloster-

güter waren seine bevorzugten Opfer, was auch vollkommen verständlich war, denn sie horteten die meisten Schätze und galten nicht zu Unrecht als reich. Der Landadel wurde zur Kasse gebeten, ebenso die Städte. Alles in allem scheint Albrechts Rundreise doch so erfolgreich gewesen zu sein, daß er die notwendigen Truppen anwerben und auch bezahlen konnte.
Eine ansehnliche Reihe kleinerer Herren und Ritter hatte sich dem schwedischen König aus Mecklenburg angeschlossen, darunter Graf Albrecht von Holstein, Graf Günther von Reppin und Herzog Bogislav VI. von Pommern. Ein stattlicher Heerbann war es, der sich anschickte, über die Ostsee nach Schweden zu segeln.

Margarete hatte währenddessen ihre Drähte gezogen. Es gelang ihr tatsächlich, den schwedischen Adel und Klerus, zu dem sie Beziehungen geknüpft hatte, davon zu überzeugen, daß eine Vereinigung der drei skandinavischen Reiche unter ihrem Zepter nur zum bestem für alle sei. Offizielle, von den dänischen Reichsständen erklärte Regentin Dänemarks war sie inzwischen auch geworden, nachdem ihr Sohn, König Olaf VI., völlig überraschend im August 1387 gestorben war. Sie lockte die Schweden mit militärischer Hilfe im Kampf gegen Albrecht, sofern man ihr die schwedische Krone anbieten würde. Man zierte sich schwedischerseits noch ein wenig, aber im März 1388 unterzeichneten Margarete und die Vertreter von Adel und Klerus Schwedens den Beistandspakt, der ihr die Königswürde demnächst bringen sollte.
Zu den Unterzeichnern auf schwedischer Seite gehörte auch der Ritter Birger Ulfsson, Sohn der heiligen Brigitta, der sich überhaupt als Motor der Verhandlungen mit Margarete erwies – eine Ironie der Geschichte, denn Brigitta war es gewesen, die Margaretes Vater Waldemar Atterdag so heftig bekämpft hatte. Neben allerlei Verpflichtungen, diese und jene Schlösser zu übergeben, ihr behilflich zu sein, die schwedischen Kronschlösser in Besitz zu be-

kommen, verpflichteten sich die Adligen auch, denjenigen als König anzuerkennen, den Margarete zu ihrem Nachfolger vorschlagen werde. Sie hingegen werde das Reich gegen alle Feinde – sprich gegen Albrecht und seinen Anhang – schützen. Weiter erklärte sie alles für ungültig, was König Albrecht bisher besiegelt hatte.

Die Aufständischen, denen ja besonders an Margaretes Eingreifen lag, sahen jetzt recht bekümmert drein: Dem Albrecht hatten sie Privileg um Privileg abgetrotzt – das alles sollte nun hinfällig werden, weil Margarete alles, was Albrecht einst unterzeichnet hatte, für null und nichtig ansah.

Die Dänin, seit Oktober 1387 Regentin Dänemarks, seit Februar 1388 zusätzlich Regentin Norwegens auf Lebenszeit und nun auf dem besten Weg, Oberhaupt auch noch Schwedens zu werden – Margarete war über die erfolgreichen Rüstungen ihres Widersachers Albrecht denn doch besorgt. So jedenfalls überliefert es eine dänische Volksweise, wonach die Königin dann ein erschrecktes: »Möge Gott das Übel abwenden« rief, als sie die höhnende Kriegserklärung Albrechts gelesen hatte. Schnell faßte sie sich aber wieder und überlegte, wer wohl ihre Truppen ins Gefecht führen könnte. Dänemarks Adel war offensichtlich besorgt, weil kein Mann und König an der Spitze des Heeres stehen konnte – was nun durchaus keine Garantie für irgendeinen Erfolg gewesen wäre; aber er fürchtete, wie es scheint, die kampferprobten und gut gerüsteten Truppen Albrechts.

Gleichwohl zögerte Margarete keinen Augenblick. Sie ließ Truppen in Dänemark ausheben, schickte sie unter dem Oberbefehl von Swarte Skaaning über den Sund, es begann die Belagerung des Schlosses Axvall, das Albrecht freundlich gesonnen war. Axvall nahm eine Schlüsselstellung in Westergötland ein, in dem sich damals die Straßen zum Vätternsee und die, welche weiter nach Norden führten, kreuzten. Skaaning hatte verhältnismäßig leichtes

Spiel: Schloß Axvall lag auf einer Landzunge, die in den See Huse hineinragte. Sie wurde von zwei Gräben quer durchschnitten, die das Schloß vor Angriffen schützen sollten. Gerade diese exponierte Lage aber wurde dem Schloß zum Verhängnis. Denn Skaaning legte einfach auf der Landzunge eine Schanze an – und die Schloßbesatzung saß in der Falle. Margaretes Feldherr brauchte jetzt nur noch gemütlich abzuwarten, bis den Eingeschlossenen die Lebensmittelvorräte ausgingen, was dann auch tatsächlich der Fall war, wie Chronist Detmar berichtet.
Um dieses Axvall drehte sich nun der ganze weitere Kampf. Für Albrecht mußte in dieser Lage alles darauf ankommen, das Schloß zu entsetzen, um seinen Bundesgenossen Luft zu verschaffen. Margarete hingegen mußte alles daran setzen, das Belagerungsheer Skaanings vor den heranrückenden Deutschen zu schützen.
Diese nämlich waren zum Jahresbeginn 1389 im noch immer mecklenburgisch gesinnten Kalmar gelandet und durchquerten das Land in strapaziösen Eilmärschen Richtung Nordwest. Margarete, die sich unterdessen auf Schloß Varberg einquartiert hatte, um dem Schauplatz der kommenden Ereignisse näher zu sein, stellte ihre Hauptstreitmacht von 1500 Reitern unter das Kommando ihres Statthalters in Norwegen, des Deutschen Heinrich Parow. Der brach sofort auf, damit er Albrecht den Weg nach Axvall verlege. Mit Parows Truppen vereinigten sich auch die schwedischen Adligen. Der Feldherr wußte: Er mußte den Mecklenburger noch vor Jönköping zu fassen kriegen; nur dann war ihm der weitere Weg nach Axvall verlegt. Schaffte er das nicht, mußte er hinter Albrechts Truppen herhetzen; Das konnte zu unübersehbaren militärischen Risiken führen, und was dann mit dem Schloß wurde, hätte keiner genau zu sagen gewußt.
Albrecht aber legte ein Marschtempo vor, mit dem niemand gerechnet hatte. Unterwegs waren noch ein paar deutsche, in Schweden ansässige Herren mit ihren Leuten zu den Mecklenburgern ge-

stoßen, so Gerhard Snakenburg mit 60 Reitern, der zum Dank dafür von seinem König auf diesem Feldzug zum Ritter geschlagen wurde; ferner Vicke von Vitzen als militärischer Beirat des Königs; dann Bischof Rudolf von Skara, ein Vetter Albrechts und späterer Bischof von Schwerin.

Parow kam zu spät. Das mecklenburgische Heer hatte Jönköping bereits hinter sich gelassen und befand sich jetzt in direkten Anmarsch auf Axvall. Margaretes Heerführer blieb nun nichts anderes übrig, als ihm nachzusetzen – was hätte er auch anderes machen sollen, wollte er Swarte Skaaning aus seiner bedrohlicher werdenden Lage retten.

König Albrecht hatte mit seinem Heer das belagerte Axvall fast erreicht, als ihm Kundschafter berichteten, hinter ihm befinde sich die gewaltige dänische Hauptstreitmacht. Sofort gab er Befehl, die Marschrichtung genau umzukehren, den verfolgenden Dänen entgegen. Keine ganz ungefährliche Situation: Vor sich das heranrükkende Heer Parows, hinter sich die Truppen Skaanings, die zwar im Moment an Axvall gebunden waren, aber für den Fall einer mecklenburgischen Niederlage gerade die Rückzugsstraße sperren konnten.

Trotzdem herrschte Siegeszuversicht und gute Laune. bei den Deutschen; man scherzte und war guter Dinge, obwohl das Gelände, das man an jenem 24. Februar 1389 zu durchqueren hatte, alles andere als leicht passierbar war.

Es war eine Moorgegend. Östlich des Baches Skefsa rückten Albrechts Truppen von Norden nach Süden vor und waren gerade bis zum Dorf Asle bei Falköping gekommen – als sie völlig unvermutet auf die Dänen stießen, die ihrerseits gerade dabei waren, in das schwierige Gelände bei Asle einzurücken. Beide Seiten waren völlig überrascht, hier aufeinander zu treffen. Darauf war man überhaupt nicht vorbereitet gewesen.

Beide Heere marschierten in loser Formation und in einzelnen Ab-

teilungen, um leichter mit dem schwierigen Gelände fertig zu werden.
Albrecht hatte sich als erster gefaßt, und er reagierte sofort: Ohne abzuwarten, bis seine Hauptstreitmacht herangekommen war – sie bahnte sich noch mühsam den Weg durch das unwegsame Terrain – griff der König mit den im Augenblick verfügbaren Soldaten die Dänen an, die sich auch erst noch sammeln und zur Schlacht aufstellen mußten. Die Attacke hatte Erfolg. Zwei dänische Banner wurden niedergeritten.
Aber dieser Angriff war zu früh gekommen. Denn es gelang Parow schneller als erwartet, seine Truppen zu ordnen, während Albrechts Leute noch längst nicht soweit waren. Das Kampfglück wendete sich nun langsam zugunsten der Dänen. Dann traf, wie der Chronist Detmar behauptet, der vernichtende Schlag die Mecklenburger: Gerhard Snakenburg, frischgebackener Ritter, machte sich mit seinen 60 Reitern aus dem Staub – mit dem Truppenteil, der, vielleicht zusammen mit der Abteilung des Königs selbst, die Entwicklung der Truppen aus dem Defilé heraus hatte decken sollen. So wurden denn die noch ungeordneten mecklenburgischen Abteilungen eine leichte Beute der Dänen. In wenigen Stunden war der Kampf entschieden, Albrechts Heer wurde vernichtend geschlagen, viele suchten ihr Heil in panischer Flucht.
Einer Chronik zufolge ist die Zahl der Getöteten nicht sehr groß gewesen; König Albrecht soll zwar mehr Leute verloren haben als die Dänen, leider aber war deren hervorragender Feldherr bei den Kämpfen umgekommen.
Albrecht selbst, sein Sohn Erich, Bischof Rudolf von Skara, Graf Albrecht von Holstein und Günther von Reppin wurden gefangen genommen. Man brachte sie nach Bohus, wo sie schon von Margarete erwartet wurden. Mit den meisten ihrer blaublütigen Standesgenossen verfuhr sie, wie seinerzeit üblich: Freilassung gegen angemessenes Lösegeld, und »angemessen« hieß stets »möglichst

hoch«; wobei allerdings diejenigen, die für das Geld aufzukommen hatten – die Untertanen der Durchlauchtigkeiten nämlich – gar nicht erst gefragt wurden, ob sie ihre Herren überhaupt zurück haben wollten. Der klugen Dänin gelang es sogar, Albrechts alten Verbündeten, Herzog Bogislav VI. von Pommern zur Anerkennung ihrer noch frischen, quasi schon königlichen Stellung in Schweden zu nötigen. Er tat es um seiner gefangenen Landeskinder willen, die Margarete freiließ, nachdem er versprochen hatte, sich in den Dienst der Königin und ihrer drei Reiche zu stellen und nie feindlich gegen sie zu handeln.

Nur Albrecht und seinen Sohn Erich, die behielt sie hinter Schloß und Riegel. Selbstverständlich könne man an eine Entlassung denken – sofern man auf die schwedische Krone verzichte.

Das fiel Albrecht natürlich im Traum nicht ein.

Nun ja, dann eben nicht. Schloßmauern in Schweden sind dick und hoch; man wird sehen.

Sie ließ die beiden Mecklenburger nach Burg Lindholm bringen, dort waren sie sicher aufgehoben.

Nachzutragen bleibt, daß Margarete nach diesem grandiosen Erfolg auf dem schwedischen Ständetag im Spätherbst desselben Jahres förmlich die Regierungsgeschäfte des Landes übertragen erhielt.

An jenem Tag aber, als König Albrecht sich weigerte, seinen schwedischen Thron zu räumen und nach Lindholm gebracht wurde – an jenem Tag begann die eigentliche Geschichte der Vitalienbrüder. Es ist eine besondere Sorte Ostseepiraten, die aus der Zunft der Kaperfahrer hervorgegangen sind; jener Kaperfahrer, bei denen unser junger Mann sich aktiv gemeldet hatte und jetzt im Herbst 1390 nach Schweden segelte.

5. Kapitel

Alles dreht sich um Stockholm

Keine Huldigung für Margarete – Putsch in der schwedischen Hauptstadt – Belagerung – Piraten in der Tonne – Bündnispartner gesucht – Flauer Kompromiß

Die herzoglich-mecklenburgische Herrscherfamilie schien einen Augenblick lang wie gelähmt nach der Niederlage von Falköping. Damit hatte man nun wirklich nicht gerechnet. Albrecht mit Sohn Erich hinter »schwedischen Gardinen«, das war unerhört, und das war auch ein Umstand, an den er in seinen vorsorglichen Nachfolgeverträgen nicht gedacht hatte, damals, als er zur Truppenwerbung nach Mecklenburg zurückfuhr. Die Nachfolgerfrage für Schweden hatte sich durch Margaretes Eingreifen erledigt; nur unpolitische Köpfe mochten noch annehmen, daß daran etwas zu ändern sei.
Was aber sollte aus dem Haus Mecklenburg werden, dessen Chef der Gefangene ja schließlich auch war? Es mußte etwas geschehen, und zwar schnell. Ein Verweser für die Zeit seiner zwangsweisen Abwesenheit mußte gefunden werden, wollte man die schwedischen Angelegenheiten und die des Herzogtum Mecklenburgs nicht schleifen lassen.
Albrechts Schwester Anna, Witwe des Grafen von Holstein, zeigte sich der mißlichen Lage gewachsen. Sie ergriff die Initiative und suchte zusammen mit dem Abt Johann von Doberan, einer Anzahl Landsassen und Bürger-Repräsentanten aus Rostock, Wismar und Schwerin einen Nachfolger für ihren Bruder. Freilich dauerte dies noch bis ins Jahr 1390, als man sich endlich auf einen Kompromißkandidaten geeinigt hatte. Es war ihr – und damit auch Albrechts – Vetter Johann der Ältere von Stargard und dessen gleichnamiger Sohn, die vertraglich am 26. August 1390 mit allen Machtvollkommenheiten eines mecklenburgischen Landesherrn ausgestattet wurden für die Dauer von Albrechts Gefangenschaft. Das war eine gute Wahl, wie sich alsbald herausstellte,

denn Johann der Ältere zeigte sich als umsichtig, rücksichtslos und tatkräftig.
Schon im Jahr zuvor hatte man einen Kriegszug nach Schweden unternommen, um dem einsitzenden König zu Hilfe zu kommen. Eine überhastete und wenig überlegte Aktion war daraus geworden, die außer hohen Kosten nichts weiter einbrachte. Das sollte nun anders werden. Johann der Ältere ging systematisch zu Werke: Zunächst machte er Stimmung gegen Dänemark und dessen Margarete, und er lockte 1390 mit jenem bekannten Kaperfahrt-Aufruf seine Landeskinder zu den Waffen. Mit großem Erfolg, wie es den Anschein hat, denn es war eine ansehnliche Flotte zusammen gekommen.

Königin Margarete saß inzwischen fest im Sattel. Nach ihrem Sieg über Albrecht liefen die schwedischen Reichsstände in Scharen zu ihr über und huldigten ihr als neuer Herrscherin, und der ansässige deutsche Adel machte dabei keine Ausnahme. Es gab praktisch keinen Widerstand im Land gegen sie; und fast schien es so, als sei man eigentlich ganz froh darüber, König Albrecht auf diese Weise losgeworden zu sein. Und außerdem: Was würde es schon nützen, beharrlich, aber letztlich doch aussichtslos gegen den Wechsel auf dem Thron zu opponieren.
Selbst Jakob Abrahamsson Djekn in Abo, der sich seinerzeit von den Testamentarii losgesagt und König Albrecht als Vormund der Kinder Bo Jonssons anerkannt hatte, selbst dieser mächtige Mann war, gegen handfeste Vorteile versteht sich, auf Margaretes Seite geschwenkt.
Einzig Stockholm machte eine Ausnahme, nachdem sich nun schon ganz Schweden unterworfen hatte. Es war die wichtigste und auch größte Stadt des Landes. Die Bürgerschaft allerdings war in sich gespalten in eine Pro-Margarete- und Pro-Albrecht-Partei. Die Deutschen, was ja nahe lag, optierten für den Mecklenburger, nachdem Herbert Königsmark, deutscher Befehlshaber auf dem

Stockholmer Schloß, sowie eine Anzahl deutscher Adliger für Albrecht optiert hatten. Warum man so entschied, ist heute nicht mehr zu klären. Als wahrscheinlichste Ursache muß gelten, daß sie anderenfalls um ihr ungetrübtes Verhältnis zur Hanse fürchteten und Angst vor einer Einschränkung ihrer städtischen Freiheiten hatten, wenn Margarete das Zepter schwank.
Ohnehin war das Verhältnis der deutschen und schwedischen Stockholmer untereinander nicht das beste; nun wurde die Lage durch die leidige Königsgeschichte plötzlich verschärft.
Natürlich fühlten sich die Deutschen als die Stärkeren, tonangebend waren sie ohnehin dank des Handels mit allem, was Schweden bot. Zum Beispiel Eisenerz, Holz, Asche und Hering. Der Hering wurde ausschließlich von Schonen aus geliefert und gehörte zu den bedeutensten Exportartikeln des Landes.
Großspurig waren die Deutschen obendrein. Als erstes gründeten sie nach der Niederlage Albrechts einen Schutz- und Trutzbund. Die Gesellschaft nannte sich »Hettebröder« nach einem damals modernen Kleidungsstück. 170 Mitglieder zählte der Verein und war binnen kurzem bis an die Zähne bewaffnet.
Die Schweden wiederum schienen konspirative Verbindungen zu Margarete und deren Reichsrat aufgenommen zu haben, wovon nun wieder die Deutschen Wind bekommen hatten – kurz: Die Reibereien nahmen alsbald einen bedrohlichen Umfang an, jeder belauerte den anderen und traute ihm das Schlimmste zu. Gewalttätigkeiten lagen in der Luft.
Tatsächlich kam es zu einem offenen Konflikt. Den Anlaß gab der Versuch des schwedischen Reichsrats, mit Stockholm in Verhandlungen zu treten, und dann seine Bitte um Teilnahme an einer Konferenz in Södertelje. Der Rat und die gesamte Bürgerschaft Stockholms vereinigten sich auch zur Wahl gemeinsamer Abgeordneter, die Vollmacht erhielten, im Namen der Stadt Verträge abschließen zu dürfen.

Über die Vorgänge in Södertelje ist leider so gut wie nichts bekannt. Es scheint aber, als ob die drei Abgeordneten der deutschen Partei, Lambrecht Westwal, Alf Grenerot und Hans Grönolve sich geweigert hätten, in Unterhandlungen mit dem schwedischen Reichsrat zu treten. Sie reisten wieder ab. Der vierte im Bunde, Peter Aalänning, ein geborener Schwede, blieb dagegen bei der Konferenz zurück. Was er damit beabsichtigte, ist nicht zu erfahren. Jedenfalls faßten seine drei Mitabgesandten sein eigentümliches Verhalten so auf, als habe er mit dem Reichsrat konspiriert. Daher überfielen die drei ihn kurzerhand auf dem Rückweg nach Stockholm und nahmen ihn gefangen.

Wahrscheinlich hatte der Mann wirklich keine blütenreine Weste, denn schon in der folgenden Nacht folgte die Verhaftung einiger schwedischer Bürger. Das ließen sich ihre Stockholmer Landsleute natürlich nicht ohne weiteres gefallen. Sie bewaffneten und versammelten sich auf dem Markt, wo kurz darauf ebenfalls bewaffnete Deutsche erschienen. Es roch nach blutiger Auseinandersetzung. Vielleicht aber waren beide Seiten gleich stark, so daß letztlich niemand siegen würde, vielleicht gewann auch kühle Vernunft wieder die Oberhand – man prügelte sich jedenfalls nicht, sondern redete miteinander. Ergebnis: Die gefangenen und verhafteten Schweden wurden wieder herausgegeben. Woraufhin man beiderseits die Waffen niederlegte.

Der mühsam gekittete Friede dauerte genau einen Tag. Dann brach das Ungewitter über die Schweden herein. Warum die Deutschen zu diesem Mittel griffen, bleibt im Dunkeln – mögen sie sich provoziert gefühlt und nach der Devise, daß Angriff die beste Verteidigung sei, gehandelt haben; wie auch immer, sie planten jedenfalls eine Art Staatsstreich: Die gewaltsame Entfernung aller schwedischen Bürger nämlich, die eine führende Stellung in der Bürgerschaft Stockholms inne hatten.

Ratssitzung war auf den Sonntag vor Fronleichnam 1389 anberaumt. Und diese Gelegenheit wollten die Deutschen nutzen, um die mißliebigen Schweden festzusetzen. Das Stockholmer Schloß mit seiner ausschließlich deutschen Besatzung war informiert worden; man wollte dort mit einer bewaffneten Garde helfen.

Beinahe aber wäre in letzter Minute der schlaue Plan aufgeflogen, weil jene Garde schon im Anmarsch war, als sich der Rat noch nicht vollzählig, das heißt mit allen schwedischen Mitgliedern, versammelt hatte. Einer der eingeweihten Ratsdiener bemerkte die vom Schloß heranrückende Truppe und machte sofort Meldung. Alf Grenerot, der schon an den Unterhandlungen teilgenommen hatte, gelang das Kunststück, das Fähnlein ohne weiteres Aufsehen auf die Burg zurückzuschicken. Niemand schöpfte Verdacht.

Der Rat versammelte sich. Dann sandte Grenerot zwei Ratmannen nach der Schloßbesatzung und zu den in der Gildestube bewaffneten deutschen Bürgern, welche unter Henning von Dalles Befehl standen. Eine unerhört große Streitmacht hatte man zusammengetrommelt, es waren etwa 1100 Mann Bewaffnete, die diesen Staatsstreich für die Deutschen militärisch absicherten. Jetzt wurde das Rathaus verschlossen, so daß niemand mehr hinaus- oder hineinkonnte. In der Versammlung erschien kurz darauf Lydeke Rytz, bis an die Zähne bewaffnet, und verlas auf Grenerots Aufforderung eine Liste derjenigen, die man des Verrats beschuldigte. Diese Liste hatte man von langer Hand vorbereitet, sie aber nicht auf den neuesten Stand gebracht, denn sie soll auch die Namen einiger inzwischen verstorbener Leute enthalten haben. Woraufhin man den Befehl zur Verhaftung der auf dieser Liste aufgeführten Leute gab und diesen Befehl auch ausführte. Die Deutschen gingen dabei, wie immer, sehr gründlich vor. Die Schweden waren nicht einmal in Kirchen und Klöstern vor den Bütteln sicher. Die Gefangenen brachte man dann auf das Schloß und unterzog sie hier einem peinlichen Verhör; sie scheinen aber energisch geleugnet zu

haben, Mitwisser eines Komplotts gegen die Deutschen gewesen zu sein.
Trotzdem wurden am folgenden Dienstag drei der angesehensten Schweden verbrannt. Und in der Nacht zum Fronleichnamstag (17. Juni) erlitten die übrigen auf dem damals sogenannten Käpplingeholm, heute Blasieholm, dasselbe Schicksal.
Nach dieser blutigen Gewalttat beherrschten die Deutschen Stockholm, und das war ja auch der Sinn der Aktion gewesen. Um sich auch für die Zukunft zu sichern, vertrieb der Rat vorsorglich noch weitere 300 schwedische Bürger, welche nicht am Kampf für König Albrecht teilnehmen wollten oder aber im Verdacht des Verrats standen.
Daß Stockholm in absehbarer Zeit nicht zu Margarete überlaufen würde, stand nach diesem Ausgang der Unruhen fest. Die Königin aber mußte etwas unternehmen; zur Herrschaft über das Land gehörte unabdingbar auch die über die Hauptstadt. So wie jetzt war das auf die Dauer ein unhaltbarer Zustand. Zumal nicht ausgeschlossen werden konnte, daß die Stadt sich zu einem ständigen Widerstandsnest entwickelte, das die Politik Margaretes zur Vereinigung der nordischen Königreiche empfindlich stören konnte. Dennoch, Margarete ließ es zunächst nicht auf eine Kraftprobe mit der Hauptstadt ankommen, sie wartete ab.

Ob sie auch dann noch so gelassen blieb, als sie von der mecklenburgischen Flotte erfuhr, die der schwedischen Küste mittlerweile bedrohlich nahegekommen war, mag dahinstehen. Auf alle Fälle dürfte sie auf die Nachricht hin, ein Sturm habe den Schiffen schweren Schaden zugefügt, zunächst erleichtert aufgeatmet haben. Ein Irrtum freilich, wie sich alsbald herausstellen sollte.
Die Jahreszeit war schon zu weit fortgeschritten, man hatte schon stark mit der Ungunst des Wetters zu rechnen. Eine mecklenburgische Kogge geriet zu dicht an die Insel Öland; sie strandete und die Mannschaft ertrank jämmerlich. Wer nicht in der aufgewühl-

ten See umkam und sich an Land retten konnte, wurde von den Schweden gefangen genommen. Ein anderes Schiff ging durch schnöden Verrat verloren: Der bestochene Kapitän steuerte Kalmar an; dabei gerieten mehrere Ritter in Gefangenschaft.
Unverdrossen aber ließ Befehlshaber Johann der Ältere weitersegeln, die Küste entlang Richtung Stockholm. Unterwegs plünderte man Nyköping, weil es so schön nahe am Wege lag, und legte es in Schutt und Asche. Dann konnte man auch schon bald in Stockholm festmachen. Verschnaufpause; Instandsetzung der Schiffe; Verproviantierung; Auffüllen der Munitionsvorräte. Großes Hallo bei den deutschen Stockholmern: Die Heimat hat sie nicht vergessen, soll Margarete doch der Teufel holen!
Die Königin begann nun doch ein wenig aufmerksamer, wenn nicht gar besorgt in Richtung Hauptstadt zu blicken, besonders in dem Augenblick, als Johannes mitgebrachte Infanterie ins Landesinnere losmarschierte. Am Nordufer des Mälarsees zog der Heerbann entlang, verwüstete die Städte Enköping und Westeras, welch letztere man auch noch an allen vier Ecken anzündete. In Upland traf man auf ein starkes schwedisches Bauernheer, eiligst aufgestellt und todesmutig. Es wurde aber von den kampferprobten deutschen Söldnern völlig vernichtet.
Weitere Expeditionen ins Landesinnere verbot dann die Jahreszeit. So zog man sich wieder zurück nach Stockholm und schiffte sich wieder ein, nachdem man versichert hatte, im nächsten Jahr wieder zu kommen.
Margarete allerdings – aufgeschreckt durch die Erfolge der Mecklenburger – setzte noch in jenem Herbst ein Heer in Bewegung, damit es Stockholm belagere. Man schloß die Hauptstadt von der Landseite her ein und legte zwei Schanzen auf den Klippen an, womit man den Zugang von See her abzuschneiden hoffte. Das war's für dieses Jahr, soweit es Schweden betraf.
Von einer Pause auf diplomatischem Feld konnte freilich keine Re-

de sein. Der mit nüchterem Sinn fürs Politische begabte Johann der Ältere mußte sich sagen, daß Mecklenburg es allein auf die Dauer gegen Margarete, hinter der nun Dänemark, Norwegen und fast ganz Schweden standen, nicht durchhalten könne. Auch dann nicht, wenn die Hanse sich zögernd verhalten würde, was aber eigentlich angesichts der Bedrohung der Kauffahrtteischiffe durch die Seeräuber nicht zu erwarten war. Daß die Hanse im Zweifel alles daran setzen würde, die Piraten von der See zu verjagen, galt als sicher.

Herzog Johann sah sich also nach Bundesgenossen um. Der Deutsche Orden in Preußen, bei dem er mehrfach angeklopft hatte, hatte aber ein ums andere Mal abgewinkt. Man ließ sich nicht aus seiner wohlberechneten Neutralität herauslocken. Auch Lübeck sperrte sich, denn wichtiger für das Haupt der Hanse war die noch ausstehende Bestätigung der Handelsprivilegien für die skandinavischen Reiche durch Margarete. Man übte sich in Wohlverhalten, und man sann darüber nach, was man hanseseitig eigentlich mit dem Knatsch zwischen Mecklenburg und Dänemark/Schweden zu tun habe.

Aber Herzog Johann der Ältere brachte doch immerhin eine Koalition zwischen dem Bistum Schwerin, den Vogteien Gadebusch und Grewesmühlen zustande, der sich – und das gab der mecklenburgischen Sache erst den nötigen Nachdruck – Rostock und Wismar anschlossen, wiewohl man sich dort lange geziert hatte, wahrscheinlich aus Rücksicht auf die Hanse. Das war im Mai 1391 gewesen und man versprach einander, so lange gegen Margarete zu kämpfen, bis Albrecht befreit sei. Wäre ein Heereszug nach Stockholm nötig, so würden alle Vertragspartner dabei helfen, und man wolle niemanden berauben, der im Geleit der Vertragspartner stehe – selbstverständlich; fragte sich nur, ob man sich auch immer daran halten würde.

Die bisherigen Erfahrungen mit den staatlich konzessionierten Kaperern waren nicht eben ermutigend. So schien die entsprechende Vertragsklausel durchaus nicht überflüssig. Es war wohl weniger das mecklenburgische Expeditionskorps, das bei den Hanseaten Anlaß zu Beschwerden gab; dies nämlich war, so gut es bei dem schlechten Wetter möglich gewesen war, stracks nach Stockholm gesegelt, hatte hier und dort zwar Beute gemacht und vielleicht auch ein fremdes Schiff aufgebracht, aber das eigentliche Ziel wurde dabei nicht aus den Augen verloren.

Anders verhielt es sich freilich mit den Nur-Kaperfahrern, den lupenreinen Beutemachern, denen die mecklenburgischen Häfen offen standen. Die vergaßen nämlich bei ihren Raubzügen nur allzu schnell den Zweck ihres Kaperauftrages und vergriffen sich auch an Waren hansischer Kaufleute. Hier wird schon deutlich, daß eine erkleckliche Zahl dieser Kaperfahrer schlicht Strauchdiebe waren, die ihrem Gewerbe eben auf See nachgingen. Von vaterländischen Motiven kann da keine Rede sein. Es ging ihnen lediglich darum, den eigenen Geldbeutel zu füllen, und zwar so schnell wie möglich, und auf Kosten aller, die Waren über See schickten. Daß dies nicht im Sinne der Mecklenburger war, liegt auf der Hand. Aber die Mecklenburger hätten wissen müssen, welches Gesindel sie mit ihrem Kaperaufruf von 1390 anlockten. Wisby wurde zum Beispiel ein oft und gern besuchtes Opfer freibeuterischer Unternehmungen.

Die Klagen über Plünderungen hatten in letzter Zeit ständig zugenommen, und so spendete man auch reichlich Beifall, als Stralsund 1391 mit etlichen Piraten kurzen Prozeß machte. In die Hände gefallen waren ihnen die Seeräuber, als diese unvorsichtigerweise einen Stralsunder Kauffahrer angriffen, dessen Besatzung schwer bewaffnet und bestens auf ein solches Zusammentreffen vorbereitet war. Der Kampf war kurz und heftig; die Handelsschiffer schlugen ihre Feinde in Stücke und wer zufällig lebend dem Gemetzel entronnen war, wurde gefangen. Es waren immerhin noch soviel übriggeblieben, daß die normalen Unterbringungsmöglichkeiten auf dem Kauffahrtteischiff nicht mehr ausreichten. So verschnürte man jeden Seeräuber kurzerhand zu einem Päckchen und steckte sie dann in leere Fässer, die man an Bord zufällig zur Verfügung hatte. In den Boden schlug man ein Loch, so groß, daß eben noch ein Piratenkopf hindurchpaßte – eine Art des Gefangenen-Transports, der auch bei den Seeräubern sich einiger Beliebtheit erfreute. Säuberlich stapelte man die Piraten-Tonnen, ohne Rücksicht auf den Kopf, und fuhr nach Stralsund.

Empörtes Gezeter der Gefangenen: Der Kaperbrief, man habe doch das Dokument ... –

Was? Dokument? Stehe da etwa drin, daß man ein Stralsunder Schiff ausplündern dürfe, einen hansischen Kauffahrtteifahrer? – Na also!

Und dann kullerten die Piratenköpfe in den Sand.

Womit natürlich keines der dringenden Probleme gelöst war. Herzog Johann der Ältere von Mecklenburg spürte das dringende Bedürfnis, sich einer Rückendeckung gegen eine immer ungnädiger werdende Hanse zu versichern. So klopften Hoheit – Wismar und Rostock waren inzwischen voll auf die landesherrscherliche Linie eingeschwenkt – wieder beim Deutschen Orden und den preußischen Städten an. Ob man dortselbst nicht vielleicht die Handelsbeziehungen zu Dänemark abbrechen und sich Mecklenburg anschließen wolle.

Die Antwort, es konnte nicht anders sein, fiel eindeutig negativ aus.

Ein diplomatischer Mißerfolg also. Militärisch sah es etwas günstiger aus. Die Mecklenburger konnten, wie schon im Vorjahr, wieder eine respektable Flotte aufstellen, die von Stargard nach Stockholm unter dem Kommando Herzog Johanns des Älteren und seinem Sohn Johann dem Jüngeren segelte. Man räuberte auch diesmal aus, was sich unterwegs bot, man landete auf Bornholm und plünderte die Insel, wobei man, einmal im Zuge, auch gleich noch dort weilende Danziger Kaufleute ausraubte. Das war nun ein eklatanter Verstoß gegen die vertraglichen Regelungen vom Mai, der auch entsprechenden Ärger verursachte; dann eine Landung auf Gotland mit anschließenden Raubtaten. Es war ein höchst zufriedenstellendes Unternehmen, jedenfalls für die Mecklenburger. Die Hansekaufleute freilich sahen das ganz anders.

So gelangte man schließlich frohgemut und mit wohlgefüllten Schiffen bis in die Schären vor Stockholm, und man wollte eben die letzten Klippen vor der Stadt umrunden, als die vorderen Schiffe unter Beschuß genommen wurden. Sofort wurde beigedreht und irgendwo Deckung gesucht, soweit es in der Eile möglich war. Die Manöver waren noch nicht vollständig ausgeführt, als man merkte, woher der unfreundliche Empfang stammte: Von zwei höhergelegenen Schanzen nämlich – jenen, die Margaretes Befehlshaber hatte anlegen lassen, als er den Belagerungsring um Stockholm schloß.

Die Mecklenburg-Flotte fuhr aus der Gefahrenzone und ankerte ein wenig abseits, außerhalb der Reichweite schwedischer Geschosse.

Was nun tun, da es offenbar nicht möglich war, die Stadt direkt anzulaufen? Herzog Johann der Ältere und sein Sohn beraten mit ihren Unterführern. Hinein in die Stadt muß man auf jeden Fall; man weiß, dort werden die Lebensmittel knapp und allerlei anderer Nachschub fehlt auch. Das Gelände bei den Schanzen wird noch einmal sorgfältig in Augenschein genommen, dann beschließt man, eine Schanze zu erobern.

Was auch ohne größere Schwierigkeiten gelang. Wenigstens konnte man jetzt in die Stadt gelangen, auch wenn die zweite, höher gelegene Schanze den Verkehr noch arg behinderte. Man belagerte sie; sie zu erobern gelang aber nicht, dazu lag sie zu gut geschützt auf ihrer Klippe.

So zog sich die Belagerung in die Länge, damit hatte freilich keiner gerechnet. Oben auf der Klippe wurden die Vorräte allmählich knapp, aber auch bei den Mecklenburgern machten sich erste Mängel bemerkbar. Welche man durch eine Expedition ins Landesinnere wahrscheinlich hätte beheben können, aber dazu kam es gar nicht.

Denn Königin Margarete nahm die Stockholmer Affäre immerhin so wichtig, daß sie selbst im Oktober hinüber nach Schweden gekommen war und sich aus dem nicht weit entfernten Nyköping meldete, um mit Herzog Johann zu verhandeln. Auf einen neuerlichen Raubzug des stattlichen Mecklenburg-Heeres mochte es Margarete nicht ankommen lassen; der des vergangenen Jahres war den Schweden noch in leidvoller Erinnerung und hatte Zweifel an der Fähigkeit der neuen Königin geweckt, ob sie tatsächlich alles tun würde und auch tun könne, um Schweden gegen seine Feinde zu verteidigen – so, wie sie es seinerzeit versprochen hatte. Und über eigene Truppen, den Mecklenburgern mit Erfolg entgegen zu treten, gebot sie augenscheinlich auch nicht. So verlegte sie sich auf diplomatisches Geplänkel, dessen Spielregeln sie bekanntlich meisterhaft beherrschte.

Man handelte unter nicht geringen Schwierigkeiten einen Kompromiß aus, der dahin ging, Albrecht von Mecklenburg gegen ein Lösegeld von 60000,– Mark freizulassen, eine horrende Summe, wobei die Frage seines Verzichts auf den schwedischen Thron offenbar – aus welchen Gründen auch immer – nicht zur Debatte gestanden hatte. Dann wurde Waffenruhe befohlen. Johann der Ältere von Mecklenburg erhielt einige Schlösser Schwedens zum Pfand, darunter auch Schloß Stockholm, bis man zu einer endgültigen Friedensregelung käme.

Bis zum 8. Tag nach Pfingsten nächsten Jahres – das war der 9. Juni 1392 – sollte dieser Waffenstillstand gelten, dann wollte man sich in Falsterbo treffen, um einen endgültigen Friedensvertrag zu

beschließen. Alle Gefangenen, mit Ausnahme der Fürsten, erhielten bis zu jenem Tag Urlaub auf Ehrenwort.
Das war ein Abkommen, mit dem eigentlich keiner so recht zufrieden sein konnte. Albrecht saß nach wie vor gefangen in Lindholm und hatte durchaus nicht auf den schwedischen Thron verzichtet; Stockholm war fest in mecklenburgischer Hand.
Margarete entließ ihr kleines unbedeutendes Heer, viel zu winzig, um gegen die Mecklenburger etwas ausrichten zu können, und diese sperrten nun von sofort an ihre Häfen für die Seeräuber. So hätte denn nach dem Oktober 1391 wieder Ruhe auf See herrschen sollen. Daran war aber nicht mehr zu denken. Mit den Piraten hatte man einen bösen Geist beschworen, den wieder zu bannen die Zauberformel fehlte.

6. Kapitel

Meister Hugo und die Wunen

Drei Gruppen von Seeräubern – Vitalienbrüder = Räuber – Festgefroren im Eis – Beim Sturm auf das Schiff baden gegangen – Bergen erobert – Ein Seegefecht – Des Königs Kogge sinkt – Entern und Kämpfen

Also wieder geschlossene Häfen in Mecklenburg, jedenfalls offiziell. Aber man wußte ja als Pirat Bescheid: Wer wollte, fand immer einen Weg, seine Beute an den Mann zu bringen, und die Händler, die die Waren abzunehmen pflegten, ließen sich durchaus nicht dadurch irritieren, daß sie nun wieder unversehens zu Hehlern gemacht wurden – jedenfalls juristisch. Dazu war der Gewinn denn doch zu groß, als daß sie freiwillig auf die eroberten Waren der Seeräuber verzichtet hätten. Und die Seeräuber selbst scherten sich nicht darum, was obrigkeitlich verfügt wurde. Im Jahre 1391 nicht und genausowenig ein paar Jahre später. Für die politischen Köpfe unter ihnen – nehmen wir an, daß es auch solche gegeben hat –, war es ohnehin keine Frage, daß dies nur eine höchst brüchige Waffenruhe zwischen den streitenden Parteien sein konnte.

War etwa eines der Probleme gelöst? Nein, nicht eines war vom Tisch. Nach wie vor bestand Margarete auf einem formellen Thronverzicht Albrechts, der sich nach wie vor beharrlich weigerte. Schwedens Hauptstadt Stockholm dachte nicht entfernt daran, der dänisch-norwegischen Königin zu huldigen, für die das selbstverständlich auch eine Prestigeangelegenheit war. Das aberwitzige Lösegeld von 60000,- Mark für den einsitzenden Albrecht aufzutreiben war ein Unterfangen, das von vornherein zum Scheitern verurteilt war. Im Grunde genommen hatten die Gegner nur die Uhr angehalten, dort oben in Nyköping bei den Verhandlungen, nicht aber mehr. Man brauchte sich als Pirat und als Händler keine großen Sorgen zu machen, über kurz oder lang würde es wieder weitergehen mit herzoglich-mecklenburgischer Erlaubnis, und bis dahin konnte man ja einfach so tun als sei gar nichts geschehen.

Es kam tatsächlich so, wie es sich die klugen Köpfe gedacht hatten. Im Jahre 1392 scheiterten die Verhandlungen; der Eklat war wegen der unüberbrückbaren Gegensätze unvermeidbar geworden, nachdem keine der Parteien Kompromißbereitschaft hatte erkennen lassen. Margarete reagierte ziemlich prompt mit erneuter Einschließung Stockholms; Herzog Johann der Ältere gab die Pfandschlösser nicht heraus und erklärte, daß die Meuten der Seeräuber wieder offizielle mecklenburgische Hilfstruppen seien.

Drei Gruppen von Seeräubern, die schon bald in den offiziellen Akten als »Vitalienbrüder« auftauchen, lassen sich unterscheiden, ohne daß dies nun eine Seekriegsführung etwa festgelegt hätte. Die erste Gruppe leistete den Mecklenburgern bei ihren Kriegszügen unmittelbare Heeresfolge. Sie waren der Führung der Herzöge unterstellt und dessen Armee, die in erster Linie politischen Zwecken diente. Zur Hauptsache bestand diese Gruppe wohl aus wirklichen Soldaten, die sich aber, soweit sie unter erfahrenen Kapitänen fuhren, nicht gänzlich vom Seeraub freihalten konnten und dies auch nicht wollten. Die Plünderung Bornholms beim Feldzug von 1391 nach Stockholm spricht da eine deutliche Sprache.

Zu der zweiten Gruppe zählten die unabhängig von dem Landesherrn operierenden Flotten, deren Führer fast alle dem mecklenburgischen Adel entstammten. Und diese Flotten waren es nun, die in allen Ecken der Ostsee auftauchten und abenteuerliche Kaperfahrten in Szene setzten. Diese Gruppe tat sich besonders durch die Plünderung der skandinavischen Küstenstädte hervor, durch den Raub in Finnland und in Livland, und diese Gruppe war es schließlich auch, die zeitweise den mecklenburger Herzögen auf der Nase herumtanzen sollte.

Dann gab es noch eine dritte Gruppe, die Kaperfahrer nämlich, die einzeln oder in kleineren Verbänden auftraten und die hauptsächlich sich von ganz gewöhnlichem Seeraub ernährten. Wobei es aber durchaus der Regel entsprach, wenn sich diese allein auf Beu-

tezug gehenden Kapitäne den größeren Verbänden unter Führung der mecklenburger Adligen anschlossen.
Für das Mecklenburger Herzogshaus war die Störung des Handels mit Dänemark das eigentlich erklärte politische Ziel. Es organisierte aus diesem Grunde wohl kein größeres Heer, sondern ließ die einzelnen Räuberhaufen, die sich immer wieder zu größeren Verbänden zusammentaten, gewähren. Die verwegensten unter diesen Piratenkapitänen aus mecklenburgischem Adel operierten wie völlig selbständige Admirale, die sich und ihre Mannen vom Kaperkrieg ernährten. Die Bedeutendsten unter ihnen, wie Henning Manteufel, Arnold Stuke und andere, wandten sich nach Nordosten und brachten schließlich ein Heer von 1500 Mann zusammen. Sie suchten an der Küste Livlands neue Unterschlupfe. Zwei Namen tauchen in den Berichten und in den Klageakten geschädigter Hansekaufleute immer wieder auf: Es sind eben jener Arnold Stuke und ein Nikolaus Milies – Flottenführer höchster Qualifikation, verwegene Kämpfer, meisterhafte Nautiker – es ist das Dioskurenpaar der Vitalienbrüder, jedenfalls solange wie sie die Ostsee unsicher machen, und die Vermutung sei gestattet, daß Klaus Störtebeker und Godeke Michels bei ihnen das Piratenhandwerk von der Pike auf gelernt haben, bevor sie sich selber als erfolgreiche Schiffsführer in den Seefahrtsannalen verewigten.
Stuke, einer der treuesten Verteidiger Mecklenburgs, war es beispielsweise gewesen, der den Bischof Thord von Strengnäs gefangen genommen hatte, als dieser mit starkem Gefolge zum Tag von Vordingborg reiste. Stuke und Milies, damals sein Mitanführer, brachten den Bischof samt Begleitung nach Stockholm, wo Herzog Johann der Jüngere sie für eineinhalb Jahre in Geiselhaft nahm, und das, obwohl der Dompropst von Uppsala den Bann über die Täter und die ganze Stadt Stockholm verhängte. Worum sich freilich kein Mensch kümmerte.

Was der »Viktualienmarkt« ist, weiß jedes Kind, zumindest in München: dort kauft man Obst, Gemüse, Lebensmittel – alles was man essen kann. Was die »Viktualienbrüder«, auch »Vitalienbrüder«, sind, weiß ebenfalls jedes Kind, zumindest in Hamburg: das sind die Seeräuber, angeführt von Klaus Störtebeker, die Stockholm mit »Viktualien« – Lebensmittel also – versorgt haben, als es vom bösen Feind eingeschlossen war.

»Dusse gesellen de sick do vorsammelden, dewile se nicht up besoldunge dehneden, sondern up der egene eventuhre, nomenden se sick Victalienborders«, vermeldet der Chronist Reimar Kock, der von den Ereignissen keine persönliche Kenntnis hatte, sondern seinerseits ältere Quellen benutzte.

Das Wort »Viktualien« bedeutet tatsächlich »Lebensmittel« und leitet sich vom Lateinischen her. Insofern liegt das Münchner Kindl völlig richtig, der Hamburger Jung aber daneben, wenn er das tatsächlich für richtig hält, was er glaubt. Leider aber stimmt es nicht. Sicherlich, die Vitalienbrüder haben auch Lebensmittel in die schwedische Hauptstadt geschafft, aber davon haben sie nicht ihren Namen erhalten.

Einzelheiten der gelehrten und bislang nicht widerlegten philologischen und historischen Beweisführung Hans Cordsens, ein Hamburger Hanseforscher zu Beginn dieses Jahrhunderts, schenken wir uns. Das Ergebnis ist wichtig: Danach wurzeln die Viktualien-/Vitalienbrüder, historisch betrachtet, nicht bei den lateinischen »Lebensmitteln«, sondern bei den mittelalterlichen Heeren und ihren Fouragieren.

Zog der Lehnsherr in den Krieg, waren seine Lehnsmannen, die Ritter, wohl oder übel verpflichtet mitzutun. Nicht nur das, sie mußten auch noch für Verpflegung für sich, die Knappen und die Pferde sorgen. Reichte der mitgeführte Proviant nicht aus, so mußten sie auf Märkten oder bei Kaufleuten den Vorrat eben ergänzen, und wenn gar nichts mehr half, durften sie auch Lebensmittel requirieren, gegen angemessene Entschädigung, versteht sich.

Dies System mag bei Ehrenmännern funktioniert haben; zu Zeiten der Kreuzzüge und mit dem Aufkommen der Söldnerheere wurde schließlich nur noch requiriert und überhaupt nicht mehr entschädigt. Was Wunder, daß die Einwohner solcherart geplünderter Gegenden keinen Unterschied mehr entdecken konnten zwischen ordinären Räubern und den Fouragieren des Heeres, die »Vitaillers« genannt wurden – also vom Wort her durchaus auch etwas mit »Lebensmitteln« zu tun haben –, ein Wort nun, das im Laufe des 14. Jahrhunderts aus dem Französischen und Englischen ins Niederdeutsche eingedrungen war. Von hier bis zur Übertragung des Namens auf die Räuber zur See war nur noch ein kleiner Schritt, und bald hießen die Ost- und Nordseepiraten so, die Schiffe ausraubten, die Besatzungen niedermachten oder über Bord warfen, und die ganze Küstenstriche verheerten. Bleibt festzuhalten: Die Vitalienbrüder hätten auch dann »Vitalienbrüder« geheißen, wenn sie nach Stockholm nicht eine Erbse oder ein Körnchen Roggen gebracht hätten.

Im Winter 1393/94 hatte es mit einer Versorgungsfahrt jedenfalls nicht auf Anhieb geklappt. In den Schären vor Stockholm, bei Dalarö, scheiterte das Unternehmen. Hier der Inhalt einer Chronik: Im Winter kam die Zeitung an den Fürsten von Mecklenburg, daß der Stockholm hart von den Dänen belagert würde und die Bürger allda großen Hunger litten, und wenn sie nicht mit dem ersten entsetzt würden, mußten sie aus Not die Stadt übergeben. Dem zuvorzukommen wurden in dem Tief von Wismar acht große Schiffe ausgerüstet, diese wurden mit Korn, Mehl und anderen Lebensmitteln beladen und mit kühnen Männern besetzt, den Holm zu befreien. Es war aber mitten in dem Winter, da diese Schiffe abliefen; sie hatten einen Hauptmann mit Namen Meister Hugo. Die Dänen hatten auch einen Haufen Schiffe in See wegen der Vitalienbrüder und anderer, die den Dänen reichen Schaden tun wollten.

Da begab es sich, daß hastig ein starker Frost ankam, daß die Schiffe in der See einfroren und konnten nirgend hinkommen. Als nun der Hauptmann von Wismar sah, daß der Frost so heftig überhand nahm, da sprach er zu den Schiffern und anderen Kriegsleuten also: »Liebe Gesellen, ihr sehet, daß wir hier befroren liegen und dürfen uns nicht vermuten, daß so bald ein anderes Wetter einfallen wird, und ihr wißt, daß der Dänen Schiffe auch in See sind. Darum weiß ich gewiß, wenn dieser Frost bleibt, sie werden uns anfallen und sich mit uns versuchen; so haben sie einen großen Vorteil, daß sie aus ihrem Lande sich soviel verstärken können als sie wollen; deshalb ist besser, wir sehen vor ihrer Ankunft zu. Wollt ihr nun meinen Rat hören so wollen wir unsere Schiffe so verwahren, daß wir sie vor den Dänen wohl behalten, wiewohl es Arbeit kosten will; dennoch dieweil es so kalt ist, so ist es besser, daß wir was zu tun haben, als daß wir sonst zu Tod frieren.«

Meister Hugo befand sich in keiner beneidenswerten Lage. Erstens die Kälte, auf die man nicht vorbereitet war, weshalb man ja auch dicht am Ufer plötzlich im Eis festsaß; und zweitens die dänischen Schiffe, die sich vor der Eiskante noch im offenen Wasser tummelten und nur auf eine günstige Gelegenheit lauerten, den fetten, festgefrorenen Happen aus Wismar zu verspeisen. Erfrieren oder erschlagen werden, das wäre hier die Frage gewesen, hätte sich Flottenchef Hugo nicht listig etwas ausgedacht.

»Sehet da«, sprach er geradezu in biblischem Tonfall, »an dem Lande steht viel Holz, da wollen wir welche hinsenden, die sollen lange und große Bäume und Holz hauen und auf dem Eise mit geringer Arbeit an die Schiffe schaffen; die wollen wir auf beiden Seiten der Schiffe hinlegen und mit Wasser begießen,

Der sagenhafte Störtebeker – dargestellt von Daniel Hopfer (um 1520). Als Vorlage für dieses Phantasie-Portrait fungierte ein Bildnis des Kunz von der Rosen, Hofnarr Kaiser Maximilians I.

Eine Hansekogge. Kupferstich aus dem 15. Jahrhundert.

Die Hansekogge, die 1962 im Schlick des Bremer Hafens gefunden wurde und die zur Zeit im Deutschen Schiffahrtsmuseum in Bremerhaven konserviert wird.

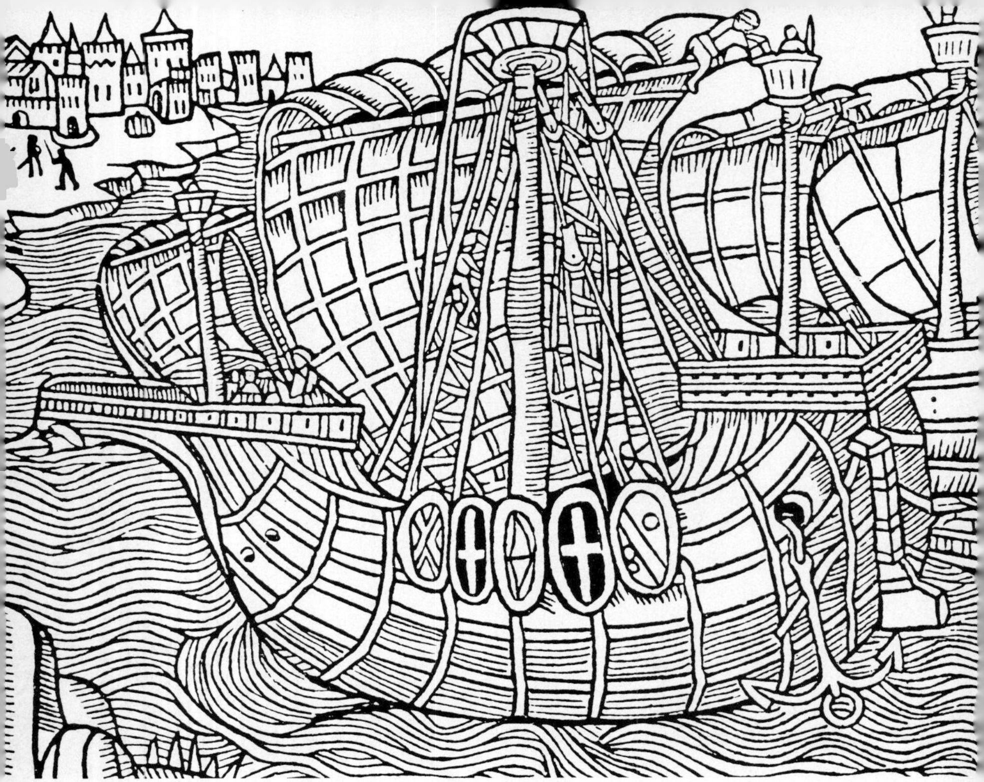

Eine Flotte im 15. Jahrhundert. Holzschnitt aus »Vergier d'honneur«.

Lübeck, um 1250

Elbing, um 1350

Schiffsdarstellungen auf Stadtsiegeln

welches bald zufrieren wird, und unsern Schiffen einen Wall und Bollwerk geben.«
Und genauso machten sie es denn, fällten am nahen Ufer Baum um Baum, schleiften die Stämme übers Eis zu den nahen Schiffen und legten sie dort Stamm um Stamm zu einem Wall auf, der, mit Wasser begossen, so fest zusammengefroren sein dürfte, wie wenn er aus Beton gewesen wäre. Wie er ausgesehen hat, wissen wir nicht; auf alle Fälle hatte er aber den unschätzbaren Vorteil so glatt zu sein, daß er ohne weiteres nicht überstiegen werden konnte, und er war auch so angelegt, daß die Schiffe von den Dänen nicht ohne Hilfsmittel unter Beschuß genommen werden konnten.
Das merkten die Angreifer spätestens dann, als sie vergeblich sich abmühten, über den spiegelglatten Eis-/Holzwall zu klettern, und es sich für ihre Armbrustschützen als unmöglich erwies, die Bolzen ins Ziel zu bringen. Dafür ergoß sich nun ein Hagel von Geschossen über sie, abgefeuert von den Verteidigern auf den hochragenden Schiffsdecks und in den Mastkörben. Damit hatten die Dänen nicht gerechnet. Wiewohl »vier auf einen Wismarschen, so mußten sie doch mit großem Schaden davonziehen und die Schiffe bleiben lassen.«
Erklärlich, daß sie diese schmähliche Niederlage durch einen vier zu eins unterlegenen Gegner nicht auf sich sitzen lassen wollten, womit natürlich auch Meister Hugo rechnete.
Bald schon meldete der Ausguck im Mastkorb rege dänische Tätigkeit. Man beobachtete, wie sie über das Eis in das Waldstück liefen, dort Holz schlugen und eine »Kriegsmaschine zurichteten, welche man nennt eine Katze« – ein Gerät, von dem sie sich offenbar die Erstürmung der Eisschanze und Eroberung der Schiffe versprachen.
Wismars Mannen wußten, was demnächst auf sie zukommen würde. Wie sollte man sich dagegen schützen? Unser Befehlshaber war schon ein pfiffiger Kerl, keine Frage. In der kommenden Nacht –

die Maschine war noch nicht einsatzfähig – schlich er mit Freiwilligen von Bord und ließ, so leise es eben ging, Wunen in das Eis rings um die Schiffe hacken. Die dabei freigewordenen Eisschollen schob man unter die Eisdecke. Während der restlichen Nachtstunden froren die Löcher wieder zu.
Es lief programmgemäß, genauso, wie Hugo es sich gedacht hatte. Mit markigen Kampfrufen, ihr Maschinchen im Schlepp, stürmten die Dänen am nächsten Morgen in breiter Front heran, und um ja nicht noch eine Schlappe einstecken zu müssen, hatten sie jeden Mann aufgeboten. Sie waren sich ihrer Sache sicher; zu sicher, denn als die vorderen Reihen den Schiffen schon bedrohlich nahe gekommen waren versanken sie plötzlich unter entsetztem Geschrei in dem bitterkalten Ostseewasser – die dünne, nur wenige Stunden alte Eisdecke der Wunen war unter ihrem Gewicht zerbrochen. Ehe noch der nachdrängende Haufen bremsen konnte, hatte er schon weitere Kameraden in die Wasserlöcher gestoßen. Es soll reichlich Tote gegeben haben, weiß der Chronist, worauf die Dänen dann wie geprügelte Hunde von hinnen zogen. »So erhielten die Wismarschen ihre acht Schiffe durch List und Gewalt, bis Gott ein ander Wetter gab, daß das Eis verging, da liefen sie nach dem Holm – Stockholm ist gemeint – und entsetzten die Stadt.«

1393 war überhaupt ein ereignisreiches Jahr gewesen. Es begann vielversprechend mit einem zünftigen Raubzug unter Leitung von Herzog Johann dem Älteren nach Bergen, das man ohne Rücksicht darauf, eines der wichtigsten Handelskontore zu beherbergen, überfiel, brandschatzte und plünderte. Nicht weniger als rund 900 Mann, verteilt auf 18 Schiffe, nahmen an diesem Zug teil. Seefahrer sorgten dann für die Verbreitung der Schreckensnachricht, unter anderem gelangte sie auch bis nach Island, und dort schrieb man sie nieder: »Man erzählte von Norwegen, daß im Frühjahr, in der Osterwoche, Deutsche nach Bergen kamen und

ganz Norwegen für König Albrecht forderten. Er war aber in Dänemark bei der Königin im Gefängnis zusammen mit seinem Sohn Erich. Sie gingen am folgenden Donnerstag vor Anker, die Bewohner aber rückten ihnen entgegen und kämpften mit ihnen. Auf beiden Seiten fielen viele, die meisten auf Seite der Deutschen. Die Bürger unterlagen. Die Deutschen hatten 900 Schützen; der Anführer hieß Enis, ein Deutscher Verwandter Albrechts; ein anderer hieß Maekingborg, ebenfalls ein Verwandter Albrechts. Dieser fiel im Kampf und wurde beim Minoritenkloster begraben; Enis ließ ihn ehrenvoll bestatten. Die Leichen der anderen Gefallenen ließ er auf den Vaagen hinausschaffen und dort versenken.
Jon Darre führte die Bürger, denn er war Hauptmann. Er kämpfte sehr tapfer, wurde jedoch von den Deutschen gefangen ... Der, welcher Maekingborg tötete, hieß Erik.
Die Deutschen richteten eine große Verheerung an, raubten und plünderten und verletzten beides, Kirchen- und Frauenrecht. Sie plünderten so sehr, daß sie alles, was sie nicht mitnahmen, in die See versenkten, Schiffe und Anker, deren sie habhaft werden konnten, fortführten, ausgenommen einen Anker, »Langbein« genannt, der König Olafs Eigentum gewesen war. Enis ließ das Land Albrecht huldigen, weil er der rechtmäßige König sei. Diese schwuren den Eid.«
So geschehen im Jahre des Herrn 1393 am 22. April.
Wer sich hinter dem »Enis« verbirgt, ist bislang ein Rätsel geblieben. Was es aber mit dem geheimnisvollen »Maekingborg« auf sich hat, der in Bergen zu Tode kam, ahnt man schon: Es ist Herzog Johann der Ältere von Mecklenburg, Oberhaupt aller Piraten, ein gewaltiger Kämpe und ein hervorragender Truppenchef.
Bei der Restauration der Domkirche in Bergen im Jahre 1880 hat man an der Stelle des früheren Minoritenklosters ein Grab gefunden, und es ist möglich, daß es dasjenige des Maekingborg ist. Dicht unter dem Fußboden fand man lose im Sand ein Skelett und

ein Schwert. Vom Skelett war der Schädel, der im Lehm lag, ziemlich gut erhalten. Das Schwert, das sich jetzt in Bergens Museum befindet, war vom Rost stark zerfressen, ließ aber deutlich erkennen, daß es ein sogenannter Zweihänder mit einer fast ein Meter langen Klinge war. Das Grab machte, wie die Konservatoren damals berichteten, den Eindruck, als sei es in Eile aufgeworfen. Dazu kam, daß der Schädel, wie es schien, gewaltsam gespalten war, und so lag die Vermutung nahe, daß man es hier mit dem Schwert und dem Skelett jenes gefallenen Maekingborg zu tun habe.

Leider sind keine detaillierten Berichte aus jener Zeit überliefert, wie etwa der Kampf zwischen einem Kaperfahrer und einem Kauffahrteischiff abgelaufen ist, oder wie das Gefecht zwischen zwei feindlichen Flotten ausgesehen hat; welche taktischen Manöver man ausführte; wie man den Gegner enterte; wie man navigierte, sich auf die Lauer legte – die Annalen vermerken hier nur nüchtern die Tatsache, daß überhaupt etwas geschah. Wie das nun alles abgelaufen war, wird nicht erzählt. Ein höchst unbefriedigender Zustand, dem schon die Zeitgenossen der Vitalienbrüder und deren Enkel abzuhelfen suchten, als sie die Geschichten so weiter erzählten, wie sie sich hätten zutragen können. Wie sich aber eine solche Seeschlacht tatsächlich zugetragen hat, kann sehr gut aus den Ereignissen vom Jahre 1350 abgelesen werden, wobei es zu einem Seegefecht zwischen einer spanischen und einer englischen Flotte gekommen ist, und das unter dem Namen »L'Espagnol sur Mer« bekannt geworden ist.
Es war während der Regierungszeit Eduards III. von England (1327–1377) als eine spanische Flotte von 40 Schiffen unter Don Carlos della Cerda in der Biscaya mehrere englische Schiffe gekapert hatte und dabei die gesamte Besatzung über Bord geworfen hatte. Die Schiffe waren nach Sluis gekommen, um dort Ladung zu nehmen. Die Nachricht von dem Piratenstück der Spanier hat-

te in England außerordentlichen Unmut hervorgerufen, und König Eduard III. wollte diesen Frevel höchstselbst rächen.
Bei Winchelsea – einem kleinen Ort zwischen Dungenes und Hastings – ließ Eduard seine zum Kriege ausgerüsteten Schiffe sammeln, um die Spanier bei nächster Gelegenheit an der englischen Küste anzugreifen. Als sein Flaggschiff ließ er die Kogge »Thomas« ausrüsten, ein besonders großes Schiff, das 100 Mann Besatzung hatte. Daneben gab es acht weitere Schiffe mit 30 bis 80 Mann Besatzung – im ganzen versammelte er eine Flotte von 50 Einheiten. Als der Tag nahte, da man die Spanier erwartete, begab sich der König mit seiner Gemahlin sowie dem Hofstaat nach Winchelsea und bestieg die »Thomas«, sein ältester Sohn und Thronfolger, der »Schwarze Prinz«, übernahm das Kommando auf einem anderen großen Schiff.
Dem spanischen Flottenchef della Cerda waren natürlich die Vorbereitungen auf englischer Seite nicht verborgen geblieben, und er dachte keineswegs daran, dem Kampf aus dem Weg zu gehen. Auch er traf seine Vorbereitungen: Er ließ Steine in die Marsen und große Stücke Stangeneisen, mit denen ebenfalls geworfen werden sollte, auf die hohen Gefechtsdecks über Back und Schanze bringen; daneben hatte er noch eine stattliche Zahl Armbrustschützen an Bord. Dazu kam, daß seine Schiffe im Durchschnitt größer und höher gebaut waren als die englischen, so daß sie ungeachtet ihrer geringeren Zahl besser zum Kampf geeignet waren. Außerdem verfügte er über mehr Mannschaft an Bord.
Englands König Eduard war ein lebenslustiger Herrscher; er war ein charmanter Geldverschwender und wahrscheinlich auch der größte Schnorrer, den je ein Land auf seinem Thron sitzen hatte. Damit die Zeit bis zum Eintreffen der spanischen Flotte nicht zu langweilig sei, ließ er Bordfeste feiern und sorgte für allerlei Kurzweil. Endlich aber, am 29. August 1350, gegen 4 Uhr nachmittags, war es soweit. Die Ausguckposten meldeten das Herannahen

der Spanier. Der Wind hatte auf Nordost gedreht und war aufgefrischt, die Spanier benutzten den günstigen Wind, um in Schlachtordnung auf die im Augenblick noch vor Anker liegende englische Flotte loszusegeln.

Sofort wurde Signal gegeben »Anker auf«, und auf 50 englischen Schiffen drehten die Mannschaften die Ankerspills. Die spanische Flotte kam, durchaus üblich für damalige Zeiten, in Dwarslinie, also Schiff neben Schiff, mit achterlichem Wind schnell herangesegelt. König Eduard III. hatte den Befehl gegeben, sich in gleicher Formation in die Spanier einzukämmen. Und so geschah es. Die englischen Schiffe formierten sich in Staffeln hintereinander geordnet zu einer ebensolchen Dwarslinie und fuhren gegen die Spanier los. Wobei sie allerdings gegen den vorlichen Wind segeln mußten. Es sah aus wie bei einem ritterlichen Turnier. Schiff rannte gegen Schiff an und versuchte, den Gegner kampfunfähig zu machen. Der König auf seiner »Thomas« hatte für sich den größten Brokken der spanischen Flotte ausgesucht. Gegen den segelte er nun los, leider nur hatte sein Schiff – wie auch alle anderen seiner gesamten Flotte – viel an Fahrt verloren, wohingegen die Spanier immer noch unter vollem Zeug und mit voller Kraft auf die Engländer losstürmten.

Der Rammstoß war von fürchterlicher Wucht. Dem Spanier, der auf Eduards Schiff aufgelaufen war, ging der Mast samt den Leuten im Mastkorb über Bord. Die »Thomas« selbst wurde stark leck geschlagen. Freilich zu einer Enterung kam es noch nicht, die Schiffe glitten aneinander vorbei, aber bei dem nächsten Spanier, der an der Bordwand entlangscheuerte, verhakte man sich mit Enterhaken, Enterdraggen, Leinen, Piken und Ketten, und der eigentliche Kampf, Mann gegen Mann, begann. Mit wüstem Geschrei stürmten die Ritter des Königs hinüber auf den Spanier und richteten ein fürchterliches Blutbad an. Wer nicht getötet wurde, wurde über Bord geworfen. So gewannen die Leute des Königs allmählich die Oberhand über das spanische Schiff, und das war auch gut so, denn die »Thomas«, in die mittlerweile sehr viel Wasser eingedrungen war, drohte wegzusacken. Irgendjemand muß es in dem Kampfgetümmel bemerkt haben, daß die beiden miteinander verhakten Schiffe plötzlich schräg lagen: Die »Thomas« war dabei zu sinken und das spanische Schiff mit sich hinunterzureißen. Irgendjemand schrie dann: »Taue kappen!« Blitzschnell rannte man an die Bordwand und löste sich von der sinkenden »Thomas«. Das letzte Kabel war noch nicht losgemacht, als das Schiff gurgelnd im Wasser verschwand.

Ähnlich erging es Eduards Sohn, dem »Schwarzen Prinzen«, der aber weniger Glück als sein Vater hatte, denn er wurde von dem angerannten Spanier überwältigt. Ein in der Nähe kämpfendes englisches Schiff bemerkte aber, daß es um den Prinzen nicht gut stand, konnte sich von seinem Gegner lösen, gerade noch zur rechten Zeit bei dem Spanier längsseits gehen und ihn entern. Auch das Boot des Prinzen war so stark leck geschlagen, daß es binnen kurzem sank.

Einem weiteren englischen Schiff, mit dem Hofstaat des Königs an Bord, passierte folgendes Mißgeschick: Es hatte sich mit einem großen Spanier verhakt und wurde von diesem nun – es wehte ja ein kräftiger Nordost – einfach vom Wind mit fortgezogen. Dem Schiff konnte niemand Hilfe bringen, weil alle anderen mit ihren spanischen Gegnern zu tun hatten. Der Engländer wäre verloren gewesen, wenn nicht ein mutiger Matrose das Schiff gerettet hätte. Er griff sich ein Beil, sprang damit behend auf das Deck des Spaniers und kappte das Fall. Im selben Augenblick rauschte die grosse Rah und das Segel von oben herunter und fiel auf die Kämpfenden. Es entstand eine große Verwirrung, und diese nutzten die Engländer aus, um nun ihrerseits den Spanier zu entern und das Schiff zu nehmen.

Es waren letztlich die vorzüglichen englischen Bogenschützen und die starke und tapfere Besatzung der englischen Flotte, die den Sieg erkämpft hatten. Mit seemännischer Kunst hatte das überhaupt nichts zu tun. Das Treffen endete mit einem deutlichen Sieg der Engländer über die Spanier – der erste englische Seesieg über Spanien überhaupt. Etwa 20 Schiffe hatte man erobern können, woraufhin König Eduard III. das Signal »Gefecht abbrechen« blasen ließ und mit seiner Beute nach Winchelsea zurückfuhr. Dort schilderte er mit beredten Worten seiner Frau Gemahlin sowie deren Hofstaat den Sieg, und wie schwierig er zu erkämpfen gewesen sei, und man feierte, diesem Tag zu Ehren, ein großes Gelage in der Nacht. Auf englischer Seite war es bei dem Verlust der beiden gesunkenen königlichen Schiffe geblieben. Bei den Enterungen hatte es zwar eine Menge Tote auf englischer Seite gegeben, aber das war nicht so wichtig.

Von einer Seekriegstaktik, die sich etwa ein Admiralsstab ausgedacht hätte, konnte zu jener Zeit und bei diesen zu Kriegsschiffen umgerüsteten Fahrzeugen noch nicht die Rede sein. Die vom Altertum überlieferten Kampfformen wurden ohne Nachdenken allgemein weiter verwendet. In breiter Formation ging man an den Gegner heran, wie Eduard III. es tat, und suchte dann im Einzelkampf die Schiffe zu entern und in Besitz zu nehmen. Die Kraft etwa an irgendeiner Stelle zu konzentrieren, lag den Anführern fern. Vorteile sich auf andere Art und Weise zu erringen, zum Beispiel durch den Einsatz besonderer schneller Schiffe oder bestimmter Schiffseinrichtungen oder Waffen, das alles lag ihnen damals fern. Das einzige, was zählte, war, den Gegner in den Grund zu segeln, danach Nahkampf mit Enterung des Schiffes – das war das einzige Ziel.

Größere Flotten wurden in drei bis vier Unterabteilungen geteilt, die der Führer in möglichst guter Ordnung an den Feind heranzubringen versuchte. Ein weiteres Geschwader diente oft als Reserve. Man näherte sich dann dem Gegner schiffsweise, Enterhaken und Enterdraggen und sonstiges Gerät zum Festmachen wurden geworfen, und es begann der Kampf Mann gegen Mann. Es waren dies Kämpfe, wie man sie auch zu Lande führte, nur hier auf dem schwankenden Boden der Schiffe – man benutzte die Schiffe selbst nicht als Waffe, sondern nur als Kampfplatz.

Es spricht aber doch vieles für die Annahme, daß Störtebeker und Co. ihr Segelhandwerk besser zu führen verstanden und rücksichtsloser und aggressiver mit Schiff und Mannschaft umgingen, als es in der christlichen Seefahrt üblich war.

7. Kapitel

Eine Kogge aus Störtebekers Tagen

Der Fund in der Weser – Seeschlacht bei Dover – Mit Pfeilen und ungelöschtem Kalk – Kaum Komfort an Bord – Fisch- und Fleischtage – Waffen – Kirchturm-Navigation – Kennunge und Weke Sees – Lotspeise und Kompaß – Kogge, Balinger und Schnigge

Es verwundert auf den ersten Blick ein bißchen, daß die Vitalienbrüder scheinbar mühelos zu einer solchen existenzbedrohenden Gefährdung für die Handelsschiffahrt werden konnten. Schließlich saßen ja auch auf den Handelsschiffen keine unerfahrenen Besatzungen, auch sie hatten gute Leute an Bord, die dazu schwer bewaffnet waren, und sie wußten sich kräftig zu wehren. Wieso also diese Erfolge der Freibeuter? Waren sie vielleicht kühner, mutiger?

Möglich wäre es schon, nur: damit lassen sich Augenblickserfolge erzielen, nicht jedoch Erfolge über Jahre.

An den Schiffen kann es auch nicht gelegen haben; sie fuhren mit den gleichen wie die biederen Kauffahrer, in erster Linie also mit der Kogge, dem hansischen Universalschiff schlechthin. Zumeist wurde er als Frachter benutzt, konnte aber auch als Truppentransport oder zum Kriegsschiff umgerüstet werden und diente nicht zuletzt auch den Kaperfahrern für ihre Zwecke.

Es war einer jener Zufälle, ohne den wissenschaftlicher Fortschritt nicht recht denkbar ist, und der sich in diesem Fall die Schiffahrtshistoriker erkoren hatte. Bei Baggerarbeiten im Bremer Hafen wurde am 8. Oktober 1962 die mittlerweile berühmt gewordene Hanse-Kogge gefunden – die Fachwelt jubelte: Endlich wurde sie des Schiffs leibhaftig ansichtig, das sie bisher im wesentlichen nur von Stadtsiegeln kannte. Da dieser Fund derartig wertvoll war, spendierte man ihm ein Extra-Haus beim Deutschen Schiffahrtsmuseum in Bremerhaven, wo er nun über Jahre hindurch konserviert wird. Mit 23,50 Meter Länge über alles, einer größten Breite von 7,50 Meter, einem geschätzten Tiefgang von 2 Metern und einer Tragfähigkeit von etwa 120 Tonnen gehört dieses Exemplar zu den kleineren Koggen. Normalerweise faßten sie rund 200 Tonnen oder 100 Last, wie die Gewichtsbezeichnung seinerzeit lautete. Geschätzte Besatzungsstärke: 15 bis 20 Mann rein seemännisches Personal; durch kriegerische Mannen für den Kampf gegen die Seeräuber konnte sich diese Zahl aber gut verdoppeln.

Besondere Merkmale einer Kogge – die Abbildungen auf den zahlreichen Stadtsiegeln sind durchaus naturalistisch –: Ein stabiler Mast, ein rechteckiges Segel, an einer Rah angeschlagen; der Schiffsrumpf in Klinkertechnik gefertigt, denn die Planken überlappen sich dachziegelartig; steiler Vorder- und Achtersteven. Außerdem gehört als Konstruktionsmerkmal ein flacher Boden mit steil angesetzten Bordwänden dazu. Und das Interessanteste: Die Bremer Kogge wurde um das Jahr 1380 gebaut, wie Holzfachleute herausgefunden haben, exakt zu der Zeit also, als das Piratenunwesen auf der Ostsee seinen Aufschwung nahm. Klaus Störtebeker freilich oder einer seiner Kumpane hat diese Planken mit Sicherheit nie betreten, denn die Kogge wurde damals als noch nicht völlig fertiggestellter Neubau von der Helling gerissen, als in jenem Frühjahr 1380 die Weser ein nie dagewesenes Hochwasser führte. Das Schiff lief alsbald auf Grund, schlug leck und wurde im Laufe der Zeit unter Sand und Schlick begraben.

Es könnte nun aber sein, daß die Vitalienbrüder, und mit ihnen alle anderen erfolgreichen Piraten, besser mit diesen reichlich plumpen Schiffen umzugehen verstanden als ihre Kapitänskollegen von der Handelsflotte; daß sie ein wenig besser zu segeln verstanden und riskanter allemal segelten, denn sie hatten ja keine Verantwortung für eine Ladung, die sie sicher in irgendeinen Hafen zu transportieren hatten.

Seekriegshistorikern ist die erste Seeschlacht bekannt, die durch bravouröse Segelmanöver eingeleitet und letztlich auch gewonnen wurde. Es handelt sich um das Gefecht vom 24. August 1217 bei Dover – also lange vor der Zeit der Vitalienbrüder, aber es ist nicht ausgeschlossen, daß alle Seefahrer von dem Ausgang dieses Gefechts gelernt haben –, das damit begann, daß eine französische Invasionsflotte von etwa 80 größeren und kleineren Schiffen an Dover vorbei auf nördlichem Kurs in Richtung Themsemündung segelte. Die Franzosen unter dem Kommando des erfahrenen Kapitäns und ehemaligen Piraten Eustache le Moine ahnten noch gar nichts Böses, als sie achteraus in größerer Entfernung eine englische Flotte ausmachten, die offenkundig den Kanal von Dover nach Calais überqueren wollte. Tatsächlich aber hatte der Befehlshaber von Schloß Dover, Hubert de Burgh, von dem französischen Invasionsplan Kenntnis und setzte alles daran, diese Aktion zu vereiteln. Seit den Zeiten Wilhelm des Eroberers oblag den sogenannten Cinque Ports – das sind die fünf Häfen Dover, Romney, Hythe, Hastings und Sandwich – die Bewachung der »Narrow Seas«, das ist die Straße von Dover. Burgh gelang es, diese fünf Hafenstädte mit Erfolg an die alte Aufgabe zu erinnern. Sie stellten 16 große und mehr als 20 kleinere gut ausgerüstete Schiffe, die stark bemannt wurden und auch Armbrust- und Bogenschützen an Bord hatten.

Der französische Flottenchef Eustache le Moine meinte nun, die Engländer würden im Gegenzug Calais angreifen. Ein folgenschwerer Irrtum, wie sich bald herausstellte. Aus südlicher Richtung wehte eine frische Brise, vor der die Franzosen Richtung Themse segelten. Mit »schräger« Segelstellung, wie zeitgenössische Quellen berichteten, waren die Engländer von Dover aus ausgelaufen, und hierbei hatte de Burgh nichts anderes im Sinn, als die Luvseite zu gewinnen. In dem Moment, als er sich in günstiger Position hinter der französischen Invasionsflotte befand, ließ de Burgh seine Schiffe vom Winde abfallen und drehte dann in die Fahrtrichtung der Franzosen. Jetzt jagte er mit allen Segeln, die er setzen konnte, hinter dem Feind her und hatte ihn auch bald eingeholt.

Mit allem mochten die Franzosen gerechnet haben, nur damit

nicht, daß ihnen die Engländer, zahlenmäßig sogar unterlegen, plötzlich im Genick saßen. Die französischen Schiffe waren zwar stark bemannt, hatten aber keine Schützen an Bord. Dazu kam noch, daß die Mannschaft unglücklicherweise nicht seebefahren war und der Kampf auf See ihnen durchaus neu war. Die Engländer bereiteten sich während der Annäherung an die französische Flotte in aller Ruhe auf das Treffen vor. Schon aus weiterer Entfernung, so früh es eben ging, begannen ihre Bogenschützen, die für ihre Treffsicherheit berühmt waren, die gegnerischen Decks mit Pfeilen zu bestreichen. Sobald ein englischer Bug an ein französisches Heck stieß, traten Enterdraggen in Aktion, und der Nahkampf begann. Hierbei benutzten die Engländer auch ungelöschten Kalk, der unter den verblüfften Franzosen eine verheerende Wirkung anrichtete, denn die frische achterliche Brise blies ihnen das Zeug in die Augen. Sowie die englischen Enterer an Bord waren, kappten sie als erstes die Fallen, so daß die Segel samt Rah von oben herunterkamen und die Mannschaften unter sich begruben. Schiff für Schiff wurde auf diese Weise von den Engländern erobert; es war ein ungeheures Debakel für die französische Flotte. Von ihren 80 Schiffen entkamen nur 15, die übrigen wurden erobert oder versenkt. Auf einem der eroberten Schiffe fand man auch Eustache le Moine, und man brachte ihn kurzerhand um. Zahlreiche französische Ritter zogen es vor, lieber in die See zu springen, als in englische Gefangenschaft zu geraten.

Warum nun der erfahrene französische Flottenchef statt seine zahlenmäßige Überlegenheit zusammenzuhalten und an den Wind zu gehen, seine Fahrt vor dem Wind fortsetzte und auf diese Weise den Engländern erst Gelegenheit gab, seinen Verband von hinten aufzurollen, ist bis heute ein Rätsel geblieben. Die einzig plausible Erklärung bietet der Schiffahrtshistoriker Paul Heinsius, der annimmt, daß Eustache le Moine nicht über Schiffe verfügte, mit denen er hätte an den Wind gehen, geschweige denn kreuzen können, so wie es die Engländer taten. Mutmaßlich hat es sich bei den englischen Schiffen um Koggen gehandelt, denn mit den Koggen konnte man solche Manöver ausführen.

Über das tägliche Leben an Bord ist leider fast gar nichts bekannt. Freilich werden sich da Handelsschiffe von den Piratenschiffen kaum unterschieden haben, vielleicht nur in einem Punkt, daß nämlich die Disziplin auf den Seeräuberschiffen straffer organisiert war – eine unumgängliche Notwendigkeit bei der zweifelhaften Herkunft der Besatzung. Die Mannschaft hauste vor dem Mast, im »Roof«. Dort hatte wahrscheinlich, wie später üblich, jeder seinen festen Verschlag, die Koje, in die der Schiffmann seine mitgebrachte Matte aus der Seekiste legte. Der Kapitän, der Steuermann und die anderen Offiziere dagegen wohnten hinten in einer Kajüte, die auch für solche Fälle verwendet wurde, in denen hochmögende Passagiere befördert werden mußten – was natürlich nur auf Handelsschiffen der Fall war. Ursprünglich werden diese Kammern unter dem achterlichen Halbdeck gelegen, später auch als eigenes Deckshaus in den Aufbauten Platz gefunden haben. Die ersten solcher Kammern werden schon in Norwegen 1257 erwähnt, zur hansischen Frühzeit also, und es erweist sich einmal mehr, daß die Kogge auch in bezug auf Unterbringung und Bequemlichkeit der Fahrgäste seinerzeit ein hochmodernes und vornehm eingerichtetes Schiff gewesen ist. Aber Bequemlichkeit ist relativ: Eine solche Kammer, so hat man errechnet, kam in ihren Abmessungen eher einer Schlafbutze als einem Aufenthaltsraum gleich. Für ein Genuesisches Schiff hat man in einem Fall eine Höhe von 1,48 Meter ausgerechnet. Aufrechtstehen konnte da kein Mensch.
Auf den Schiffen ging alles seinen geregelten Gang. Die Wachen, der Mann am Ruder wurden regelmäßig abgelöst, dazu war eine geordnete Zeiteinteilung notwendig; man führte später Sanduh-

ren, die »Glasen«, dafür ein, die wahrscheinlich halbstündlich umgedreht werden mußten.
Was es alles zu essen gab – wir wissen es heute nicht mehr. Wir wissen auch nicht, wie oft Mahlzeiten gereicht wurden. Lediglich aus späterer Zeit, von 1530, wird die »alte Gewohnheit« erwähnt, wonach es einen Wechsel von Fisch- und Fleischtagen gegeben habe. An Fleischtagen sollte es Speck und Erbsen oder Rindfleisch geben, an Fischtagen Grütze, Bohnen, Erbsen oder anderes gekochtes Essen, dazu gesalzenen Fisch, Hering, Dorsch und Kabeljau. Auch der Schiffszwieback gehörte schon zum eisernen Bestand der Schiffsküche. »tweebackenbrod ..., dat hebben mest deel alle scepe«, heißt es bereits 1387. Man trank dazu sein Quantum »Schiffbier«, ein leichtes dünnes Bier, das in Fässern mit sich geführt wurde. Wasser als regelmäßiges Getränk kam erst später in Gebrauch.
In den Laderäumen der Kaperfahrer werden – statt der Fracht – außer dem Ballast noch zusätzliche Lebensmittel, Ausrüstung wie Segel, Hölzer, Taue und vor allem Waffen und nochmals Waffen gelegen haben: Piken, Beile, Armbrüste, Bogen, Bolzen, Pfeile, Enterdraggen, Enternetze, ungelöschter Kalk zum Beispiel, aber auch Schmierseife, die man auf das Deck des Gegners warf, damit der ausrutschte und man ihn um so besser überwältigen konnte. Um sich seinerseits vor Enterungen zu schützen, gab es eben Enternetze. Kurz bevor das Gefecht begann, zog man sie über die wichtigen Teile des Schiffes, wodurch der Gegner zeitweilig gehindert wurde, auf das Deck zu gelangen. Manche dieser Schiffe hatten auch ein bis zwei Wurfmaschinen an Bord, Steinschleudern, die schon auf etwas größere Entfernung ihre Geschosse abfeuern konnten, um dem Gegner schon vor Enterung möglichst großen Schaden zuzufügen. An anderen Schiffen gab es wieder einen regelrechten Munitionsaufzug hoch zur Mars, in dem sogenannte Steinwerfer saßen, die aus luftiger Höhe den Gegner mit

schweren Steinen bombardierten. Der Mars war auch der bevorzugte Standort der Bogenschützen, deren treffsicherste immer noch die Engländer waren.

Gegen Ende des 14. Jahrhunderts kamen Feuerwaffen auf, zunächst nur kleine von geringer Reichweite und geringer Treffsicherheit; aber dieser Fortschritt der Waffentechnik fand auch sofort Eingang auf den Schiffen. So wird man denn in den Laderäumen dieser Schiffe auch Schießpulver und Kugeln für diese Waffen vermuten dürfen.

Vorder- und Achterkastell auf diesen Schiffen waren regelrechte Kampfplattformen, mitunter sogar durch Zinnen bekrönt. Auch dies war für die Kämpfer ein erhöhter Standort, von dem aus sie versuchten, Oberhand über den Gegner zu gewinnen. Was nützte das aber alles, wenn der Gegner auch über derartige Plattformen gebot – was meistens der Fall war. Dann half eben nur überlegene Segeltechnik und genaueste Kenntnis der Gegend, in der man sich befand. Das war noch am ehesten Gewähr dafür, einen Gegner besiegen zu können.

Genaue Kenntnis von der Gegend, in der man sich befand: Das hieß nichts anderes, als genaue Kenntnis der Navigationsregeln. Navigationsschulen oder nautische Lehrbücher existierten in dieser Zeit noch nicht. Selbst wenn es sie gegeben hätte – ein hansischer Schiffskapitän hätte sie schwerlich lesen können, denn diese Kunst gehörte zumindest in seinen Kreisen zu den großen Ausnahmen. Was ihn befähigte, sein Schiff sicher in den Bestimmungshafen zu bringen, war ein außerordentliches Maß an Erfahrung, die er von frühester Jugendzeit an Bord eines Schiffes hatte sammeln müssen. Im Prinzip segelte der damalige Schiffer unter Land. Er orientierte sich in erster Linie mit Hilfe natürlicher Landmarken und markanter Punkte im Gelände, wie auffallende Felsen, Berge, vorstehende Landnasen, Baumgruppen und Wälder. Dazu hatten die Küstenstädte meist hohe Kirchtürme errichtet, auch sie ein bedeutendes Hilfsmittel für die Seefahrt. Mitunter wurden auch, besonders um die richtige Einfahrt in Flüsse zu ermöglichen, eigens Türme gebaut. So der auf der Insel Neuwerk, um die Einfahrt in die Elbe zu markieren. Es gab auch bei Travemünde einen Turm. Diese Türme wurden teilweise nachts mit einem Feuer versehen. Und es waren damals regelrechte Segelanweisungen im Umlauf, nach denen sich der Schiffer richten konnte. Sofern er sie lesen konnte. Wenn nicht, wußte er sie wohl auswendig.

Zum Beispiel jene, die den Weg von Utlängen (15° 47′ Ost, 56° 01′ Nord) südwestlich vom schwedischen Karlskrona bis Reval angab. Die Segelanweisung lotst den Schiffer durch ein schwieriges Fahrwasser zwischen den Schären. Hinter Birka, nordöstlich von Stockholm, wird dann ab Arnholm (19° 07′ Ost, 59° 51′ Nord) öfters die freie See überquert. Die Segelanweisung schlägt vor, bei gutem Wind von Westen direkt nach dem finnischen Hangö (22° 55′ Ost, 59° 47′ Nord) zu segeln, das ist eine Strekke von 115 Seemeilen. Daneben bietet die Segelanweisung noch einen Alternativkurs an, der in einer Zickzacklinie durch die Schären der Alandinseln hindurch wiederum bis nach Hangö geht.

In Hangö hatte man den finnischen Meerbusen erreicht, dessen südlicher Eingang durch die Insel Odensholm markiert ist. Odensholm konnte man mit Wind aus Nord zu Ost und einem Kurs rechtweisend Südsüdost von Hangö aus erreichen. Von Hangö aus mit Kurs Ost ½-Nord gelangt man zu der Insel Hästö (24° 06′ Ost, 59° 50′ Nord), in deren Nähe heute Porkkala Kallbada Tonne als Ansteuerungstonne für Porkkala und den Tavastfjord liegt. Den Kurs von Porkkala nach Reval nennt die Segelanweisung in Latein: »... inter australem plagam et orientalem ...«. Dabei mußte nach dieser Anweisung zuerst die Insel Nargen angesteuert werden. Der Kurs dorthin ist rechtweisend

Süd ein Strich zu Ost. Nachdem Nargen passiert war, wurde Karlos und danach Reval angesteuert.

Das hört sich alles recht einfach an, hat aber doch die Summe der Erfahrung von Seefahrergenerationen zum Inhalt, die nach Reval segelten.

Nicht zu Unrecht hatte man vor diesen hansischen Kapitänen und ihrer großen Erfahrung einen gehörigen Respekt. Deutschlands berühmtester mittelalterlicher Dichter, Wolfram von Eschenbach, nannte den Schiffer einer Kogge »der wise und der maere«. Eine sicherlich ungewöhnliche Bezeichnung für einen Menschen, der weder lesen noch schreiben konnte und auch von keiner ritterlichen Herkunft war. Ein Vierzeiler stammt von Oswald von Wolkenstein, ein weiterer mittelhochdeutscher Dichter:

»Var heng und laß
halt in der maß
pis das du findst die rechten straß
und kannstu das, so pistu ein marner weise.«

Was soviel heißt wie: Fahr, häng und laß, halte das Maß ein, bis du die rechte Straße findest, und kannst du das, so bist du ein weiser Schiffer.

In diesem Sinne scheinen unsere Vitalienbrüder wirklich »weise«, das heißt kundige Schiffer gewesen zu sein, denn ohne Frage beherrschten sie die Ostsee auch deswegen, weil sie genaue Kenntnis der Seefahrtsstraßen, der Strömungen und der vorherrschenden Winde hatten. Sie waren es ja schließlich, die sich fortwährend in den Fahrtgebieten aufhielten, jede Klippe, jede Untiefe, jede Landmarke auf das genaueste kannten und sich danach richten konnten. Im Gegensatz zu den Schiffern, die als Handelskapitäne ein derartiges Gebiet nur gelegentlich, und das auch nur innerhalb der sommerlichen Schiffahrtssaison befuhren. Die besten Segelanweisungen nützen aber nichts, wenn der Schiffer nicht in der Lage ist, Zeit und Entfernung möglichst präzise zu bestimmen. Die

Entfernungen auf See wurden nach »Kennungen« und »Weke Sees« gemessen. In der Nordsee, damals »Westsee« genannt, war das übliche Maß die Kennunge, anfangs ein reichlich unbestimmter Begriff, nämlich »die Entfernung, in welcher man auf See bei klarer Luft die Küste, ein Schiff oder dergleichen gut erkennen kann«. Man hat ihre Durchschnittsgröße auf 32,55 Kilometer berechnet. In der Ostsee dagegen rechnete man vorwiegend nach Weke Sees, die etwa 4 Seemeilen entsprechen, das sind 7,42 Kilometer. Bei der Berechnung dieser Entfernungen war der Schiffer nur auf »Gissung«, auf Schätzung also, angewiesen, die natürlich mit erheblichen Unsicherheiten belastet war.

Das Navigieren mit einem durch reine Gissung festgestellten Schiffsort konnte in Küstennähe bei nicht bekannten Untiefen sehr schnell für Schiff und Mannschaft zum Verhängnis werden. Man brauchte also noch eine genauere Kenntnis des Schiffsortes und des Fahrwassers. Hier mußte dann unter Umständen gelotet werden. Zu diesem Zweck begab sich der Lotsgast auf das Vorderkastell und warf das Lot mit der Lotleine nach vorn in das Fahrwasser. Dies war ein Verfahren, das sich besonders für die Einfahrt in Flußmündungen eignete, wenn das Wetter unsichtig wurde. Dann konnte es ihm passieren, daß er nicht mehr die Landmarken ausmachen konnte, die ihm einen sicheren Weg in den Hafen wiesen, wie zum Beispiel die Türme von Riga, »welcher drei seyn, zweyn in gleicher Höhe und der dritte etwas niedriger, so soll man so laufen, daß man den niedrigen zwischen den beiden hohen habe, und halten sie so voraus, bis das man auff die Rhede kommt, und setzten daselbst auff 8., 10. oder 12. Fademe«.

Überhaupt war das Handlot das wichtigste und das zuverlässigste nautische Instrument während der ganzen Hansezeit. »Lyne und Loth« gehörten zu dem wichtigsten Inventar eines Hanseschiffes. Ein Seebuch aus dem 15. Jahrhundert beweist, daß bei der Fahrt um das Kap Skagen Kursänderungen allein nach dem Lot als dem entscheidenden Orientierungsmittel in Nord- und Ostsee durchgeführt wurden.

Die Kunst des Lotens mit dem Handlot besteht an Bord eines fahrenden Schiffes vor allem darin, das Bleigewicht des Lotes soweit vorauszuwerfen, daß in dem Augenblick, in dem das Schiff das geworfene Lot überholt, das Bleigewicht auf dem Grund angekommen ist und die Leine steif geholt werden kann, um die Tiefe des Wassers an der vorher ausgemessenen Leine abzulesen. Das Bleigewicht ist meist unten mit einer Aushöhlung versehen. In diese Höhlung wird etwas Talg oder ähnliches, die sogenannte Lotspeise, vor dem Wurf hineingeschmiert. Daran bleiben dann Teile des Meeresbodens haften und geben dem Seemann Auskunft über die Beschaffenheit des Grundes, womit er eine ausgezeichnete Orientierungshilfe hat. Er weiß dann, ob er sich schon im Wattenmeer befindet oder ob er über Sand fährt, für ihn gibt es Auskunft darüber, wo und an welcher Stelle der Küste er sich befindet. Die Navigation mit dem Handlot war im 15. Jahrhundert in der Ostsee zu einer solchen Vollkommenheit ausgebildet, daß der Italiener Fra Mauro 1458, also gute 70 Jahre nach der Zeit der Vitalienbrüder, in seine Seekarte die Bemerkung eintragen konnte: »Auf diesem Meere navigiert man weder mit der Seekarte noch mit dem Kompaß, sondern nur mit dem Lot.«

In der Tat, der Kompaß setzte sich im hansischen Seefahrtsgebiet nur sehr schwer durch, denn er war viel zu ungenau, um eine bessere Richtungsangabe geben zu können, als der Schiffer sie nach Wind, Wellen, Strömung und Küste im Kopf hatte. Auf den deutschen Ostseeschiffen werden »Kompassen und Seylsteine«, wie man die Magnetsteine nannte, zum erstenmal 1460 auf einem Danziger Schiff erwähnt. Natürlich hat es Kompasse auch schon früher auf den Schiffen gegeben, aber es war halt keine zuverlässige Methode, die Richtung zu bestimmen. Insgesamt gesehen sind sie aber selten gewesen. Zu einem wirklichen, halbwegs zuverlässigen Hilfsmittel der Seefahrt wurde der Kompaß erst im Mittelmeer in späterer Zeit entwickelt.

Daß die Kogge das hansische Typ-Schiff, der Norm-Frachter war, wurde mehrfach betont. Sie war mit einer maximalen Ladefähigkeit von etwa 200 Tonnen das größte damalige Schiff, ließ sich hervorragend segeln und konnte ohne weiteres als Kauffahrteischiff, Auslieger oder Friedeschiff verwendet werden. Seinen Höhepunkt aber hatte es in der Vitalienbrüder-Zeit erreicht und zugleich überschritten. Ein neuer Schiffstyp schob sich in den Vordergrund: Der Holk, im Unterschied zur Kogge kraweelbeplankt, wie diese auch nur mit einem Mast und einem Segel ausgerüstet, aber im Durchschnitt von noch größerer Tragfähigkeit – das Ende der glorreichen Kogge war damit gekommen.

Dem Holk war indessen nur eine kurze Blütezeit beschieden; schon um die Mitte des 15. Jahrhunderts sind mehr und mehr Schiffe mit drei Masten in Fahrt gekommen, welche die Einmaster endgültig von der See verdrängten. Es sind die sogenannten Kraweele – ein schiffbautechnischer Fortschritt größter Bedeutung, von dem aber Störtebeker und Co. noch keine Ahnung haben konnten.

Neben der Kogge wurden aber noch eine Reihe anderer Schiffstypen gern verwendet: Der Balinger und die Bardze, die gern auch als Kaperschiffe eingesetzt wurden und etwas kleiner als die Kogge waren. Mit am interessantesten für die Freibeuter dürfte aber die Schnigge gewesen sein, ein kleines, schnell segelndes Schiff mit bis zu 55 Mann Besatzung; ein Fahrzeug, das bestens geeignet war für die Jagd auf die langsameren Koggen oder Holke. Als Handelsschiff wurde es nie eingesetzt, wohl aber als städtisches Kurierfahrzeug oder als Polizeiboot. Häufig war die Schute als Begleitboot für Kaperer und Kriegsschiffe im Einsatz. Sie galt als kleinere

Schwester der Schnigge und war eben so schnell und gewandt wie diese. Andere Schiffstypen, wie Ewer und Pleyte, kamen – weil zu träge – als Freibeuterfahrzeuge nicht in Frage, höchstens als deren Opfer.

8. Kapitel

Die Hanse greift ein

Heringshändler vor der Pleite – Teure Fastenspeise – Verhandlungstermin vereinbart – Stockholm unter Hanse-Hoheit? – Scharfe Antwort an Margarete – Mit 36 Koggen gegen die Seeräuber – Schadenersatz gefordert

Unerträglich waren in diesen Jahren die Seeräuber-Schäden geworden, Einigkeit schien darüber zu herrschen, daß es so auf keinen Fall weitergehen könne. Der Wildwuchs unter den Piraten hatte überhand genommen, daran gab es keinen Zweifel mehr. Mit einer halbwegs geordneten Kriegsführung hatte das alles nichts mehr zu tun. Was spielte es noch für eine Rolle, wenn der herzoglich-mecklenburgische Anführer der maritimen Räuberbanden und einige getreue adlige Kommandeure Feldzüge inszenierten, die den herkömmlichen Vorstellungen eines Krieges zwischen zwei Ländern entsprachen, also gewissermaßen »regelgerecht« brandschatzten, plünderten, vergewaltigten. Diejenigen, die solches eben nicht »regelgerecht«, aber mit dem gleichen fatalen Ergebnis für die Betroffenen taten, waren längst in der Überzahl und prägten das Bild dieses unseligen Krieges, dessen Zweck längst in den Hintergrund getreten war.
König Albrecht saß noch immer mit seinem Sohn in Lindholm und dachte nicht an Thronverzicht; Mecklenburg hatte Margarete auch nicht entfernt zum Nachgeben zwingen können; Stockholm bekannte sich weiterhin zum ehemaligen Landesherrn – äußerlich war alles so geblieben wie bisher. Nur, daß mittlerweile jeder von jedem Schadenersatz verlangte, weil jeder jeden irgendwann beraubt hatte. Aber stets hatte jeder jedem gegenüber auch gute Gründe parat, warum er keinen Ersatz leisten wolle. Der Betroffene konnte schon von Glück sagen, wenn er wenigstens das Schiff und vielleicht einen Teil der Ladung zurückerhielt.
Das war die Lage, als die Hanse sich entschloß, in den Streit einzugreifen. Bisher hatte sie sich zurückgehalten, hatte abgewartet, vor allem auch mit Rücksicht auf die leidige Handelsprivilegien-Ange-

legenheit für Skandinavien, die noch immer in der Schwebe war. Jetzt aber schien das Maß endgültig voll. Die Hanse handelte.

Es begann Anfang 1393 damit, daß Lübeck und Hamburg sich mit den Vertretern Rostocks und Wismars in Lübeck zusammengesetzt hatten, um über die Schadensersatzansprüche zu verhandeln. Die beiden mecklenburgischen Hafenstädte entgegneten jedoch, daß sie in Sachen Schadensersatz und Abstellung der Plünderung nichts weiter unternehmen können, da sie selbst für den Schaden weder verantwortlich zu machen seien, geschweige denn ihn verhindern könnten. Aber – und hier zeigte sich, daß selbst diese beiden Ostseehäfen, die mit am meisten von den Raubzügen der mecklenburgischen Piraten profitierten – auf einen Frieden aus waren. Sie regten an, daß die Hansestädte doch eingreifen und den Handel nach Schonen, wo der Hering gefangen wurde und im ganzen Hansegebiet und darüber hinaus verkauft wurde, eingestellt werden könnte. Eine solche Maßnahme müsse Königin Margarete doch empfindlich treffen, und dann werde der Krieg hoffentlich ein schnelles Ende nehmen.

Dieser Vorschlag scheint für Hamburg und Lübeck einigermaßen überraschend gekommen zu sein, denn sie mochten sich nicht sofort dazu äußern. Sie wollten ihn vielmehr auf einem Hansetag den anderen Städtegruppen unterbreiten und stellten einen solchen in Aussicht. Unterderhand ließ man aber durchblicken, daß man eingreifen werde. Denn handele man jetzt nicht, so werde der Krieg sich derartig weiter ausdehnen, daß der Schaden für den hansischen Kaufmann schließlich nicht mehr abzuschätzen sei.

Und wie zur Bestätigung dieser Worte fielen dann auch kurz darauf die Vitalienbrüder in Bergen ein und plünderten die Stadt.

Ohnehin stand zumindest Lübeck schon lange Zeit unter dem Druck seiner Kaufmannschaft, die sich über die ewigen Räubereien beschwerten und dem Rat ständig in den Ohren lagen, irgendwelche Vorkehrungen gegen die Räubereien zu treffen. Sie waren jedoch immer wieder vertröstet worden, was ihre Mißstimmung nicht eben beseitigte. Schließlich scheint aber der lübische Rat doch Wirkung gezeigt zu haben.

Man traf sich dann am 22. Juli 1393 in Lübeck zu einem weiteren Hansetag. Der war zwar nicht sehr stark besucht, aber es waren doch alle Vertreter der größeren Städtegruppen anwesend, und daher waren weitreichende Beschlußfassungen möglich. Womit man gerechnet hatte, geschah auch: Für ein Jahr wurde der Handel mit Dänemark und der Heringsfang auf Schonen verboten. Nur wer schon vor dem Erlaß dieses Verbotes ausgesegelt war, könne seinen Hering mit nach Hause nehmen, und wenn Dänen Hering in die Städte brächten, dürfe man diesen kaufen. Boten wurden nach Dänemark zu Margarete geschickt, die den Auftrag hatten, sie und den Mecklenburger Herzog an einen Tisch unter Vorsitz der Hanse zu bringen, denn die direkten Verhandlungen zwischen Margarete und Herzog Johann d. J., welche zu Ostern und im Juni 1393 geführt worden waren, hatten kein Resultat gezeigt. Die hansischen Delegierten beschlossen, solange in Lübeck zusammenzubleiben, bis die Boten wieder zurück wären. So wichtig nahm man immerhin die Sache und so dringend auch.

Auch aus einem anderen Grund scheint man es ziemlich eilig gehabt zu haben. Am 25. Juli nämlich, kurz nach Eröffnung der Tagung, war der Hochmeister des Deutschen Ordens, Konrad von Wallenrode, gestorben. Inzwischen hatte man zu seinem Nachfolger Konrad von Jungingen gewählt. Die Hanse, allen voran Lübeck, machte sich Sorgen, daß mit dem neuen Hochmeister auch eine veränderte Ordenspolitik eintreten könnte. Dann wäre es unter Umständen vorbei damit, auf einen Ausgleich zwischen Mecklenburg und Königin Margarete im Sinne der Hanse zu drängen. Seit alters her nämlich bestanden gewisse Rivalitäten zwischen dem vom Prinzip her aristokratisch bestimmten Deutschen Orden und der eher demokratisch bestimmten Hanse. Der Orden sträubte sich regelmäßig, Beschlüsse der Hanse schlankweg anzuerkennen und machte Umstänse, sie für seinen Bereich gelten zu lassen. Stets wollte er eine Extrawurst gebraten haben, und die Führer der hansischen Städtevereinigung mochten fürchten, daß es auch im Konflikt Mecklenburg-Dänemark so sein würde.

Das Heringshandels-Verbot war ein harter Schlag für Margarete. Wirtschaftlich wie politisch. An und für sich hatten die drei nordischen Reiche so furchtbar viel Interessantes für die hansischen Kaufleute nicht zu bieten, bis eben auf jenen Hering, dessen Reichtum in der Gegend von Schonen unerschöpflich schien. Hansische Kaufleute hatten den Heringshandel monopolisiert und klotzig daran verdient, denn der Hering war eine Fastenspeise, die eingesalzen in Fässern quer durch ganz Europa transportiert wurde. Die dänischen Staatseinnahmen wurden zum wesentlichen Teil von den Ausfuhrzöllen des Herings bestritten. Fiel dieser Handel fort, konnte Margarete sich ausrechnen, wann ihr Reich bankrott war. Dieses Verbot der Schonenfahrt unterschied sich also wenig von einem völligen Handelsboykott mit Skandinavien.

Sollte die Vermittlertätigkeit der hansischen Städte Erfolg haben, so mußte zunächst Margarete unter Druck gesetzt werden. Mit den Mecklenburgern würde man schon auf andere Weise fertig werden.

Die Piratenjahre hatten hohe Preissteigerungen zur Folge gehabt. »Darumme was in den jaren de haring vell dure«, teilt lakonisch der Chronist Detmar mit. Er meint damit jenen Hering, den die Hansen von Schonen aus in alle Welt verfrachteten. Schlimmer aber stellte sich die Situation dar, als, wie zeitgenössische Berichterstatter erläutern, Mißernten eine weitere Verteuerung der Lebensmittel bewirkten. Schon 1388/89 hatte es eine derartige Teuerung gegeben, daß der Hochmeister des Deutschen Ordens die Getreideausfuhr verboten hatte. 1391 waren durch Trockenheit und kalte Nordwinde die Ernteaussichten noch schlechter geworden. Das gesamte Ordensland bis hoch nach Livland stand unter der Gefahr größter Hungersnöte, weil kein Mensch mehr hätte das Getreide bezahlen können. Und dazu drohte jetzt noch der totale hansische Handelsboykott mit dem Hering, der, nicht nur zur Fastenzeit, auch ein preiswertes Nahrungsmittel war. 1391 hatte der Hering in Preußen pro Last schon 36 Mark lübisch gekostet. Nach 1393, nach dem Verbot der Schonenfahrt also, kletterte der Preis noch höher, während der Hering normalerweise 8 Mark lübisch pro Last kostete.

Natürlich konnte der Heringsfang nicht gänzlich aufgehoben werden, und das sollte auch nicht sein. Er verlagerte sich von den schonischen Hauptfanggebieten jetzt hinüber an die pommersche Küste, deren Fanggründe aber bei weitem nicht so reich waren. Jedes Schiff, das den Hering nach Lübeck brachte, mußte ein Zertifikat vorweisen, in dem bestätigt wurde, daß dieser Fang nicht aus skandinavischen Gewässern stamme. Von September 1393 bis zum Mai 1394 wurden in Lübeck 5104 Tonnen Hering angelandet, was nach der Ausfuhr aus Schonen in den Jahren 1368 mit 34000 Tonnen und 1369 mit 33000 Tonnen eine Verminderung auf ein Siebtel bedeutete. Die Einbuße war also erheblich.

Am 24. August 1393 kehrten die nach Mecklenburg und Dänemark entsandten Boten wieder zurück. Sie überbrachten Schreiben von Margarete und vom Herzog Johann, in denen Verhandlungen für den 8. September in Falsterbo vorgeschlagen wurden. Ob dies wohl den Städten genehm sei?

Es war ihnen genehm. Die meisten Unterhändler, die sich seit Juli in Lübeck aufgehalten hatten, wollten jetzt noch die paar Tage abwarten, um dann hinüber nach Falsterbo auf Schonen zu segeln.

Noch während die Delegationen in Lübeck auf günstigen Wind zur Überfahrt warteten, erreichte sie eine Hiobsbotschaft aus Wismar, die ein grelles Licht auf die Zustände warf, und die zeigte, daß Herzog Johann, trotz aller hansischen Bemühungen, ungerührt weiter Piraten unterstützte. Eine größere Anzahl preußischer Schiffe und Schiffe anderer Städte habe der Mecklenburger gekapert und sei dabei, sie in Wismar zur Verstärkung seiner Flotte umzurüsten, wurde berichtet. Sofort ritten die preußischen Abgesandten in Begleitung zweier lübischer Bürgermeister nach Wismar und verhandelten draußen im Hafen vier Tage lang mit Herzog Johann, der an Bord eines Schiffes geblieben war und sich beharrlich weigerte, an Land zu kommen. Schließlich konnten die Unterhändler in zähen, langwierigen Verhandlungen erreichen, daß die Ware, soweit sie noch vorhanden war, wenigstens ausgeladen und in die Obhut des Rates von Wismar gegeben wurde. Nach Schluß der Verhandlungen in Falsterbo sollten sie dann den preußischen Geschädigten zurückerstattet werden.

Das Ergebnis dieser Verhandlungen gab man in Danzig bekannt und bat darum, die anderen preußischen und livländischen Städte zu warnen: Die Mecklenburger würden alles plündern, was ihnen in den Weg komme.

Woraufhin sich Danzig selbst umgehend an die mecklenburgischen Städte Rostock und Wismar wandte, aber auch nichts weiter erreichte, als daß Rostock seinen guten Willen zur Vermeidung derartiger Schädigungen beteuerte und seine Machtlosigkeit eingestand. Man habe all die Leute, die sich auf eigene Faust am Krieg beteiligten, nicht in der Hand, und man könne ihnen auch in den zahlreichen Schlupfwinkeln an der Küste nicht beikommen. Ähnlich fiel die Antwort von Wismar aus. Außer von Gott, so wurde Danzig beschieden, hänge die Rückgabe des geraubten Gutes auch vom Resultat der noch schwebenden Verhandlungen ab. Das war's, mit diesem unbefriedigenden Ergebnis mußten Danzigs Abgesandte wieder von dannen ziehen.

Stürme verzögerten die Abreise der Teilnehmer an der Tagung in Falsterbo bis Ende September. Erst am 29. jenes Monats konnte die Sitzung eröffnet werden. Die Hanse war vertreten durch Lübeck, Danzig, Stralsund, Kampen, Greifswald und Stettin. Für Mecklenburg war Herzog Johann der Jüngere selbst gekommen, für Dänemark seine Königin, jedoch ohne ihren Reichsrat. Beide Kontrahenten unterwarfen sich ohne weiteres dem Schiedsgericht der Hanse, Margarete allerdings nicht ohne die Einschränkung »al des se mit eren don mochte« – soweit es also ihre Ehre zuließ. Daraufhin gestatteten die hansischen Verhandlungsführer, daß beide Seiten in Statements ihre Rechtsposition klarlegten. Margarete war sofort mit dem Prozedere einverstanden. Herzog Johann hingegen hatte Ausflüchte: Keinem anderen stünde das Recht dazu zu als dem König Albrecht selbst. Man müsse ihn also zu den Verhandlungen holen. Genau dem aber konnte Margarete auf keinen Fall zustimmen, denn das hätte bedeutet, die Rechte Albrechts als König anzuerkennen. Der Konflikt war also da, kaum daß die Verhandlungen begonnen hatten.

Jetzt bewährte sich das diplomatische Geschick der Hanseaten. Sie machten einen Vergleichsvorschlag: König Albrecht solle für zwei bis drei Jahre freigegeben werden, um mit Margarete verhandeln zu können. Als Sicherheit für die Person des Königs sollten die Mecklenburger Stockholm an vier Personen geben, die dafür bürgten, daß im Falle, daß Albrecht nicht in die Gefangenschaft zurückkehren würde, die Stadt an Margarete ausgeliefert würde.

Beide Parteien hätten mit diesem Vorschlag der Hanse zufrieden sein können. Die Mecklenburger sahen ihren Wunsch nach Befreiung des Königs erfüllt, und Margarete erhielt eine so starke Sicherheit, daß die Freilassung des Königs kaum mehr als gefährlich angesehen werden konnte. Gleichwohl kam man nicht so schnell ans Ziel, wie zu erwarten gewesen wäre. Die Kontrahenten erklärten sich zwar im Prinzip einverstanden, der Teufel lag jedoch, wie üblich, im Detail. Letztlich scheiterte aber der ganze Vorschlag daran, daß keine vier Männer zu finden waren, die beiden Seiten genehm gewesen wären, Stockholm treuhänderisch in Besitz zu nehmen. Die Verhandlungen drohten in einer Sackgasse zu enden.

Da ergriff Herzog Johann die Initiative. Er erklärte, daß er bereit sei, Stockholm statt den vier Männern, die man nicht gefunden hatte, der Hanse anzuvertrauen. Die könne ja dann die Belange beider Parteien treuhänderisch wahrnehmen.

Das war nun ein Brocken, an dem Margarete schwer zu kauen hatte. Daß Albrecht, einmal in Freiheit, nicht wieder in die Gefangenschaft zurückkehren würde, lag auf der Hand. Also würde sie Stockholm erhalten. Andererseits aber stand der formelle Verzicht Albrechts auf den schwedischen Thron noch aus. Den aber wollte sie erwirken, um auch formell und unanfechtbar die Krone Schwedens tragen zu dürfen. Dazu galt es noch zu bedenken, daß die Hanse die dänisch-schwedische Politik empfindlich stören konnte, solange sie im Besitz der schwedischen Hauptstadt war.

Margarete gab eine ausweichende Antwort, die im wesentlichen darauf hinauslief: Sie habe den Reichsräten von Schweden und Norwegen bestimmte Versprechungen gegeben, die sie ohne deren Zustimmung nicht abändern wolle. Daher müsse sie erst mit ihnen beraten, bevor sie eine definitive Antwort geben könne.

Anfangs schienen die Vertreter der Hanse dies für eine Ablehnung des mecklenburgischen Vorschlags gehalten zu haben, und vielleicht war es auch so gemeint. Geschickt aber verwiesen sie darauf, daß sie ja auf keiner sofortigen Entscheidung bestehen würden, sondern es genügen würde, wenn eine definitive Antwort auf dem zu Weihnachten nach Lübeck einzuberufenden Hansetag vorläge.

Was sollte Margarete bei so viel Entgegenkommen machen? Sie ging ihrerseits einen Schritt nach vorn und erklärte bei einer Audienz, welche die Delegationen mehrerer Städte wegen der leidigen Schadensersatzfrage hatten: Man habe ihre Antwort nicht ganz richtig verstanden. Sie sei der Meinung, daß sie den König gerne auf einige Zeit freigeben wolle, wenn die Städte – sie meinte die Hansestädte – nur ausreichende Garantie böten, daß er sich zu einer bestimmten Zeit stelle oder daß ihr Stockholm dann übergeben werde. Das alles könne man am besten doch so regeln, daß sich die Hansestädte mit ihrem Reichsrat träfen, um diese Frage abschließend zu behandeln.

Woraufhin die Hansedelegation den für Weihnachten geplanten Hansetag auf Anfang Februar des nächsten Jahres, also 1394, verschob.

Anfang Oktober war es inzwischen geworden, als sich die Unterhändler trennten. Anfang November waren die Abgesandten Lübecks wieder zu Hause, und man legte den Beginn des entscheidenden Hansetages auf den 2. Februar nächsten Jahres fest. Zugleich warnte man aber vor verfrühtem Optimismus. Für den Fall, daß die Verhandlungen keinen Frieden bringen würden, seien schwere Schäden durch die Piraten zu befürchten. Und unter solchen Gesichtspunkten sei es sinnvoll, daß die hansischen Unterhändler, die nach Lübeck kommen würden, bevollmächtigt sein sollten, über Mittel und Wege zur Befriedung der See und der Sicherung des Handels verbindlich verhandeln zu können.

Wie recht die Hanse, aus ihrer Sicht jedenfalls, daran getan hatte, die Initiative zur Beendigung des Krieges zu ergreifen, zeigte sich jetzt. Der neue Hochmeister des Deutschen Ordens, Konrad von Jungingen, hatte durchaus seine eigenen Ansichten, was die Vermittlung in dem Konflikt anging. Er wünschte nämlich, daß man Albrecht unter Festsetzung eines Lösegeldes in Freiheit setzen sollte und daß die Bürgschaft für ihn von den preußischen Städten, eventuell noch von einigen anderen, übernommen werden sollte. Diesen preußischen Städten solle dafür Stockholm als Pfand übergeben werden. Entweder würde dann Albrecht nach Ablauf der Frist in die Gefangenschaft zurückkehren, oder aber der

Hochmeister würde mit seinen Städten das Lösegeld bezahlen und dafür dann Stockholm behalten. An die Möglichkeit, daß Albrecht selbst das Lösegeld aufbringen könne, dachte man sowieso nicht. Mecklenburg war durch den jahrelangen Krieg finanziell an den Rand des Ruins geraten.

Der Hochmeister mochte sich ausrechnen, daß sein Vorschlag dazu führen könnte, die preußischen Städte von der übrigen Hanse zu trennen – ein ihm höchst erwünschter Effekt, denn er garantierte dem Orden größeren Einfluß auf die preußischen Städte, die sich häufig genug recht eigenwillig zeigten. Außerdem dürfte in den Überlegungen eine erhebliche Rolle gespielt haben, daß die Übernahme Stockholms zu einer deutlichen Steigerung der Machtstellung des Ordens in der Ostsee führen würde – tatsächlich hat dann auch derselbe Konrad von Jungingen mit der Eroberung der Insel Gotland einige Jahre später eben diese Politik zu verfolgen gesucht.

Die preußischen Städte lehnten diesen Vorschlag rundweg ab. Deutlich gaben sie zu verstehen, daß sie sich nicht von den übrigen Hansestädten in der Frage der Besetzung Stockholms oder was den Schadensersatz anbelangte, trennen lassen würden. Und in diesem Sinne wurden ihre Delegationen angewiesen, auf dem Hansetag in Lübeck demnächst zu verhandeln.

Bis sich nun aber tatsächlich alle in Lübeck versammelt hatten, dauerte seine Zeit. Am 3. März 1394 konnte endlich der Hansetag mit seiner ersten Sitzung eröffnet werden. Der ungewöhnlich starke Besuch zeigte das große Interesse, das man allseits an der Verhandlung zu haben schien.

Auf wen man aber vergeblich wartete, war Margarete von Dänemark. Nicht einmal einen Vertreter hatte sie geschickt, dafür aber einen Brief, in dem sie sich scheinheilig dafür entschuldigte, nicht an dieser Tagung teilnehmen zu können. Sie beteuerte darin nach wie vor mit vielen Worten ihre Freundschaft und den guten Willen zum Frieden. Sie schlug Verhandlungen in Dänemark vor, auf denen man sich über eine Befriedung der Ostsee einigen werde könne. Man solle aber doch, bitteschön, den Termin so rechtzeitig ansetzen, daß ihr und ihren Räten genügend Zeit bliebe, sich dorthin zu begeben, denn wie man ja wisse, sei ihr Reich sehr groß, und der Winter tue ein übriges, so daß man nicht schnell genug an den möglichen Tagungsort reisen könne. Falls die Hansestädte etwas zur Befriedung der See unternehmen wollen, so biete sie hiermit ihre Hilfe an. Und sie habe auch gar nichts gegen eine Übergabe Stockholms.

Die Verhandlungsdelegationen der 14 Städte, die sich in Lübeck versammelt hatten, Herzog Johann nebst Rat und die Unterhändler aus Rostock und Wismar, nicht zuletzt die Lübecks, guckten sich betreten an. Mit einer Absage hatte eigentlich niemand gerechnet. Und was das Schlimmere war: Die Vermittlungsbemühungen der Hanse drohten jetzt zu scheitern.

Das Ziel der Hansestädte, den Krieg möglichst bald zu beenden und die Seeräuber von der Ostsee zu verjagen, war damit in weite Ferne gerückt. Allgemeiner Unmut machte sich Luft. Dies um so mehr, weil die allgemeine Wirtschaftslage unter der Piraterie stark gelitten hatte.

Die Antwort auf das Schreiben Margaretes fiel ungewöhnlich scharf aus. Man ließ die Königin deutlich merken, daß man ihre Entschuldigung als leeren Vorwand ansehe und höchst ungehalten darüber sei, daß sich durch diese Verzögerung auch der mögliche Friedensschluß hinausschieben würde. Man gab aber ihren Wünschen insoweit nach, daß man versprach, zu Johanni 1394 eine Abordnung nach Dänemark zu schicken. Dann folgte noch eine unverhüllte Warnung: Margarete möge doch bedenken, wie man zu einem Frieden kommen könne, da die Hanse den großen Schaden, der durch die fortwährenden Raubzüge angerichtet werde, nicht länger hinzunehmen bereit sei.

Die Gespräche während dieser Tagung zogen sich noch ein wenig in die Länge, man rechnete sich gegenseitig seine Schadensersatzansprüche vor und machte jeweils den anderen dafür verantwortlich; insoweit ereignete sich also nichts Besonderes.

Wie in ähnlichen Fällen, so geschah es auch diesmal. Hatte die Hanse sich erst entschlossen, etwas zu tun, dann tat sie es gründlich. In Lübeck hatte man schon fertige Pläne ausgearbeitet, wie man gegen die Piraten vorgehen wolle. Den anwesenden Vertretern der andern Städte wurde aufgetragen, über das, was man ihnen jetzt unterbreite, in ihren Städten zu sprechen. Man plante, alles in allem eine Flotte von insgesamt 36 Koggen, 4 Rheinschiffen und den dazugehörigen Schuten und Schniggen auszurüsten, die eine Besatzung von insgesamt 3500 Mann haben sollten – eine ungeheure Streitmacht also, die leider auch ungeheure Kosten verursachen würde. Ausgenommen von einer Beteiligung an dieser Wehrmacht sollte nur Hamburg sein, das auf eigene Kosten in der Elbe gegen die Piraten kämpfte. Man bitte sämtliche interessierten Städte, diesen Vorschlag zu beraten, und ihre Meinung bis 14 Tage nach Pfingsten nach Lübeck zu berichten.

Das war ein handfester, konkreter Vorschlag, für den die Pläne so gut wie fix und fertig auf dem Tisch lagen. Er hatte nur den Nachteil, daß niemand ihn ernstlich in die Tat umzusetzen gewillt war. Nicht, daß eine der beteiligten Mächte immer noch oder schon wieder kriegslüstern gewesen wäre – im Grunde genommen hatte man allseits mehr denn je genug davon –; es waren die Interessenlagen. Sie waren von so gravierendem Unterschied, daß sie eine Einigung über die Rüstung zur See unmöglich machten.

Wie ein Leitmotiv zieht sich die Schadensersatz-Frage durch alle Verhandlungen, schon während des Hansetages im März, besonders aber auch nach Ende der Sitzungen. Vor allem die preußischen Städte und der Deutsche Orden betrachteten diese noch ausstehenden Regelungen als conditio sine qua non. Erst wenn man für diese Probleme eine befriedigende Lösung erreicht habe, könne man über weitere Maßnahmen sprechen. Zu Martini 1393 hatte sich nämlich wieder so ein Fall ereignet, der die preußischen Städte in Wut brachte. Diesmal waren es nicht die Piraten, sondern der Erzbischof von Lund, der ein bei Bornholm gestrandetes Schiff beschlagnahmt hatte. Die Demarchen Preußens hatten wenig genützt, da der Erzbischof den größten Teil der Waren schon verkauft hatte. Darüberhinaus hatte man sich ausgerechnet, daß man von Dänemark – diese Ansprüche richteten sich gegen Dänemark, weil Bornholm dänisches Gebiet war – die horrende Summe von 32000 Mark lübisch und 13000 Pfund Grote als Schadensersatz zu fordern habe, eine Summe, die sich im Laufe der Zeit angesammelt hatte. Margarete aber hatte diesen Forderungen stets gegenüber ausweichend geantwortet und die Preußen damit erheblich verbittert.

Schon während der Verhandlungen in den März-Tagen verlangten die preußischen Unterhändler von den anderen Hansestädten, sie sollten gleichfalls Ersatzforderungen an Margarete richten und, falls das nichts nütze, zum offenen Krieg gegen sie vorgehen. Die Städte aber verwiesen die Angelegenheit auf die bevorstehenden Verhandlungen mit der dänischen Königin, die man zunächst abwarten müsse. Wohl oder übel mußten sich die preußischen Unterhändler damit zufriedengeben. Aber bei ihnen mag ein Gefühl aufgekommen sein, daß Lübeck vielleicht zu schwächlich reagierte. Mit den Mecklenburgern waren die Preußen in puncto Schadensersatz bislang besser gefahren. Man hatte stets versprochen, das geraubte Gut herauszugeben und Ersatz für verlorengegangene oder weiterverkaufte Ware zu leisten. Das tête à tête Preußen-Mecklenburg war sogar soweit gegangen, daß man ein Bündnis gegen Margarete ins Auge gefaßt hatte. Zumindest für die Mecklenburger mag auch die drohende maritime Streitmacht, die Lübeck initiiert hatte, ausschlaggebend gewesen sein, denn man wur-

de den Verdacht nicht los, daß sie sich auch gegen Mecklenburg richte, wiewohl offiziell behauptet wurde, sie diene lediglich dem Schutz der Handelsschiffahrt. In dieser Lage war jeder potente Verbündete gut. Die preußischen Städte und der Deutsche Orden weigerten sich, an der Flottenrüstung teilzunehmen. Sie argumentierten: Nur um die See von den Piraten zu säubern, sei eine derartige Flotte zu teuer, wenn man nicht zugleich auch die Wurzel allen Übels beseitige. Man weigere sich daher, an der Ausrüstung dieser von Lübeck vorgeschlagenen Streitmacht teilzunehmen.
Zugleich richtete man entsprechende Schreiben an die Hansestädte.

Die Nachricht aus dem Osten jenseits der Weichsel wirkte wie eine Bombe, die den schönen Lübecker Plan förmlich zerriß. Die niederländischen Städte hatten schon Schiffe gekauft, Söldner angeworben und für deren Bewaffnung gesorgt, als die Nachricht mitten in diese Vorbereitungen platzte. Lübeck hatte zwar einen Sonderbotschafter in die Niederlande entsandt, um dem Schlimmsten vorzubeugen, aber es half nichts, auch als er erklärte, daß Lübeck und Stralsund mit aller Entschiedenheit ihre Rüstung weiter betreiben würden, ohne Rücksicht auf die preußischen Einwände. Aber es nützte nichts. Die Niederländer stellten die weiteren Rüstungen ein und verkauften die Schiffe wieder. Einzig Kampen blieb fest und schickte seine »Friedekogge« in See. Infolge der preußischen Weigerung gerieten auch die Livländischen ins Schwanken. Aber Riga erklärte kategorisch, weiter rüsten zu wollen. Woraufhin auch die anderen nicht abseits stehen wollten, so daß Anfang Juli die Kriegsschiffe von Riga und Reval aus in See gehen konnten.

Lübeck hatte »klotzen« wollen, daraus war nun nichts geworden, es wurde »gekleckert«. Entsprechend dürftig waren denn auch die Ergebnisse im Kampf gegen die Vitalienbrüder, wenn hier von Ergebnissen überhaupt die Rede sein kann. Denn die wenigen

Kampfschiffe bewirkten überhaupt nichts. Das Unwesen der Piraterie blühte stärker denn je, niemand schien mehr in der Lage, ihnen Einhalt gebieten zu können. Und wie blanker Zynismus mutet es an, daß die Vitalienbrüder, die ja seit dem Winter 1394 praktisch ungehinderten Zugang nach Stockholm hatten, dort eine ewige Messe stiften konnten, in deren Begründung es hieß: »Dat uns de benedygde god met syner gottleken gnade wol beschermede unde bewarede vor unse vygende.« So naiv konnte zu dieser Zeit selbst der dümmste Pirat nicht mehr sein anzunehmen, daß das, was er tat, noch alles rechtens sei.

Was also konnte die führende Stadt der Hanse, Lübeck, in dieser verfahrenen Situation tun? Gar nichts weiter, als auf die für den 24. Juni in Helsingborg festgesetzte Konferenz aller Beteiligten zu vertrauen, um den Faden der Vermittlung dort noch einmal neu aufzunehmen.

9. Kapitel

Bürgermeister erschlagen

Mecklenburgs Anlehnungsbedürfnis – Deutscher Orden zurückhaltend – Vitalienbrüder in Livland und Finnland – Tagung in Helsingborg – Blutige Schlägerei – Gotland überfallen – Lederkoller, Kettenpanzer und Eisenhosen – Die Fehde

Von nicht geringer Bedeutung war auch das, was sich am Rande der März-Konferenz in Lübeck abspielte und danach weitergeführt wurde: Die Verhandlungen zwischen der Hanse und Mecklenburg einerseits und die zwischen Mecklenburg und Preußen auf der anderen Seite.

Der Deutsche Orden zeigte sich zu solchen Zwiegesprächen bereit, weil er gute Unterstützung in dem Streit um die Neubesetzung des Erzstifts Riga gebrauchen konnte. Dort nämlich hatte seinerzeit der Ordens-Hochmeister Konrad von Wallenrode, nachdem er den vormaligen Erzbischof Johann aus dessen lukrativen Pfründen verjagt hatte, kurzerhand seinen Vetter Johann von Wallenrode zum Nachfolger wählen lassen, welcher Coup sich aus bestimmten Gründen zu einem ernsten Konflikt mit Herzog Swantibor von Pommern-Stettin und dem böhmischen König Wenzel auszuweiten drohte. Bundesgenossen waren da willkommen, und als zwei Vertreter Rostocks und Wismars anklopften, zierte man sich nicht lange, sondern setzte sich zusammen.

Die Mecklenburger ihrerseits blickten zu diesem Zeitpunkt auf mißlungene Zweier-Gespräche mit der Hanse zurück, worin die Gemeinschaft einmal mehr und mit Nachdruck die Schadensersatz-Fragen angeschnitten hatte. Worauf mecklenburgischerseits geantwortet wurde, man möge doch bitteschön zur Befreiung des Königs helfen und den Schadensersatz so lange anstehen lassen, bis die Befreiung geglückt sei. So lange werde die Regelung doch wohl noch Zeit haben. Und wenn der König sterbe, so würde Herzog Johann, Rostock und Wismar den Ersatz an seiner Stelle leisten.

Die Städte konterten: An König Albrecht könne man doch wohl keine Ansprüche stellen, denn er sei ja den Städten immer freundlich gesinnt gewesen, und alle Schädigungen seien ja erst nach seiner Gefangennahme geschehen. Wie aber verhalte es sich mit einer Beteiligung Mecklenburgs an der großen Seerüstung zum Schutze der Handelsschiffahrt?

Antwort der Mecklenburger: Sie könnten ihre Truppen dazu nicht hergeben, es sei denn, daß sie bereitstehen würden, um den König Albrecht herauszuhauen. Worauf sie den Tagungsort verließen und zurück nach Hause fuhren.

Daß nun ein beiderseitiges Anlehnungsbedürfnis sowohl seitens des Deutschen Ordens und der Mecklenburger verspürt wurde, nimmt nicht wunder. Für Mecklenburg zumindest mußten die preußischen Städte und der Deutsche Orden als idealer Partner gelten, die Pläne einer Flottenrüstung – die ja damals noch nicht vom Tisch waren –, zu Fall zu bringen. Was ja mit Hilfe des Ordens auch geschah.

Am 25. Mai 1394 wurden die beiden mecklenburgischen Unterhändler aus Wismar und Rostock vom Hochmeister des Deutschen Ordens in Marienburg empfangen. Und die Unterredungen dauerten bis zum 30. des Monats. Zunächst baten die Abgesandten den Hochmeister, Königin Margarete zur Entlassung Albrechts aus der Geiselhaft zu veranlassen, möge es auch Lösegeld kosten. Man könne doch nicht dulden, daß ein legitimer König seines Reiches verlustig gehe. Außerdem möge doch bitte der Orden darauf hinwirken, daß die schwedischen Großen sich wieder zu ihrem König bekennen würden. Zeige Margarete allerdings kein Entgegenkommen, so möge der Deutsche Orden Mecklenburg mit kriegerischer Hilfe zur Seite stehen, da das Land unter Herzog Johann auf keine weitere Hilfe von außen zu hoffen wage. Was die leidige Schadensersatz-Frage angehe, so bitte Mecklenburg den Orden, daß er sie zunächst auf sich beruhen lasse. Für den preußischen Kaufmann bedeute die Tatsache, daß Schweden unter der Herrschaft Margaretes stehe, sicherlich keinen Vorteil; er dürfe aber

ungehindert die Ostsee passieren, vorausgesetzt, daß er nicht Norwegen und Dänemark aufsuche.
Der Hochmeister hörte sich das alles in Ruhe an und wiegte dann bedenklich sein Haupt. Auf diese Vorschläge sofort einzugehen, waren er und auch die anwesenden Vertreter der preußischen Städte nicht gewillt. Der Hochmeister ließ nicht von seiner Forderung nach Schadensersatz für die ewigen Plünderungen ab und stellte sich damit eindeutig auf die Seite seiner Städte, die während der ganzen Hansetage zuvor, zuletzt im März in Lübeck, unbeirrbar an ihren Forderungen festgehalten hatten. Im übrigen müsse man aber erst das Ergebnis der geplanten Zusammenkunft mit Königin Margarete in Helsingborg im nächsten Monat abwarten; und erst, wenn sicher sei, daß die Königin schuld an einem Nichtzustandekommen des Friedens sei, wolle man für die Lösung der mecklenburgischen Probleme mit Nachdruck und allen Kräften eintreten. Im übrigen aber sei man für eine Nichteinmischung in die skandinavischen Verhältnisse.
So ohne weiteres hatte der Hochmeister die Vorschläge Mecklenburgs nicht annehmen können. Er fürchtete, sich in Widerspruch zu den preußischen Städten zu setzen. Ohnehin sahen diese die mecklenburgische Gesandtschaft nur ungern, weil sie fürchteten, daß damit das hansische Lager in eine Pro-Mecklenburg- und Anti-Mecklenburg-Partei gespalten werden würde. Zumindest die Bürger Danzigs gaben ihrer Abneigung gegen die Mecklenburger handgreiflichen Ausdruck, als die Gesandtschaft dort auftauchte. Unter Androhung von Strafen bei Beleidigungen und Tätlichkeiten warnte der Rat die Bürger, den Abgeordneten etwa zu nahe zu treten. Offen sagten die preußischen Städte, daß ihnen diese Sonderverhandlung nicht genehm sei: Sie müßten fürchten, dadurch die Achtung innerhalb der Hanse-Gemeinschaft zu verlieren.
Für welches Argument die Rostocker und Wismaraner nur ein müdes Lächeln übrig hatten. Sie jedenfalls würden nicht glauben,

daß die Hanse eine so ausschließende Gemeinschaft sei, daß nicht gute Städte ihren Herren helfen dürften. Man möchte es doch einmal darauf ankommen lassen, aus der Hanse hinausgeworfen zu werden, wenn es wegen der Unterstützung ihrer Herren geschehe. Ein Argument, das in den Ohren des Hochmeisters angenehm klang. Aber er wagte doch nicht, die preußischen Städte weiter zu reizen. Die Fortführtung der Verhandlungen überließ er einer Kommission städtischer Räte.

Diese Unterhändler waren nun für die Leute aus Mecklenburg der härteste Brocken, mit dem sie es in Preußen zu tun hatten. Sie verhandelten so hartnäckig und so fintenreich, daß es fast aussah, als beabsichtigten sie, jede Verständigung zu vereiteln.

Um letztlich nicht mit leeren Händen nach Rostock und Wismar zurückkehren zu müssen, gaben die Unterhändler Mecklenburgs nach; sie wollten um jeden Preis die preußischen Städte von einer Teilnahme an der Flottenrüstung abhalten, die für Mecklenburg gefährlich werden konnte. Man einigte sich auf einen Vertragsentwurf, der bis zum 24. Juni von Mecklenburg besiegelt werden sollte und nach Ablauf der geplanten Tagung in Helsingborg mit sechswöchiger Frist kündbar sein sollte. Der den preußischen Hansestädten zugefügte Schaden sollte umfassend ersetzt werden, und der hansische Kaufmann sollte den strengsten Schutz und Frieden seitens Mecklenburgs genießen.

Es war eine Art Separatfrieden zwischen Preußen und Mecklenburg, der aber außer einer psychologischen Klimaverbesserung zwischen den beiden Mächten keine weiteren politischen oder militärischen Vorteile für eine der beiden Seiten brachte.

Die Raubzüge der Vitalienbrüder hatten unterdessen ständig an Intensität zugenommen. Operationsbasen waren jetzt die finnischen und livländischen Küsten, und das hatte seinen guten Grund. Greta Dume nämlich, die Witwe des schwedischen Reichsdrost und vormals mächtigsten Mannes in Schweden, Bo

Jonsson, hatte sich nach mehrfachem Frontwechsel endgültig auf die Seite Mecklenburgs geschlagen. Von Finnland aus, wohin sich die Witwe zurückgezogen hatte, operierten die Vitalienbrüder, in Abo befand sich das Flottenoberkommando.
Ungestört von hansischen Kriegsschiffen, die ja ohnehin nur spärlich auf der Ostsee kreuzten, konnten sie ihre Beutezüge planen und in die Tat umsetzen. Mehr als 300 Schiffe wollten Zeitgenossen gezählt haben; die Zahl der Piraten war Legion. Kein Mensch hat je festgestellt, wie viele es waren.
Die schon sattsam bekannten Klagelieder ausgeraubter Kaufleute wurden aufs neue angestimmt, lauter und herzzerreißender als je zuvor. Irgend jemand hatte damals ausgerechnet, daß der den Livländern zugefügte Schaden über 22000 Mark lübisch betrage. Dorpat, wie andere livländische Hansestädte, guten Willens, sich an der Anti-Vitalienbrüder-Armada zu beteiligen, wandte sich hilflos an seine Nachbarstädte: Ob man Lübeck nicht bitten könne, die Rüstung für die Livländer mit zu übernehmen – gegen Bezahlung selbstverständlich –, denn die Piratenscharen seien so zahlreich und so stark, daß es kaum möglich sein werde, ihr livländisches Geschwader mit der übrigen Flotte der Hanse zu vereinigen.
Das war die betrübliche Lage, als man sich auf den Weg nach Helsingborg machte. Am 13. Juli 1394 segelten die Ratsabgesandten von Lübeck, Thorn, Elbing, Stralsund, Kampen, Greifswald, Riga und Stettin ab. Ihnen schlossen sich die beiden Vertreter des Hochmeisters, Graf Rudolf von Schwarzburg, Komtur zu Schwetz, und Johann Tiergart, Großschäffer von Marienburg, an. Außerdem nahmen noch sieben oder acht mecklenburgische Ritter teil, es handelte sich um den Rat des mecklenburgischen Herzogs. Wer von dänischer Seite, außer Margarete selbst, sich an den Verhandlungen beteiligte, ist nicht mehr genau zu ermitteln. Genannt werden der Erzbischof von Lund, derjenige, der den Danzigern

seinerzeit ein Schiff geraubt hatte – und weitere geistliche Herren, dazu die Reichsräte Swarte Skaaning und Jöns Ruth.

Über den Verlauf der Verhandlung selbst gibt es leider nur wenig Berichte. Es scheint aber so, daß sie sich sehr schwierig und sehr langwierig gestaltete. Zur ersten Sitzung versammelte man sich am 22. Juli im Schloß. Nahezu einziger Tagesordnungspunkt war: Wie und unter welchen Bedingungen kann König Albrecht wieder in Freiheit gesetzt werden?

Hauptsächlich ging es nun darum, ob der König einfach gegen ein Lösegeld zeitweise die Freiheit wiedergewinnen sollte oder ob man von ihm auch Zugeständnisse hinsichtlich der schwedischen Krone fordern sollte – im Klartext: Ob er einen formellen Thronverzicht leisten sollte. Margarete, die dänische Königin, hatte immer an dieser Forderung festgehalten. Die augenblickliche Situation schien ihr jedoch zu gebieten, diesen Anspruch nicht unbedingt aufrechtzuerhalten. Denn preußische Unterhändler berichteten nach Hause, daß der König und die Königin nichts von ihren Rechten aufgegeben hatten. Das hieß nichts anderes, als daß man unter Wahrung der jeweiligen Rechte doch zu irgendeiner Regelung untereinander kommen wollte.

Über die Hauptsache war man sich also glücklich einig geworden, womit keineswegs alle Schwierigkeiten überwunden waren. Zunächst mußte bestimmt werden, wie lange der König in Freiheit bleiben dürfe, die Frist dürfe natürlich nicht zu kurz bemessen sein, wenn während dieser Zeit der endgültige Friedensvertrag zwischen Dänemark und Mecklenburg ausgehandelt werden sollte. In Margaretes Interesse lag es natürlich, diesen Urlaub von Lindholm möglichst kurz zu bemessen, damit der König stärker unter Druck stehe, wenn er in die Verhandlungen gehe. Es sieht so aus, als habe man sich anfangs nicht über die Zeit einigen können, endlich aber beschloß man: Albrecht solle zunächst auf ein halbes Jahr Urlaub erhalten. Scheine es dann den skandinavischen

Reichsräten und den Hansestädten angemessen, so könne diese Zeitspanne verlängert werden. Sollte der König während der ihm gewährten Frist sich nicht mit Margarete einigen können, soll er ihr 60000 Mark zahlen oder aber in Gefangenschaft zurückkehren.

Frage: Wie kann die Erfüllung dieser Bedingungen garantiert werden? Im Prinzip hatte an ja schon im September 1393 in Falsterbo beschlossen, daß diese Garantie von der Hanse eventuell gegen die Auslieferung Stockholms als Pfand geleistet werden solle. Von diesem Grundgedanken ging man auch jetzt aus, und Margarete scheint keine Schwierigkeiten dabei gemacht zu haben.

Jetzt aber mußte die ganze Angelegenheit noch in ihren Einzelheiten geordnet werden. Zunächst konnte nicht übersehen werden, wie langwierig die Verhandlungen sich gestalten würden, um den gesamten hansischen Städtebund zur Teilnahme an dieser Garantie und an den Vorbereitungen zur Besetzung Stockholms zu bewegen. Andererseits aber drängte die Zeit, und man empfand das ebenso dringende wie unabweisbare Bedürfnis, möglichst schnell gegen die Seeräuber vorgehen zu können. Eine Haltung, die durchaus von Margarete geteilt wurde, denn sie bot den Hansen von neuem ihre Hilfe gegen die Vitalienbrüder an. Dazu ließ sie durchblicken, daß sie, sollte es zu keiner Einigung über die Befriedung der See kommen, eventuell ihre Freunde – sie meinte damit die Niederländer, die über die Seeräubereien der Mecklenburger besonders aufgebracht waren und daher ein freundschaftliches Verhältnis zu Margarete angeknüpft hatten –, zu Hilfe rufen würde.

Und man beschloß auch gleich, schon zum 1. November eine zweite Konferenzrunde in Alholm zusammenzurufen, wo die Ratifizierung des Vertrages und die Freilassung Albrechts und seiner Mitgefangenen erfolgen sollte.

Bis zu diesem Tag aber ließ sich unmöglich eine allgemeine hansische Rüstung zusammen bringen. Fürs erste wurde es also notwendig, mit der Garantieleistung nur die wichtigsten Hansestädte zu betrauen, diejenigen, welche schnell die genügenden Besetzungstruppen zur Hand hatten. Aber es war nicht leicht, solche Städte zu finden. Lübeck, Stralsund, Danzig, Thorn, Elbing und Kampen scheinen zwar von Anfang an bereit gewesen zu sein, die schwierige Aufgabe in Stockholm zu übernehmen, doch war für sie allein das Risiko offenbar zu groß, und so verlangten sie weitere Mitbürgen.

Wer nun diese hätten sein können, darüber konnte man sich nicht einigen. Es wurden Hamburg, Riga, Reval, Stettin und Greifswald vorgeschlagen, auch Rostock und Wismar.

Schließlich bestimmte man aber, daß acht Städte, darunter Lübeck und Stralsund, ferner die mecklenburgischen Städte Rostock und Wismar, und schließlich auch Stockholm selbst die Bürgschaft und die Besetzung Stockholms übernehmen sollten.

Die Verhandlungen hierüber waren aber noch nicht zu Ende gediehen, als ein Ereignis eintrat, das die Konferenz von Helsingborg abrupt beendete.

Was machen die Leute, die nicht an den Verhandlungen beteiligt sind, die Diener der Unterhändler beispielsweise, während der Zeit, in der sich ihre Herrschaften oben auf dem Schloß die Köpfe zerbrechen? Drei Wochen waren seit Konferenzbeginn mittlerweile ins Land gegangen, und zu tun gab es kaum etwas für sie. Man gammelte so vor sich hin, besuchte sich untereinander, besprach die politische Weltlage, wußte natürlich alles besser und hätte auch alles besser gemacht, versteht sich. Vieles Reden macht durstig, das weiß man ja, und so wurden die vollen Becher herumgereicht. Eines schönen Tages aber – es war am Abend des 15. August –, als man wieder beieinanderhockte und, schon reichlich benebelt, zum Verlauf der Dinge die eigenen Weisheiten beisteuerte, erhitzten sich die Gemüter aus Gründen, die üblicherweise hinterher nie mehr genau zu rekonstruieren sind. Deutsche und dänische Zechkumpane gerieten in Rage, und eine handfeste Keilerei begann, bei der ziemlich viel Blut floß.

Stralsunds Bürgermeister Gregor Swerting, erprobtes Delegationsmitglied seiner Stadt und zufällig in der Nähe, als die Schlägerei begann, mühte sich vergeblich, die Streithähne zu trennen. Anderweitige Verstärkung war für ihn nicht in Sicht, so eilte er schnell aufs Schloß, damit Königin Margarete mit Hilfe der Wachen die Kämpfer dort unten zur Raison bringen lasse. Swerting erreichte das Schloß nicht mehr. Hätte er rechtzeitig in dem Dunkel sehen können, daß es ein total betrunkener Däne war, der außer sich vor Wut wild mit seinem Schwert herumfuchtelte, vielleicht hätte er ihm noch ausweichen können. So aber nahm das Verhängnis seinen Lauf. Unvermutet sah sich der Bürgermeister diesem Berserker gegenüber, und noch ehe er irgend etwas unternehmen konnte, traf ihn ein Schwerthieb am Kopf. Die Verwundung war tödlich. Swerting starb auf der Stelle.

Wie es nun gelungen ist, die ineinander verknäulten Dänen und Deutschen zu trennen – ob sie starr vor Schreck Waffen und Fäuste sinken ließen oder jetzt erst recht aufeinander eindroschen –, wir wissen es nicht. Tatsache bleibt, daß der Vorfall keine politischen Weiterungen zeitigte. Ein politisches Attentat war es nicht, das ergab sich eindeutig aus den Umständen.

Dennoch konnten die Hanse-Vertreter nicht einfach zur Tagesordnung übergehen, auch dann nicht, als Margarete die Angelegenheit großzügig regelte. Man reiste also ab, die Tagung von Helsingborg war damit geplatzt – was wohl mehr als Show-Effekt fürs Publikum berechnet war, denn als ehrliche Reaktion auf den Totschlag. Rein sachlich nämlich war die Konferenz ohnedies zu Ende, was es zu verhandeln gegeben hatte, war verhandelt worden; auf die zweit- und drittrangigen Tagesordnungspunkte, die

noch offen geblieben waren, konnte man jetzt getrost verzichten oder sie nebenher erledigen.
Das Wichtigste war jetzt, daß die beteiligten Städte, der Deutsche Orden und der Herzog von Mecklenburg die Ratifizierung des mit Margarete ausgehandelten Vertrags vorbereiteten und eventuelle Unklarheiten auf diplomatischem Wege klärten. Denn viel Zeit bis zur nächsten Zusammenkunft in Alholm blieb nicht mehr.
Die Mecklenburger gingen natürlich ohne weiteres auf die Vorschläge von Helsingborg ein. Anfang September verhandelten die aus Schweden zurückgekehrten Gesandten mit Herzog Johann, den Räten König Albrechts sowie den Städten Rostock und Wismar. Man bat noch einmal, daß die Hansestädte, zusammen mit den acht auf der Konferenz dazu bestimmten, den König auslösen möchten, und man versprach den Bürgern genügende Sicherheit dafür, daß sie nicht zu Schaden kämen. Die Garantie solle darin bestehen, daß sich der König, sein Sohn, Herzog Johann, einer seiner Brüder, 100 der angesehensten Edlen und alle Städte des Herzogtums Mecklenburgs der Hanse für die Einhaltung der mit Margarete verabredeten Bedingungen verpflichteten. Genüge das nicht, so wolle man den Hansen Stockholm übergeben.
Margarete erhielt Nachricht von den Unterhandlungen durch Jöns Ruth und Pridbor von Putbus, die als ihre Gesandten in Rostock mit am Tisch saßen. Herzog Johann übernahm es höchst selbst mit Hamburg und den übrigen Hansestädten, welche für den König bürgen sollten, die nötigen Gespräche zu führen. Zugleich aber versäumte er nicht, mit der ihm eigenen Energie für vollendete Tatsachen zu sorgen. Aus heiterem Himmel sah sich die Insel Gotland überfallen. Anführer des Angriffs war Albrecht von Peccatel, der von Stockholm aus den Angriff führte. Es gelang ihm, einen Teil des flachen Landes auf der Insel zu besetzen, und man munkelt, daß die Einwohner Wisbys von dieser Aktion schon vorher gewußt haben sollen und ihm auch dabei geholfen haben. Ganz so

abwegig scheint dies nicht zu sein, da Wisby sich in einer sehr exponierten Lage befand, und die Verbindung mit den – in diesem Falle disziplinierten – Seeräubern eigentlich das einzige Mittel war, den Handel der Stadt vor dem gänzlichen Ruin zu bewahren. Sonderlichen Eindruck freilich machte dieser Überfall nicht. Und wie verabredet, trafen sich die Verhandlungsteilnehmer der Hanse im Oktober 1394 in Lübeck, um von dort aus guten Mutes die Fahrt nach Alholm anzutreten. Kampen, eine der Garantiemächte, stieg aus. In Lübeck erhielten die Abgesandten Kenntnis von einem Schreiben, mit dem Kampen sein Nichterscheinen entschuldigte und erklärte, auf die Übernahme einer Bürgschaft für König Albrecht nicht eingehen zu können.
Die hochgespannten Erwartungen auf ein baldiges Ende des Krieges und damit auch der Seeräubereien erhielten aber einen argen Dämpfer, als folgende Nachricht eintraf: Die preußischen Unterhändler für die Konferenz von Alholm waren gefangengenommen worden. Herzog Wratislaw VIII. von Wolgast hatte dieses Bubenstück angezettelt, angeblich, weil sich der Hochmeister des Deutschen Ordens geweigert habe, eine von dem Herzog anberaumte Tagung zu besuchen. In Wirklichkeit aber war es die späte Folge der Besetzung des Erzbischofsstuhls von Riga. Angesichts dieser unglücklichen Umstände bat Preußen um Aufschub der Konferenz von Alholm. Daraufhin begaben sich Boten Lübecks, Stralsunds und der mecklenburger Herzöge zu Königin Margarete und vereinbarten mit ihr, daß die im Moment unmöglich gewordenen Verhandlungen am 23. April 1395 in Skanör und Falsterbo wieder aufgenommen werden sollten.

Derweil saß König Albrecht mit seinem Sohn nun schon im sechsten Jahr auf Burg Lindholm als königlicher Gefangener Margaretes – einer Art unfreiwilliger Staatsgast, der bislang vergeblich auf seine Auslösung gewartet hatte, und die nun so nahe schien. Wir wollen annehmen, daß er nicht etwa eingekerkert in einem Verließ schmachtete und sehnsüchtig den Wolken am Himmel nachschaute, sondern daß er sich aller Privilegien hochmögender Gefangener erfreute – wie ein edles Wild im Freigehege.

Wenn er ein philosophischer Kopf war, mochte er sich längst dreingeschickt haben, daß die schwedische Angelegenheit nicht mehr seine Sache war; zu viele Jahre waren ins Land gegangen, zuviel hatte sich verändert, ohne daß er auf die Zeitläufte irgendeinen Einfluß hätte nehmen können. Sicher, man bemühte sich ernsthaft und nachdrücklich, ihn aus seinem Tusculum herauszuholen, und dies auch schon seit seiner Gefangennahme – aber was hatte es bisher gebracht? Nichts, gar nichts. Eher sogar das Gegenteil dessen, was beabsichtigt war: Margarete saß fester denn je auf Schwedens Thron, und sein Stammland, drüben an der anderen Küste, wurde durch die fortwährenden Rüstungen finanziell arg in Mitleidenschaft gezogen. Und die zwielichtige Gesellschaft der Vitalienbrüder? Unzuverlässiges Gesindel zumeist, nur schwer von den adligen Hauptleuten im Zaum zu halten; Wilderer, die ihn nur als Alibi für ihre Raubunternehmungen benutzten, und die längst auf ganz Mecklenburg und ihn hier in Schweden pfiffen. Zu Mörderbanden mit legalem Anstrich waren sie herabgesunken. Keinem Menschen in der Hanse konnte man länger noch weismachen, daß die für eine gerechte Sache fochten.

»Na und?«, schnappte es zurück, wenn Getreue es dennoch versuchten, »gibt mir euer König etwa mein Schiff zurück, das ihr mir geraubt habt?« – »Kann der meine geliebte Frau wieder aus dem Grab zurückholen? Gott hab sie selig.« – »Hat der König sich darum gekümmert, als mir das Haus überm Kopf angezündet wurde?« – »Und wer hilft mir zu meinem guten Recht?« Nein, es war schon gut so, daß die Hanse mit mehr oder weniger sanftem Druck den Krieg beenden wollte, der ihm, dem König, längst entglitten war.

Ja, wenn er damals vor sechs Jahren gesiegt hätte über Margaretes Streitmacht ...
Er hatte aber nicht; seine gepanzerten Ritter waren unterlegen gewesen in dem Moor bei Falsterbo; für einen Kampf in solch einem Gelände hatten sie sich als denkbar ungeeignet erwiesen; und dann dieser Gerhard Snakenburg – frisch zum Ritter geschlagen und ergriff das Hasenpanier mit seinen 60 Reitern, als es ernst wurde. Die Rittertugenden, sie waren dahin. Und König Albrecht mochte wehmütig an die guten alten Zeiten denken, als die Ehre noch etwas wert war und ein Manneswort noch etwas galt.

100 Jahre zurück, da war die Welt noch in Ordnung. Der Brauch hatte sich herausgebildet, daß der Herr den frischgebackenen Ritter mit dem Schwert umgürtete, wozu seit den Kreuzzügen die Weihe der Waffen kam, und der so Erhobene ein Gelübde ablegte, treu gegen das Reich zu sein, die Frauen zu ehren, Gotteshäuser, Witwen und Waisen zu beschützen.
Um 1200 durfte schon das Ritterschwert gewähren, wer selbst Ritter war und das Recht hatte, Lehnsgüter zu verleihen. Bald maßten sich auch noch Rangniedere das Recht an, verdiente oder weniger verdiente Leute zu Rittern zu schlagen, bis bald – in wilden Zeiten – jeder Pofel dieser Ehre teilhaftig werden konnte; Bauernsöhne konnten sie im 13. Jahrhundert gegen Geld erwerben, desgleichen Bürger. So richtig anerkannt waren diese Neu-Ritter nie.
Als außerordentlich ehrenvoll galt es, vom höchsten Fürsten des Landes selbst feierlich die Ritterwürde zu erhalten, welche Auszeichnung noch höheren Prestigegewinn versprach, wenn sie kurz vor einer Schlacht gewährt wurde. Dann hatte der Ritter die große Ehre, gleich in der ersten Schlachtreihe kämpfen zu dürfen.
Sofern er nicht Fersengeld gab, wie jener Gerhard Snakenburg unrühmlichen Angedenkens.
Im Laufe der Zeit legte die Ritterrüstung immer mehr Wert auf den

Schutz des schwerbewaffneten Reiters. Fünf Systeme kannte die Schutzrüstung: Lederkoller mit Metallplatten, aufgenähte Eisenschuppen, Kettenpanzer, bewegliche Eisenringe und gerundete Schienen. All diese Formen haben sich noch bis ins 17. Jahrhundert gehalten. Um das Jahr 1200 war die Schutzrüstung noch verhältnismäßig einfach. Der Harnisch – der Schutz für den Körper – bestand aus dem sogenannten Halsberg, einem Kettenpanzerrock mit Ärmeln, Handschuhen und einer Kapuze, die zurückgeschlagen werden konnte und, wenn sie über den Kopf gezogen wurde, nur das Gesicht frei ließ. Das Kettenhemd reichte gewöhnlich bis an die Knie und wurde abwärts von den Hüften durch sogenannte Geren, das waren keilförmige Einsätze, erweitert. Kam es zum Kampf, wurde über das Kettenhemd die Brünne, die ältere Form des Brustpanzers, gelegt. Im 13. Jahrhundert aber kam die Brünne außer Gebrauch. Im 14. Jahrhundert schnallte man regelmäßig den Schienenharnisch über das Kettenhemd. Die Füße waren durch anliegende Panzerstrümpfe, die sogenannten Eisenhosen, geschützt, die hinauf bis über die Schenkel reichten. Ein Unikum war der Topfhelm des Ritters. Er sah wirklich aus wie ein umgestülpter Topf und deckte das ganze Haupt ab, ließ nur eine kleine Sehöffnung für die Augen und wurde über die Panzerkappe mit Schnüren festgebunden. Daneben aber gab es den Eisenhut, eine Stahlkappe mit breiter Krempe. Der Ritterschild, im 10. Jahrhundert häufig rund, im 12. Jahrhundert dreieckig, sehr lang und zur Abdeckung des Körpers eingebuchtet, wurde im Laufe der Zeit kleiner, blieb aber dreieckig und war nach wie vor aus Holz gefertigt. In der Hand trug der Ritter ein Schwert, es wurde im Laufe der Jahrhunderte länger, und außerdem konnte er noch einen langen Speer haben, dessen Schaft aus Eschenholz gefertigt war, vorne versehen mit einer kurzen Eisenspitze. Über diese Metallrüstung legte der Ritter noch einen textilenen Waffenrock. Dann schnallte er die Sporen an, die beim Ritter noch nicht aus Gold waren, wie bei manchen Adligen, und stieg auf sein Schlachtroß. Das war freilich noch nicht mit Eisenplatten abgedeckt. Der Sattel, in den er sich mühsam hinaufhieven ließ von seinem Knecht, hatte einen tiefen Bock, an dem sein Rücken einen sicheren Halt fand. Auf der rechten Seite des Sattels war eine eiserne Gabel angebracht, in der der Speer aufgelegt wurde, später konstruierte man ein starkes Gerüst, das hinter der Hüfte des Reiters hochragte und zur Aufnahme der Lanze diente.

So gerüstet zog er dann in die Schlacht – und konnte in späterer Zeit nur noch hoffen, daß er nicht auf leichtbewegliche Truppen zu Fuß traf, die nichts anderes tun mußten, als diesen unbeweglichen Eisenklotz aus dem Sattel zu heben, auf daß er wie ein Käfer auf den Rücken falle, wo man ihn verhältnismäßig leicht erledigen konnte. Zu König Albrechts Zeiten ging die Epoche der großen Ritterheere mit ihren großen Schlachten zu Ende.

Nicht zu Ende ging allerdings das Fehdewesen. Im Gegenteil, es erfreute sich steigender Beliebtheit, je mehr Ritter das Land bevölkerten. Der gesamte Krieg zwischen Mecklenburg und Dänemark ist im Grunde nichts anderes als eine Fehde, die in diesem Falle vorwiegend zur See und mit maritimen Hilfskräften ausgetragen wurde, denen das Wort »ritterlich« bestenfalls ein müdes Lächeln abnötigte. Seit alters her galt im Volk: Sofern jemand überhaupt eine Forderung gegen einen anderen habe, stehe ihm auch das Recht der Fehde zu, damit er seinen Anspruch nötigenfalls auch durchsetzen könne. Es galt das Prinzip der Waffengleichheit – fehdete der Vasall gegen seinen Lehnsherrn, mußte er das Lehen zurückgeben; der Bürger war verpflichtet, sein Bürgerrecht aufzugeben, wollte er seine Stadt befehden.

Drei Tage vor Beginn mußte dem Gegner offiziell angekündigt werden, daß man ihn zu vernichten gedachte. Dazu seine Verwandtschaft auch, seine Hausgenossen, Lehnsleute, Hörige, Unfreie und, war der Feind gar der Landesherr selbst, galt die Drohung in gleicher Weise für alle seine Untertanen, seine Dörfer und Städte. Deswegen spielte es auch keine Rolle, wenn die Mecklenburger Dänemarks und Schwedens Küsten verwüsteten, wiewohl die Kampfansage der Königin Margarete galt.

Das Gewohnheitsrecht regelte die Einzelheiten. Gefangene mag man töten, sofern dies tunlich scheint. Was zu Land und Leuten des Feindes gehört, verfällt dem Sieger. Die Ernte darf verwüstet werden, die Dörfer niedergebrannt, die Viehherden weggetrieben – Kinder lediglich und Frauen sollen nicht gefangengenommen oder getötet werden, und auf den Burgen galt, daß die Rittersfrau ihren ganzen Schmuck behalten durfte, jedenfalls theoretisch.

Zur Fehdeansage wurde in frühen Zeiten ein Bote mit einem Schwert und einem Handschuh, die man mit Blut besprengt hatte, gesandt. Später dann äußerte man sich lieber schriftlich, ein Fehdebrief tat dieselben Dienste, war aber weniger dramatisch. Als nächstes galt es für beide Seiten, möglichst viele Freunde um sich zu versammeln, viel Feind, viel Ehr, und die meisten ließen sich auch gar nicht lange bitten; die Aussicht auf Beute lockte denn doch zu sehr. In diesem Sinne waren die mecklenburgischen Kaperbriefe zugleich auch Fehdebriefe. Sie nannten den Gegner, bezeichneten die Freunde und Helfer, versprachen Neutralen Schutz, gaben Auskunft über den Zweck der Unternehmung. Ganz offenkundig hatte man, möglicherweise zum ersten Mal größeren Stils, Fehderecht und Fehdegewohnheit auf maritime Auseinandersetzungen übertragen. Denn nicht ohne Grund hat sich der mecklenburgische Adel gleich in Kompaniestärke zum Kampf gemeldet. Das war ihm vertraut, das kannte er von alters her, und daß es dabei auch auf die See hinausgehen sollte, wohlan denn, einem zünftigen Abenteuer war man ernstlich nie abgeneigt. Und wie der Adel, so taten es die Bauern und Bürger – wobei sicher zu vermuten ist, daß sich die noch weniger von Fehdegedanken leiten ließen, als von schnellem Reichtum.

Nun war es keineswegs so, daß jeder Mit-Fehder das, was er persönlich erbeutet hatte, auch behalten durfte; wegen der Streiterei-en hierüber, wem welcher Anteil und wieviel davon zustehe, wäre es mit Sicherheit zu endlosen weiteren Fehden untereinander gekommen, was in niemandens Interesse liegen konnte. So gab es denn feste Regeln dafür, was mit der Beute und den Gefangenen zu geschehen habe – die Seestädte hatten ja bekanntlich für die Kaperfahrerei Prisenordnungen erlassen, die den Beteiligten ihre Anteile zumaßen, wobei der städtische Rat stets das größte Stück aus dem Beutekuchen für sich beanspruchte.

Andere Richtlinien galten, sofern die Beute nicht aus dem Seeraub stammte. Gustav Freytag beschreibt es in seinem Werk »Bilder aus der deutschen Vergangenheit« sehr anschaulich: »Kehrte man glücklich von einem Beutezug heim, mit Raub und Gefangenen, so wurden noch auf dem Feld Beutemeister gewählt aus Rittermäßigen, Bürgern, den verschiedenen Söldnerscharen. Diese mußten zuerst schwören, treu und gerecht die Beute zu verteilen. Unter dem Tor hoben sie jedem, der durchschritt, seinen Raub ab. Die Vorräte wurden gesondert und verschlossen auf dem Stadtmarkt an den Meistbietenden verkauft. Das erbeutete Vieh gehörte zum größten Teil den Befehlshabern und Chargierten, ein anderer Teil der Stadt, nur der Rest dem ausgezogenen Haufen; es wurde vor der Verteilung in den Stadtgraben getrieben, dort durften die Kühe von jeder Frau, welche ihnen eine Bürde Gras brachte, gemolken werden. Der Stadt stand frei, das gesamte Vieh zum gemeinen Nutzen von den Beutemeistern gegen mäßige Summen zu kaufen. Außerdem mußte jeder, der am Zuge teilgehabt, noch einmal schwören, daß er keine Beute hinter sich habe und keine bei anderen wisse, und durch solchen Eid kam noch viel Unterschleif zum Vorschein.

Endlich wurde der ganze Erlös verteilt auf Pferde und Mann, so daß der Fußknecht einen Teil, der Reisige zwei, jeder Wagenbesitzer so viele Teile bekam, als sein Wagen Pferde hatte. Die rittermäßigen Gefangenen wurden ausgezeichnet, gegen ihr Wort zu wirken in die Herberge gelegt und von den Städten in der Regel nicht geschatzt. Die übrigen wurden in Türme gesperrt, aus der Stadtküche gespeist, wofür sie, wenn sie es irgend vermochten, Kostgeld zahlen mußten, im Notfall aber auf Stadtkosten gefüttert.

Für den armen Gefangenen erhielt, wer ihn einbrachte, einen Fanggulden; der Gefangene, welcher etwas hatte, wurde geschatzt, es gab dafür besondere Abschätzer, die in der Gegend bekannt waren; wußte man um das Vermögen nicht Bescheid, so wurde wohl einer der Gefangenen unentgeltlich erledigt unter der Bedingung, daß er seine gefangenen Parteigenossen taxiere. Das Lösegeld beanspruchten in manchen Fällen die Hauptleute, in anderen die Stadt.

War aber ein solcher Beutezug Privatanschlag einzelner, so kam diesen das Lösegeld zu, dann hatte sich der Hauptmann des Zuges mit dem Fangenden zu berechnen.

Wer im Kriege aus der Gefangenschaft entlassen wurde, der mußte einen Eid schwören, daß er nichts zum Schaden der Stadt verraten wolle, wer erst beim Friedensschluß erledigt wurde, daß er der Stadt und ihren Helfern nicht Haß und Rache nachtragen werde. Die Behandlung der Feinde war in den Städten ein wenig humaner als der Regel nach auf den Burgen.«

10. Kapitel

Raubritter zu Wasser und zu Lande

Die Fehde wird kriminell – Beispiel: Meier Helmbrecht – König Albrecht auf Lindholm – Finster, kalt und zugig – Schlechte Betten, keine Möbel

Im Laufe der – teilweise recht unruhigen – Zeiten rutschte die ehrwürdige Fehde ab zu nackter Selbstjustiz. Sie hatte sich bisher prinzipiell an feste Regeln gehalten. Das wurde nun anders.
Die Fehde schlug nun häufig in reine Kriminalität um, lieferte nichts als die rechtliche Folie, um Raubzüge, Überfälle und Plünderungen zu kaschieren. Bei den mecklenburgischen Kapereien hat, zumindest noch anfangs, der alte Fehdegedanke die ausschlaggebende Rolle gespielt; bei den Vitalienbrüdern Klaus Störtebeker, Godeke Michels und Genossen ist davon in der Folgezeit nichts mehr zu spüren. Plündern ohne Rücksicht auf irgend jemandes Recht ist jetzt Trumpf und sonst gar nichts. Das Raubrittertum feierte fröhliche Urständ, zu Lande wie zu Wasser. Man zog aus unter dem Siegel des rechtlich und moralisch Erlaubten und kehrte unter Umständen als Verbrecher heim; sei es, daß sich die Verhältnisse oder man sich selbst und seinen Vorsatz inzwischen geändert hatte. Das Ergebnis war in beiden Fällen gleich.
Der »Meier Helmbrecht«, eine berühmte mittelalterliche Reim-Dichtung – von deren Autor Wernher der Gärtner man bis heute so gut wie nichts weiß – zeigt am eindrucksvollsten diese sich wandelnde Geisteshaltung. Die Dichtung schildert höchst anschaulich die kriminelle Karriere eines jungen Bauernsohnes, der, auf einer Burg in ritterlichen Umgangsformen ausgebildet, zum Schnapphahn sich entwickelt und schließlich elend endet.

Der alte Meier Helmbrecht hatte einen Sohn. Dem jungen Helmbrecht hingen die blonden Locken bis auf die Achsel, er steckte sie in eine schöne seidene Haube, welche mit Tauben und Papageien und vielen Figuren bestickt war. Schwester und Mutter schmückten den Knaben noch mit feinem Linnengewand, einem Kettenwams und Schwert, mit Tasche und Gewand und einem schönen Überrock von blauem Tuch mit goldenen, silbernen und kristallenen Knöpfen verziert, sie leuchteten hell, wenn er zum Tanz ging, die Nähte waren mit Schellen besetzt, sooft er im Reigen sprang, klang es den Frauen durch die Ohren.

Als der stolze Knabe so geschmückt war, sprach er zu seinem Vater: »Jetzt will ich zu Hofe gehen, gib auch du, lieber Vater mein, mir etwas zur Hilfe.«

Der Vater erwiderte: »Wohl könnte ich dir einen schnellen Hengst kaufen, der über Zaun und Graben springt; aber, lieber Sohn, laß ab von der Fahrt nach Hofe, Hofbrauch ist hart für den, der ihn nicht von Jugend gewöhnt ist. Nimm den Pflug und baue mit mir die Hufe, so lebst und stirbst du in Ehren.«

Eben das hatte der junge Helmbrecht gerade nicht vor. Er räsonnierte: »Soll ich drei Jahre über einem Füllen ziehen oder einem Rind, da ich doch alle Tage einen Raub haben kann? Ich treibe fremde Rinder über die Ecke und führe die Bauern bei ihrem Haar durch die Zäune. Eile, Vater, ich bleibe nicht länger bei dir.«

Da kaufte der Vater den Hengst und sprach: »O weh, verlorenes Gut!« Der Knabe aber schüttelte das Haupt, sah sich auf seine beiden Achselbeine und rief: »Ich bisse wohl durch einen Stein, so wild ist mein Mut, ich wollte Eisen fressen. Über Feld will ich traben, ohne Sorge um mein Leben, aller Welt zum Trotz.«

Weiter die mittelhochdeutschen Original-Verse:

Uf eine burc kom er geriten.
da was der wirt in den siten,
daz er urliuges wielt
und ouch vil gerne die behielt,
die wol getorsten riten
und mit den finden striten.

da wart der knabe gesinde.
an roube wart er so swinde,
swaz ein ander ligen liez,
in sinen sac er'z allez stiez.
er nam ez allez gemeine:
dehein roup was im ze kleine,
im was ouch nicht ze groz.
ez waere ruch, ez waere bloz,
ez waere krump, ez waere slecht,
daz nam alez Helmbrecht,
des meier Helmbrechtes kint.
er nam daz ros, er nam daz rint,
er lie dem an nicht leffels wert;
er nam wambis unde swert,
er nam mandel unde roc,
er nam die geiz, er nam den boc,
er nam die ou, er nam den wider:
daz galt er mit der hiute sider.

Es passierte also, daß Helmbrecht auf eine Burg ritt, dessen Herr vorwiegend von Krieg und Raub lebte und naturgemäß gern Leute behielt, die wacker zu fechten und rauben verstanden. Wie nämlich unser Bauernsohn, der sich schon nach sehr kurzer Zeit in diesen Tugenden außerordentlich hervortat, ganz so, wie er es sich vorgenommen hatte. Roß und Rind nahm er, Wams und Schwert, Mantel und Rock – nichts war zu groß oder zu klein, als daß er es nicht an sich gebracht hätte. »Er nahm das Schaf, er nahm den Widder: er hat es später mit seiner Haut bezahlen müssen.« Helmbrechts Ende erhebt sich drohend schon an dieser Stelle; einstweilen aber ist es noch nicht soweit.
Ihn plagt Heimweh. Er nimmt Urlaub von der Burg und reitet nach Hause: Die Schwester lief ihm entgegen und umfing ihn mit

den Armen, da sprach er zur Schwester: »Gratia vestra!« Die Alten zogen hintennach und umarmten ihn vielmals, da rief er dem Vater zu: »Dieu vous salue!« und zur Mutter sprach er böhmisch: »Dobra ytra!«

Vater und Mutter sahen einander an; die Mutter sprach zu ihrem Mann: »Herr Wirt, uns sind die Sinne verstört, es ist nicht unser beider Kind, es ist ein Böhme oder Wende.« Der Vater rief: »Es ist ein Welscher; mein Sohn, den ich Gott befahl, er ist es nicht, so ähnlich er ihm sieht«, und seine Schwester Gotelind sprach: »Es ist nicht euer Sohn, zu mir redete er lateinisch, es muß wohl ein Pfaffe sein.«

Natürlich erkennt man ihn schließlich doch. Er bleibt eine Woche bei den Eltern. Dann will der Vater wissen, wie der Brauch sei, dort, wo er jetzt lebe, und er erinnert sich wehmütig an frühere bessere Zeiten, als er noch jung war, und wird zornig über die derzeitigen Sitten. »Auch ich«, sprach er, »ging einst, als ich ein Knabe war, mit Käse und Eiern zu Hofe; damals waren die Ritter von anderer Art, höflich und von guten Sitten, sie übten ritterliches Waffenspiel, dann tanzten sie mit den Frauen und sangen dazu, dann kam der Spielmann mit seiner Geige, und wenn er anfing, standen die Frauen auf, die Ritter gingen auf sie zu, nahmen sie zierlich bei der Hand und tanzten artig, und wenn das vorbei war, kam wieder einer und las aus einem Buch vor von einem, der Ernst hieß. Alles war damals in fröhlicher Geselligkeit. Die einen schossen mit dem Bogen nach dem Ziel, andere gingen jagen und pürschen, der Schlechteste von damals wäre jetzt wohl der Allerbeste. Denn jetzt wird wert gehalten, wer horchen und lügen kann, Treue und Ehre sind in Falschheit verkehrt, jetzt sind die Turniere nach alter Art nicht mehr Brauch, dafür sind andere im Schwange. Sonst hörte man im Ritterspiel so rufen: Heia, Ritter, sei froh! Jetzt schallt es durch die Lüfte: Jage, Ritter, jage, jage; stich, schlage, verstümmle den, schlag mir dem den Fuß ab, hau' diesem die

Hände ab, den sollst du mir hängen, diesen reichen Mann fangen, der zahlt uns wohl hundert Pfund. So war es, denke ich, früher besser als jetzt. Erzähle du, mein Sohn, mehr von der neuen Sitte.«

»Das will ich tun. Jetzt ist der Hofbrauch: Trink, Herr, trinke, trink; trink du dies, so trink ich das. Man sitzt nicht mehr bei den Frauen, nur bei dem Wein. Das Leben der Alten, glaubt mir, die da leben wie Ihr, das ist jetzt bei Frau und Mann so verhaßt wie der Henker. Bann und Acht ist jetzt ein Spott.«

»Sohn«, sprach der Vater, »laß den Hofbrauch fahren, er ist bitter und sauer. Viel lieber bin ich ein Bauer als ein armer Hofmann, der jederzeit um sein Leben reiten muß und darum sorgen, daß ihn seine Feinde fangen, verstümmeln und hängen.«

»Vater«, sprach der Junge, »ich danke dir, aber es ist länger als eine Woche, daß ich keinen Wein getrunken, seitdem habe ich den Gürtel um drei Löcher zurückgeschnallt. Ich muß Rinder erbeuten, eh der Ring wieder an der Stelle steht, wo er früher war.

Mir hat ein Reicher schweres Leid getan: über die Saat meines Paten, des Ritters, sah ich ihn einst reiten, er bezahlt mir's teuer, seine Rinder, seine Schafe und Schweine sollen traben, weil er einem lieben Paten von mir so den Acker zertrat. Ich weiß noch einen reichen Mann, der tat mir auch schweres Leid: er aß Brot zu Krapfen, bei meinem Leben, das will ich rächen. Noch einen anderen Reichen weiß ich, der hat mir mehr Schmerz zugefügt als irgendein anderer; ich wollte es ihm nicht schenken, und wenn ein Bischof für ihn betete, denn als er einst bei Tisch saß, hat er recht unanständig seinen Gürtel niedergelassen. Wenn ich erwische, was sein heißt, soll es mir zu einem Weihnachtskleid helfen.

Und da ist noch ein anderer einfältiger Narr, der blies in einen Becher so unschicklich den Schaum vom Bier. Räche ich das nicht, so will ich nimmer ein Schwert um meine Seite gürten und einer Frau wert sein. Man hört in kurzem Kunde von Helmbrecht.«

Das ist in wenigen Zeilen die Quintessenz des Fehderechts und seine Pervertierung in das Raubrittertum – genauso hat man es sich auch bei den Vitalienbrüdern vorzustellen. Und sei der Grund noch so nichtig, als rechtlicher Vorwand für einen Beutezug taugt er allemal.

Helmbrecht macht jetzt auch nicht mehr, wie er es bisher getan hat, vor dem Hof seines Vaters halt. Auch der wird ausgeraubt. Das Ende aber naht. Bei der Hochzeit seiner Schwester Gotlind, die sich einem Mit-Räuber ihres Bruders vermählt, dringen fünf Schergen mit ihrem Anführer in das festliche Zimmer und machen neun Räuber nieder, den zehnten – es ist Helmbrecht –, läßt man am Leben, sticht ihm aber zur Rache für das, was er seinen Eltern angetan hat, beide Augen aus und hackt ihm eine Hand und einen Fuß ab.

So furchtbar zugerichtet ist es natürlich aus mit der Raubritterei, Helmbrecht muß sein Gnadenbrot als Bettler fristen. Dabei gelangt er auch an den väterlichen Hof: »Herre, ich bin'z iuwer kint!« Dem Vater zerreißt es fast das Herz, als er seinen geblendeten und verstümmelten Sohn vor sich sieht. Aber er verstößt ihn.

So irrt Helmbrecht bettelnd ein ganzes Jahr umher, bis ihn eines Morgens Bauern in einem Wald entdecken. Alle hatte er gekränkt, weiß die Dichtung, dem einen hatte er die Hütte aufgebrochen und ganz ausgeraubt, einem anderen die Tochter entehrt; ein weiterer zitterte vor Begier wie Laub und sprach: »Ich töte ihn wie ein Huhn, er stieß mein schlafendes Kind bei Nacht in einen Sack, und als es erwachte und schrie, schüttete er es aus in den Schnee, daß es gestorben wäre, wenn ich ihm nicht zu Hilfe kam.« Alle wandten sich gegen Helmbrecht: »Jetzt hüte deine Haube.« Die Stickerei wurde zerrissen und auf den Weg gestreut zusammen mit

seinem Haar. Die Beichte ließen sie den Elenden sprechen, ein Bauer brach einen Brocken von der Erde und gab diesen dem Helmbrecht in die Hand als Torgeld für das Höllenfeuer.
»und hiengen in an einen boum ...
hie endet sich das maere.«

So oder ähnlich waren auch viele der Seeräuber zur Hölle gefahren; und alle kriegführenden Parteien unter hansischer Vermittlung hatten unmißverständlich angedroht, auch noch den Rest hinterherzuschicken, sofern er nicht freiwillig von der Bildfläche verschwinde. Im Augenblick allerdings hatte man sich vertragen müssen wegen der gekidnappten preußischen Abgesandten.
Noch ein gutes halbes Jahr mußte Albrecht also aushalten auf Lindholm, bevor definitive Beschlüsse wegen seiner Entlassung zu erwarten waren. Man schrieb Oktober 1394 – noch ein Winter stand bevor, ein langer dunkler, kalter schwedischer Winter auf einer Burg, die, wie alle diese Bauwerke, selbst unter angenehmeren Umständen das Gegenteil einer gemütlichen Wohnstätte waren. Von heimeliger, mollig warmer Behausung keine Spur: Zugige kalte Höhlen waren es, bei denen man schon froh sein durfte, wenn die Mauerritzen wenigstens nicht so weit klafften, daß Herbst- und Winterstürme die Kienfackeln – wenn es ganz hoch her ging: Wachskerzen – nicht ausbliesen. Was ein heulender Sturm war – der Burgbewohner wußte es nur zu gut: Wenn der Nordwest oder der eisige Ost von den Mauerecken, den Zinnen, den Türmchen gespalten, vor Wut seinen Höllengesang anstimmte – grauslich war es, unheimlich flackernde Fackeln zerrissene Schatten auf kahle Wände und Fußboden werfen zu sehen. Wer da nicht an Gespenster und allerlei böse Geister glaubte, dem war nicht zu helfen. Und wer ganz genau lauschte, konnte sogar tief unten aus den Verliesen die Seelen unglücklich Verstorbener hören, wie sie herzzerreißend stöhnten.

Wenn man diese Gemäuer wenigstens hätte heizen können – aber davon war keine Rede. Eine einzige Wärmequelle gab es zumeist nur in dem, was heute so schick-sachlich als Wohnbereich bezeichnet wird. In der Frühzeit war es nichts weiter als eine offene Feuerstelle inmitten des Raumes, darüber im Dach ein schlichtes Loch als Rauchabzug; später dann wurde schon manchmal ein Kamin gemauert mit Schornstein, vereinzelt gab es auch Kachelöfen. Der Qualm und Ruß in einem solchen Zimmer müssen nahezu unerträglich gewesen sein, abgesehen von der völlig unzureichenden Heizwirkung des Feuers. Fensteröffnungen hatte man üblicherweise hoch oben in der Außenmauer gelassen, mitunter den Schießscharten ähnlicher als Einfallsöffnungen für das Licht. Große Fenster hätten dem Feind leichteren Zugang zum Inneren der Burggebäude verschafft, worauf man verständlicherweise keinen Wert legte. Außerdem ließen sich die kleinen Mauerdurchbrüche besser verschließen, z. B. mit geöltem Papier oder Leinwand, das nun freilich wenig davon ahnen ließ, ob draußen möglicherweise schon der Tag angebrochen war. Glas gab es zwar, man gebrauchte es aber nur äußerst selten zum Verkleiden der Fenster. In diesen finsteren Räumen hielt man sich also auf, fröstelte vor sich hin trotz der Felle, in die man sich gewickelt hatte, und langweilte sich tödlich. Besonders an den langen Winterabenden. Fließendes Wasser – wenn dieser Scherz gestattet ist – gab es auch: Es sickerte bei ungünstigen Wetterlagen die Wände hinunter, weil so ein Gemäuer niemals ganz dicht zu bekommen war. Feucht war es allemal; auch der Fußboden, weshalb die Burgbewohner stets über klamme Finger und Füße klagten. Gicht, Rheuma und Katarrhe dürften ständige Beschwerden verursacht haben. Wohlhabende Burgbesitzer – sehr zahlreich waren sie nicht – verhängten die Wände mit Teppichen, das dämpfte den Schall und machte den Raum ein bißchen wohnlicher, und diese Textilien fingen außerdem die spärliche Wärme ein bißchen besser auf. Manchmal wurde auch noch der Fußboden ausgelegt, aber das galt schon als Luxus.

Und Möbel? Kaum vorhanden. Tische wurden nur zu den Mahlzeiten aufgeschlagen: Man legte einfach eine Holzplatte über Böcke. Stühle galten als Ehrensitze und waren entsprechend wenig im Gebrauch. Man saß im allgemeinen auf Bänken, die an den Wänden entlangliefen. Für ein bißchen Bequemlichkeit sorgten die sogenannten Spannbetten, eine Art Sofa: Bänke mit elastischem Sitz, auf denen Kissen und Decken lagen; nachts konnte man auch darauf schlafen.

Bedenklich einfach auch die Ausstattung der eigentlichen Schlafkammern. Zwar kannte man schon vereinzelt prächtige Bettgestelle – Federbetten und seidenbezogene Kissen kamen schon im 10. Jahrhundert vor – aber die Regel war das noch keinesfalls. Meist bestand die Matratze aus einem Strohsack, wenn nicht gar nur aus losem Stroh, mit einer einfachen Felldecke deckte man sich zu. Vielleicht noch ein Schemel, eine Truhe – das war die ganze Einrichtung. Von Behaglichkeit keine Spur. Sauber gemacht wurde auch nicht. Daß sich in diesen Gemächern Ungeziefer aller Art ein Stelldichein gab, dürfte nicht verwundern.

Hygienische Ansprüche plagten seinerzeit auch niemanden sonderlich. Waschtische? Scheinen unbekannt gewesen zu sein. Wie die Klos ausgesehen haben, weiß jeder, der eine Burg besichtigt hat: Eine Art Schwalbennest hoch droben an der Mauer – wer sich zur Unzeit im Wirkungsbereich dieser Freiluftanlagen aufhielt, unten auf der Erde, sah dann in der Tat »beschissen« aus.

Angesichts der dürftigen Wohnverhältnisse war es kein Wunder, wenn die Burg-Menschen nichts sehnlicher herbeiwünschten als den Frühling –, wenn man sich wieder im Freien aufhalten konnte, in Luft, Licht und Sonne, und seiner Lieblingsbeschäftigung nachgehen konnte: fischen, jagen und turnieren.

11. Kapitel

Landpartie nach Lindholm

16 Tage auf dem Campingplatz – Noch bleibt Albrecht in Haft – Friede bis Michaelis 1398 – Alle einig: Kaperfahrt verbieten – Sieben Bürgen für die Mecklenburger – Stockholm von der Hanse besetzt – Wucherpreise für Kochtöpfe – Wieder Vitalienbrüder – Albrecht frei

Selten hat es eine so schwerwiegende Konferenz gegeben, die derart harmonisch und zügig abgewickelt wurde, wie diese hier am Südzipfel Schwedens, dem Eldorado hansischer Heringshändler. Margarete erschien – und es begannen ohne weitere Verzögerungen die abschließenden Verhandlungen. Man hielt sich streng an das, was man seinerzeit in Helsingborg abgemacht hatte, und so kam man auch schnell voran, nur mußte man noch einige Detailfragen regeln.

Das Wichtigste für die Mecklenburger war, daß sie dies erklärten: Es genüge nicht, den König nur auf ein halbes Jahr freizulassen, man halte das für eine zu gering bemessene Zeit, sich mit Margarete einigen zu können. Die Hanse schloß sich dieser Auffassung an und bat ihrerseits, den König bis zu Michaelis in drei Jahren zu beurlauben.

Die dänische Königin scheint sich anfangs gesträubt zu haben, diesem Wunsch nachzukommen, aber die Hanse machte Druck: Gehe die Königin nicht auf den Wunsch ein, so erklärten ihre Vertreter kühl, so könne man nicht das ganze Risiko übernehmen. Wenn der König und sein Sohn innerhalb der halbjährigen Frist stürbe, so würde sich die Hanse aller Verpflichtungen gegenüber Margarete als enthoben ansehen. Andererseits gewähre sie den dreijährigen Urlaub, so sei auch die Hanse bereit – selbst wenn die beiden Beurlaubten sterben sollten – das Lösegeld zu zahlen oder Stockholm zurückzugeben.

Nun war zwar die Wahrscheinlichkeit, daß die beiden Fürsten, Vater und Sohn, innerhalb eines halben Jahres sterben könnten, ziemlich gering, Margarete beugte sich jedoch dieser kaum verhüllten Drohung und entsprach dem Wunsche Mecklenburgs und der Hanse.

Jetzt galt es, noch einige kleinere Detailfragen zu regeln, die die Mitgefangenen des Königs betrafen, die Margarete bereits freigegeben hatte, ohne von ihnen Lösegeld zu fordern. Plötzlich besann sie sich anders und verlangte den Freikauf. Man weigerte sich. Margarete mußte sich damit zufrieden geben, daß man sie an die in Helsingborg getroffenen Abmachungen erinnerte. Man kam überein, daß alle Gefangenen, auch die noch nicht ausgelösten, von beiden Seiten so lange Urlaub haben sollten wie der König selbst und sich dann eventuell mit diesem zusammen wieder zu stellen haben oder mit ihm zusammen als ausgelöst gelten sollen. Für die Mecklenburger war das ein recht günstiger Kompromiß, denn sie hatten in den Jahren ihrerseits reichlich Gefangene gemacht, die sie gegen den König aufrechnen konnten.

Es ist anzunehmen, daß König Albrecht auf Burg Lindholm wenigstens in großen Zügen über die Verhandlungen auf dem laufenden gehalten wurde. Schließlich war es eine Sache von zu großer Tragweite, als daß die mecklenburgischen Unterhändler alles hätten auf die eigene Kappe nehmen wollen. Nach wie vor war Stockholm das Problem, das alles wieder in Frage stellen konnte. Die Stadt, eingeschworen auf Albrecht, hatte bis jetzt aufopferungsvollen Widerstand gegenüber Margarete gezeigt. Aber jetzt? Würde sich die Metropole so ohne weiteres in die veränderte Situation schicken und die Verhandlungsergebnisse akzeptieren? Albrecht wußte, daß ein paar gute Worte von ihm nötig sein würden. Man hatte während der ganzen Jahre über seinen Kopf hinweg verhandelt; er rechnete damit, zumindest am Schluß noch hinzugezogen zu werden.

So war es auch; womit er aber nicht hatte rechnen können: die gesamte erlauchte Gesellschaft begab sich von Skanör hinaus zu ihm aufs Land in sein Freiluftgefängnis. Wie man flüsterte, hatte Margarete sich strikt geweigert, ihn nach Skanör holen zu lassen, weil

sie fürchtete, er würde womöglich noch in letzter Minute von seinen Landsleuten gekidnappt werden – dann wäre der große skandinavische Traum ausgeträumt gewesen, jedenfalls fürs erste.
Lindholm, vom Charakter her eher eine Sommerfrische als ein Kerker, gebot nun leider nicht über genügend Raum, alle Teilnehmer der Landpartie kommod unterzubringen. So blieb den niederen Chargen nichts anderes übrig, als in Zelten auf der Wiese zu kampieren. 16 Tage lang, so vermerkt das Protokoll, wurden die Verhandlungen nahezu ohne Pause fortgesetzt. Dann gelang es endlich »mit Gottes Hilfe«, wie der Bericht sagt, zu einem Abschluß zu kommen.
Es ging alles ein bißchen zeremoniös zu, schließlich lagen ja auch sechs Jahre Kaperkrieg zwischen den Kontrahenten, der jetzt sein Ende finden sollte; da konnte man nicht einfach im Schnellverfahren einen Friedensvertrag durchziehen. Und außerdem: Man liebte die gravitätische Würde, liebte die Selbstdarstellung, erhöhte den Augenblick gern durch Feierlichkeiten, die heute mitunter reichlich aufgesetzt erscheinen mögen. Dem entsprach auch durchaus eine gewisse diplomatische Umständlichkeit; so fertigte man nach Abschluß der Friedensverhandlungen nicht je ein Exemplar der Urkunden für die Konferenzteilnehmer aus, nein, jedes Schriftstück gab es nur einmal, und mit diesem im Gepäck reiste dann ein Kurier von Stadt zu Stadt, damit es gesiegelt werde.
Aber so weit war die Konferenz im Augenblick noch nicht gediehen. Zunächst nämlich wurden die Urkunden, welche den vorläufigen Frieden verbrieften, abgefaßt, vor der Versammlung verlesen und noch am Tage ihrer Ausstellung, dem 17. Juni, gesiegelt und ratifiziert. Die Hauptbeteiligten – König Albrecht, Königin Margarete und Lübeck als Makler erhielten je ein Exemplar. Der Friede sollte sofort in Kraft treten, zunächst aber nur bis zum Ablauf der dreijährigen Frist gelten, mit dem auch der Urlaub zu Ende gehen sollte.

Wenn Albrecht gehofft haben sollte, schon jetzt freizukommen, so hatte er sich geirrt. Margarete weigerte sich, Albrecht und seine Mitgefangenen aus der Haft zu entlassen, nicht ehe die Städte, die die Bürgschaft leisten wollten, die betreffenden Urkunden ratifiziert und gesiegelt hätten. Und die Städte wünschten ihrerseits, Stockholm schon in Besitz genommen zu haben, noch ehe der König in Freiheit gesetzt worden sei. Sicher ist sicher, und man konnte ja nicht wissen. Aber man nahm die Frist für die Erfüllung dieser Bedingungen möglichst kurz, um den Gefangenen nun eine noch längere Frist zu ersparen.

Mit gemessener Würde nickte Lübecks Heinrich Westhof Einverständnis. Ein wenig umständlich ordnete er seinen pelzbesetzten Umhang und erhob sich schwerfällig. Die Runde blickte auf den stattlichen Mann, der, nachdem Ruhe eingetreten war, so begann: »Wir, als Vertreter des gemeinen Kaufmanns zu Lübeck, zu Stralsund ...« Es folgte die unmißverständliche Warnung: Wenn jemand den Frieden, der soeben besiegelt worden sei, nicht halten wolle und die Städte den Frieden unter Anwendung von Gewalt aufrechterhalten müßten, so hätten sie nicht die geringste Lust, deswegen Unannehmlichkeiten innerhalb der Vertragspartner zu bekommen, und sie würden ihre Bürgschaft sofort als erloschen ansehen. Alle Abmachungen sollten dagegen in Kraft bleiben, wenn der König und sein Sohn während der bis zu ihrer Freilassung angesetzten Zeit entkommen könnten oder die noch zu besiegelnden Urkunden auf irgendeine Weise verloren gingen.

Die selbstbewußte Hanse hatte gesprochen; und die, die es anging, hatten kapiert.

Jetzt konnte man sich an die Redaktion des Friedenspapiers machen. Die wichtigsten Punkte: Bis Michaelis 1398 soll Friede gehalten werden. Stellen sich zu diesem Termin der König und sein Sohn wieder in die Gefangenschaft, so kann der Friede mit neunwöchiger Kündigungsfrist aufgesagt werden. Zahlen sie das ver-

einbarte Lösegeld, so beträgt die Kündigungsfrist ein Jahr. Wird Stockholm übergeben, so soll der Friede endgültig sein.
Wenn jemand diesen Frieden bricht, so sollen alle Vertragspartner gemeinsam gegen ihn vorgehen und nicht eher von dieser Verpflichtung entbunden sein, bis der Geschädigte Ersatz bekommen hat. Die Unterstützung der Friedensbrecher wird ebenso wie die Verletzung des Friedens selbst bestraft, und richtet man einen solchen Übeltäter, so soll der Vertrag davon jedenfalls nicht als verletzt gelten. Auf Gotland behalten die Mecklenburger die Stadt Wisby und alles flache Land, das sie bis zum 23. April dieses Jahres – also 1395 – innehatten. Wolle man nach Ablauf des Friedens die Frage nach dem Besitz der Insel wieder aufnehmen, so soll man das ein Jahr vorher anzeigen.
Weder Margaretes noch Albrechts Ansprüche, den schwedischen Thron betreffend, sollen mit diesem Friedensschluß präjudiziert werden; drei Jahre lang aber will man Ruhe halten, es soll alles bleiben wie bisher. Überall soll der Handel sich frei entfalten können, nach dem Recht eines jeden Landes, wie es seit alters her gewesen sei. Keiner dürfe in Schweden oder auf Gotland einem anderen der Vertragsschließenden zu Schaden Befestigungen anlegen. Nur die bereits vorhandenen dürfen wieder instand gesetzt werden. Schließlich sollen Albrecht und sein Sohn Erich, wenn sie freigelassen werden, durch besondere Urkunden den Frieden auch für ihre Personen bestätigen.
Besondere Aufmerksamkeit widmete die Versammlung der Befriedung der See, also der Säuberung der Ostsee von den Seeräubern. Bis zum 25. Juli 1395 soll die Ostsee von allen Kaperschiffen geräumt sein. Wen man nach diesem Tag noch antreffe, den werde man schlicht und einfach als Piraten hinrichten lassen. Rostock, Wismar und Stockholm schließen ihre Häfen für die Freibeuter und lassen auch niemand mehr zum Schaden von Königin Margarete oder der Kaufleute auslaufen.

Wie wichtig man dieses Abkommen nahm, zeigt die Tatsache, daß man den für die Ostsee vereinbarten Frieden durch zwei Sonderbotschafter verkünden lassen wollte, die durch die Lande reisen würden. Es war ein Friedensschluß, wenn auch nur ein vorläufiger, auf drei Jahre begrenzter; aber es ließ sich mit ihm leben. Mit ihm war den Vitalienbrüdern der juristische Boden entzogen worden, auf dem sie – trotz aller Schandtaten – formal ja noch immer gestanden hatten. Bis zum 8. September nun sollten auch alle Urkunden gesiegelt sein; Albrecht durfte guten Mutes in die Zukunft blicken.
Die Städte übernahmen die Verpflichtung, den König zu Michaelis 1398 lebendig nach Koldingborg, Vordingborg, Helsingborg oder Nyborg zu bringen oder aber in einem dieser Schlösser das Lösegeld von 60000 Mark Silber in guter, gangbarer lübischer Münze zu zahlen oder aber Stockholm an Margarete auszuliefern. Zu Trinitatis 1398 – der 2. Juni – sollten die bürgenden Städte bei einem der vier Schlösser die Nachricht hinterlassen, welche der drei Bedingungen sie zu erfüllen gedächten.
So lange die Hanse Stockholm besetzt halten würde, verpflichtete sie sich, Handel und Seefahrt nicht zu stören. Schließlich stießen auch noch Rostock, Wismar und Stockholm zu dem Club der sieben Bürgen und erklärten, daß sie mit den anderen Hansestädten zusammen jene Urkunde besiegeln wollten für den Fall, daß König Albrecht das Lösegeld zahlte, stellten die Bürgen ein schriftliches Versprechen aus, ihm Stockholm ohne jeden Widerstand zu übergeben, erklärten aber zugleich, falls das Schloß ihnen, also der Hanse, durch Verrat entrissen werde, von jeder weiteren Verpflichtung frei sein zu wollen.
Die Reihe war an König Albrecht. Er gab zu Protokoll, daß diese Freilassung unter Bürgschaft der Hanse einzig auf seine eigene und aller Mecklenburger Bitte zustande gekommen sei, und daß er ihnen, den sieben Städten, damit sie keinen Schaden erleiden wür-

den, Stockholm frei von allen Leistungen zum Pfand gebe. Den Befehl an das Stockholmer Schloß, die Hanse als neue Herren anzuerkennen, hatte er schon erlassen und auch versprochen, daß die Städte während der Besetzungszeit und auch danach keinerlei Ansprüche seitens Mecklenburgs ausgesetzt sein sollten. Wenn jemand der Hanse Stockholm zu entreißen versuche, wolle der König selbst mit allen Kräften ihnen bei der Verteidigung helfen – was nicht zuletzt auch wegen der Horden von Vitalienbrüder notwendig schien, die Stockholm und die Ostsee bis hinein in den finnischen Meerbusen unsicher machten.

Margarete: Auch sie sicherte den Hansen ähnliches zu und versprach außerdem, daß Stockholm, sofern es ihr übergeben werde, alle alten Rechte und Freiheiten behalten solle. Die Abordnung von Stockholm selbst versprach keinen Widerstand gegen eine eventuelle Übergabe an Margarete leisten zu wollen, und den Hanseaten gelobten sie Treue. Im Gegenzug gaben die sieben Städte zu Protokoll, daß sie der Stadt ihre Privilegien erhalten wollten und auch im Falle einer Übergabe an Margarete darauf dringen wollten, daß diese Privilegien erhalten bleiben würden.

Damit hatten alle Beteiligten ihre verbindlichen Erklärungen abgegeben, die hansischen Besatzer Stockholms konnten anrücken. Die Vorbereitungen hierzu hatten schon vor längerer Zeit begonnen. Am 25. August lief das preußische Kontingent in Stockholms Hafen ein, vier Tage darauf erschienen auch die Lübecker. Die Übergabezeremonie, zu der Herzog Johann eigens angereist war, wurde ohne Sentimentalitäten am 31. August erledigt. Stadt und Festung wurden, nachdem der Rat Stockholms und die Gemeindevertretungen den hansischen Hauptleuten den Treueeid geleistet hatte, von den Mecklenburgern, wie vereinbart, geräumt.

Die Hanseaten setzten sofort einen Bericht von der Übergabe auf und sandten ihn mit Sonderkurier nach Helsingborg zu den dort versammelten hansischen Unterhändlern, die den König Albrecht nicht früher in Empfang nehmen sollten, bis Stockholm glücklich in ihrer Gewalt war.

Da standen sie nun, 140 Mann hoch, »Wappner« und »Schützen«, dazu ihre Hauptleute, einige Büchsenmeister, Armbrustmeister und eine erkleckliche Anzahl Knechte und sonstige Hilfsmannschaften, die zum Troß gehörten, deren Funktion heute etwas exotisch anmutet: Sie hatten unter anderem die Torwächter zu stellen, die Wasserträger und Handmühlendreher, die das Brotgetreide zu Mehl verarbeiteten.
Zur Einquartierung war nicht etwa die Stadt, sondern die Festung vorgesehen, die sich nach der vierjährigen Belagerung verständlicherweise in einem recht heruntergekommenen Zustand befand. Als die Hauptleute die Anlage übernahmen, konnten sie sich die Bemerkung nicht verkneifen, daß sie allenthalben »Lak unde ungebuwet« sei – es regnete also durch, und das Mauerwerk war schadhaft. Für die ersten notdürftigen Reparaturen wurden aus den Heimatstädten »dicke Planken« angefordert. Man besserte aus, so gut man konnte; es blieb aber Flickwerk solange die hansische Besetzung dauerte. Was im übrigen nicht weiter verwunderlich ist, denn die Hanse hatte durchaus nicht die Absicht, sich hier auf Dauer einzurichten, und für ihre Nachfolger – egal ob Margarete oder Albrecht – auch noch die Kosten einer gründlichen Renovierung zu tragen.
Ohnehin war diese Besetzung schon teuer genug, aber immer noch billiger, als wenn man den Kaperkrieg hätte weiterlaufen lassen. Zwar hatten die Hansestädte nachdrücklich um Kostenbeteiligung gebeten – Margarete hatte ihnen die Einkünfte von ein paar umliegenden Kirchspielen zugesprochen; die aber erwiesen sich durch die langen Kriegsjahre als so ausgepowert, daß die Hansen den Eindruck gewannen, eine vertrocknete Zitrone auszupressen; Albrecht sagte eine hochherzige Spende von 3000 Mark nach Ablauf

seiner drei Urlaubsjahre zu; nun ja, bis dahin konnte noch allerlei passieren – in Vorlage treten mußten sie allemal, was die Besoldung der Besatzung, die Verpflegung, Munitionierung, sonstige Bewaffnung und den Unterhalt betraf. Es begann gleich damit, daß sie dem ehemaligen mecklenburgischen Schloßvogt die große und einzige Kanone abkauften, eine Rarität noch zu jener Zeit, und – Küchengerät. Dafür wurden Wucherpreise verlangt, und man mußte zähneknirschend zahlen. Praktisch war nichts mehr vorhanden, was man hätte gebrauchen können; die Mecklenburger hatten alles mitgenommen. Mühlen fehlten, um das zum Bierbrauen nötige Malz zu mahlen, Trichter, Holzschüsseln, Schaufeln, Gefäße jeder Art und Größe ebenso. Die Ratssekretariate der Hansestädte mögen gestaunt haben, als die Briefe mit der Bitte um entsprechende Lieferungen auf die Schreibpulte flatterten. Insgesamt mußte die Hanse in den drei Jahren der Besetzung rund 36400 Mark lübisch aufwenden, woran sich Dänemark und Mecklenburg zusammen mit immerhin 12000 Mark lübisch beteiligten; die beiden Monarchen hatten wenigstens Wort gehalten.

Die Festung bestand aus dem Haupthaus – auch Hoch- oder Adelsschloß genannt, mit dem alles beherrschenden Turm, unter dem sich die Keller und Verliese befanden – und der sogenannten Vorburg. Die Hauptleute einigten sich, daß im ersten Jahr die preußische Gruppe die Vorburg bewohnte, die wendische – Lübeck, Stralsund, Greifswald – dagegen auf dem Hochschloß hauste; im folgenden Jahr sollte es dann umgekehrt sein. Der, welcher auf der Vorburg wohnte, hatte mehr zu tun, was den Wachdienst und die Kampfbereitschaft anbelangte.

Man schob Gammeldienst, es tat sich ja auch nichts. Und so rissen Diszplinlosigkeiten ein, über die sich der erste Chef der preußischen Besatzer, Hermann von der Halle aus Danzig, nach Hause beklagte und alsbald auch um Ablösung von seinem undankbaren

Posten bat. Streitigkeiten konnten leicht in blutige Auseinandersetzungen ausarten.

Die »Wappner« – ein anderes Wort für »Ritter« – verfügten immerhin über einen kompletten Harnisch mit Zubehör, nämlich Haube, Küraß, Armleder, Vorstal, Beinwappen und Tartsche. Den Schützen gehörte ein Panzer mit Hundskogel – einer Kopf- und Schulterbedeckung – aus Kettengeflecht, ein Eisenhut, Blechhandschuhe und wiederum ein Tartsche. Außerdem besaßen sie je drei Armbrüste, eine große, eine mittlere und eine kleine, mit dem dazugehörigen Bolzen.

Jeder Wappner empfing für den weiten Rock und die Kogel sechs Ellen Delremunder Tuch schwarz und braun, mit der genauen Anweisung, wie sie zu tragen sei: Schwarz wurde rechts, braun links getragen; jeder Schütze erhielt eine Kogel in gleicher Farbe und auch Barchentstoff, den er zu Jacken verarbeiten konnte. Außerdem verlangten die Wappner für ihre Gesellen Wintergewänder. Die Hauptleute ließen deshalb von den Städten graues Tuch schikken, um den Troß einzukleiden, freilich, es war minderwertiger Stoff.

Wie die Stadt Stockholm zuvor, so mußten auch die hansischen Soldaten über See mit Lebensmitteln und sonstigen wichtigen Gütern versorgt werden; die umliegenden Landgemeinden waren selbst längst am Ende, und wie zuvor lauerten weiterhin die Vitalienbrüder massenhaft in den Schären vor Stockholm, stets reichlicher Beute gewiß. Natürlich war man allseits nicht so naiv gewesen anzunehmen, das Raubgesindel würde mit Inkrafttreten des Verbots vom 25. Juli tatsächlich verschwinden. Aber man wollte – besonders auf seiten der Hanse – endlich mit Nachdruck gegen sie vorgehen können, ohne daß sie sich mit rechtlichen Gründen irgendwohin hätten flüchten können.

Man hegte die nicht unbegründete Befürchtung, daß sich die Vitalienbrüder mit Algot Magnusson und anderen schwedischen Großen in Verbindung gesetzt hatten, und man hatte Bedenken, daß sie Stockholm gänzlich von der Zufuhr über die Ostsee abschneiden könnten.

Ob Margarete dabei ihre Hände im Spiel hatte, ist nicht nachzuweisen, es besteht aber die starke Vermutung, weil Algot Magnusson beteiligt gewesen war und er ein enger Vertrauter der Königin gewesen war. Er hatte sich verdächtig gemacht durch eine Forderung gegenüber der Hanse, die eigentlich nur durch Margarete inspiriert sein konnte. Margaretes Statthalter in Schweden, der Marschall Sten Bengtson und sein Bruder Thure stellten nämlich an die Hauptleute in Stockholm das Ansinnen, die 300 Bürger, welche damals 1389 wegen ihrer Parteinahme für die dänische Königin aus der Stadt verbannt worden waren, wieder nach Stockholm zurückkehren zu lassen, da sie ja nun in den Frieden zwischen den Mächten eingeschlossen sei.

Die Hauptleute wiesen das Verlangen zurück, es erschien ihnen völlig unmotiviert und überdies gefährlich. Sie beharrten bei ihrer Weigerung auch dann noch, als die Schweden erklärten, sie würden sich bei Margarete beschweren, daß die Hanseaten den Frieden nicht halten würden.

Dennoch, der glänzende Schlußakt der langjährigen Friedensverhandlungen konnte jetzt endlich beginnen. Margarete hatte wieder in das repräsentative Helsingborg eingeladen, wo inzwischen die Nachricht von der Übergabe Stockholms an die Hanse eingetroffen war.

Allseits großes Gefolge, zur Schau getragene Würde und das Bewußtsein, es doch noch zu einem glücklichen Ende gebracht zu haben. Höhepunkt der Feierlichkeit: Die ratifizierten Urkunden werden ausgetauscht; nicht ohne innere Bewegung ist König Albrecht der Zeremonie gefolgt. Gemessenen Schrittes begeben sich nun er und sein Sohn Erich von der Seite der dänischen Würdenträger hinüber auf die der Mecklenburger – sie sind frei, vorläufig für drei Jahre. Und König Albrecht ... – »König von Schweden« noch länger? Er wird am besten gewußt haben, daß nach diesem Akt hier in Helsingborg die Krone verloren war. Für immer.

12. Kapitel

Freunde geentert und versenkt

Nach Gotland zur Piratenjagd – Feindliche Schiffe bei Kap Hoburg – »Anzünden, diese wurmstichigen Kästen« – Das größte Fiasko – Großmachtpläne – Sven Sture läuft über – Erich von Mecklenburg, König von Gotland – Erich von Pommern, König von Schweden – Verrat in Stockholm

Heutigentags würde man etwa mißweisend 360 Grad, also Nordkurs, steuern, um von der Halbinsel Hela an der pommerschen Küste direkt hinüber zur Südspitze Gotlands zu segeln. Damals, zu Zeiten der Vitalienbrüder, ihrer königlichen und landesherrlichen Schutzpatrone sowie ihrer hansischen Todfeinde, steuerte man bekanntlich mangels Kompaß keine Kurse, sondern nahm Sonne, Wind und Sterne zu Hilfe, um die Richtung zu finden. Bei vorherrschend Nordwest, mit Blick auf den Polarstern, mußte man also mit Backbordbug an den Wind gehen, manchmal reichlich hoch, manchmal durfte man wieder mehr abfallen lassen – und der erfahrene Schiffer konnte sicher sein, die Insel zu erreichen, die Abdrift eingerechnet.

Genauso hatte sich auch jene Kriegsflotte im Juli 1396 auf den Weg gemacht, damit sie Vitalienbrüder in gotländischen Gewässern jage. In der Danziger Bucht hatte man sich versammelt; vor allem Koggen der preußischen Städte waren in See gestochen, nachdem, wie verabredet, auch lübische Einheiten eingetroffen waren. Der Wind stand günstig, die Schiffe liefen alle etwa gleich schnell und wurden von tüchtigen Männern befehligt. An Deck und in den unteren Räumen wurde Musterung gehalten; wo nötig die Waffen instand gesetzt, und der Schiffskoch durfte gelassen an seinem Herd bruzeln, ohne zu befürchten, schnell das Feuer löschen zu müssen, weil ein Kampf bevorstand. Kein Vitalier zeigte sich. Von Horizont zu Horizont nicht ein gefährliches Segel; der Ausguck im Top döste ein bißchen.

Nach ein paar Tagen ermahnte ihn der Schiffer aber zu besonderer Aufmerksamkeit. Seiner Schätzung nach müsse heute nachmittag, vielleicht auch erst gegen abend, die Südspitze Gotlands in Sicht kommen, Kap Hoburg nämlich: »Also gut Obacht geben, besonders wenn es dunkel wird. Auf die Leuchtfeuer dieses Seeräuber-Eilands ist kein Verlaß.« Der Ausguck nickte, als wolle er zustimmen, und als ein erfahrener Matrose, der er war, wußte er nur zu gut, wie gefährlich so etwas für Schiff und Mannschaft werden konnte. Manchmal hatte das elende Pack an der Küste solch Feuer absichtlich gelöscht oder woanders aufgestellt, damit die Orientierung verloren gehe und das Schiff auf die Klippen laufe oder auf einer Sandbank strande; man konnte nie wissen, besonders nicht in diesen Zeiten, wo die lausigen Vitalier über Gotland herrschten, über das platte Land zumindest, wenn auch nicht über Wisby, wie gesagt wurde.

Der Flottenchef ließ an alle Schiffe signalisieren: »Erhöhte Wachsamkeit.« Er hätte dies gar nicht zu tun brauchen, denn jedermann spürte, daß die Insel alsbald in Sicht kommen müsse; dafür hat der Seemann ein besonderes Gespür.

Fast gleichzeitig rief es von mehreren Schiffen: »Land voraus, Land voraus!« Noch war heller, sonniger Nachmittag. Leider nur war die Flotte zu weit nach Osten abgekommen; wahrscheinlich hatte der Wind sie doch stärker versetzt, als man ursprünglich geschätzt hatte. Sie liefen direkt auf die Spitze Barshageudd zu, und bei Hoburg hätten sie eigentlich sein sollen – an sich war das keine große Affäre, nur, sie mußten nun gegen den nordwestlichen Wind ankreuzen, um Kap Hoburg zu umrunden, ein mühsames Unterfangen mit diesen Schiffen.

Oder – der Admiral dachte nach – könnte es nicht doch noch anders gehen? Vielleicht ...

Es ging, und zwar so: man segelte noch eine gute halbe Stunde in alter Richtung weiter, bis man so dicht unter Land war, wie verantwortet werden konnte. Dann eine Wende – schwerfällig drehte der Bug durch den Wind –, und man fuhr auf westlichem Kurs parallel zur Küste Richtung Hoburg. Der Wind fiel jetzt von Steuerbord ein.

Durch das Manöver hatte sich der Verband aber ein wenig auseinander gezogen, und die weiter zurückliegenden Schiffe bemühten sich nach Kräften, wieder aufzuschließen. Das gelang auch bis zu dem Zeitpunkt, als die drei Segler in Front das Kap erreicht hatten und sich anschickten, es zu umrunden.

In diesem Augenblick sahen sie es alle gleichzeitig. Zwei stattliche Koggen kamen angebraust mit achterlichem Wind, direkt auf sie zu. »Vitalier, Vitalier, Vitalier«, schrie alles durcheinander, und der Oberbefehlshaber verfluchte im selben Moment seine Idee von vorhin, daß er den Verband nicht hatte kreuzen lassen. Dann nämlich hätte man die Piraten viel früher gesehen und eine sehr viel günstigere Position einnehmen können, als es jetzt der Fall war.

So aber konnte der Feind von Luv her auf sie zuhalten, und er saß nun mit seinen Schiffen eingeklemmt zwischen Legerwall und den beutegierigen Piraten, die von Backbord schnell herankamen. Eine äußerst fatale Situation, aber leider nicht mehr zu ändern. Dazu war es jetzt zu spät.

Es hätte keines Kommandos bedurft, der Schreckensruf »Vitalier« hatte völlig ausgereicht. Jedermann, der nicht unmittelbar mit den Segel- und Rudermanövern zu tun hatte, war unter Deck gerannt, hatte in fliegender Eile seine Rüstung angelegt, war danach wieder an Deck gestürmt, wo er dem Treffen mit dem Feind entgegenfieberte.

In den Topkastellen kauerten die Armbrustschützen, die Bögen gespannt, die Bolzen eingelegt, den Finger am Abzug. Unten hielt man voller Ingrimm die Enterdraggen in der Faust, die Spieße und Schwerter griffbereit neben sich gelegt.

Elegant, wie auf ein Stichwort, wichen die Vitalienbrüder aber unversehens aus, als wollten sie den Danzigern und Lübischen den Weg freigeben und einen Zusammenstoß vermeiden. »Feiges Gesindel«, knurrte der Flottenchef, »und dumm obendrein.« So war

es, zumindest was den zweiten Teil seiner Bemerkung betraf. Besser hätte ihre Angriffsposition gar nicht sein können; daß sie diese verließen, sprach nicht gerade für viel seemännische Qualität da drüben.
»Herkommen, ihr Lumpen, Geschmeiß räudiges, stellt euch, oder wir holen euch«, brüllte er jetzt hinüber, wobei letztere Drohung überhaupt nicht wahr zu machen war, denn bei der dazu notwendigen Wende wäre vermutlich alle Fahrt aus den Schiffen gekommen; sie hätten die Vitalier nie gekriegt. Dennoch, versucht mußte es werden. Behäbig gehorchten die Schiffe den Segeln und Rudern.
Anscheinend hatten die sich da drüben die Ohren seit längerem nicht gewaschen; freundlich winkend segelte man südwärts, während die preußisch-lübische Flotte ganz allmählich achteraus zurückblieb.
Danzigs Chef, der diesen Umstand natürlich auch kommen sah, und überdies von cholerischem Temperament war, strapazierte noch einmal mit ganzer Kraft seine Stimmbänder, als wolle er den Gegner wenigstens niederbrüllen, wenn er ihn schon nicht niedermachen konnte: »Vitalienbrüder – Pack, elendes ... jeden eigenhändig ersäufen ...«, so scholl es über das Wasser. Und als hätten diese Injurien gewirkt, verlangsamten sie ihre Fahrt und ließen die Hansen herankommen, was unser Schreihals nicht ohne Genugtuung bemerkte. »Was sollen wir sein?« tönte es jetzt ungläubig zurück, »Vitalier?«
»Na was denn sonst. Etwa Pilger nach Jerusalem?«
»Nun hört mal gut zu, Freunde« – inzwischen war man sich so nahe gekommen, daß die Enterdraggen in Aktion traten und wild entschlossene Männer sich daran machen wollten, auf das gegnerische Deck zu springen, worauf der erschreckte Aufschrei: »Seid ihr denn wahnsinnig!« folgte. »Wir sind aus Kalmar und hinter den Vitalienbrüdern her, die vor zwei Tagen aus Wisby abgesegelt sind.«

Albrecht von Mecklenburg, König von Schweden. Holzplastik in der Klosterkirche Doberan (um 1420).

Margarete von Dänemark. Alabastermodell von Johannes Junge (1423). St.-Annen-Museum Lübeck.

Wisby auf Gotland. Ansicht der Stadtmauern der alten Hansestadt.

Vitalienbrüder in einer Darstellung der Kämpfe auf Gotland 1404. Ausschnitt aus einer Wandmalerei in der Kirche von Bunge.

Margarete von Dänemark. Bildnis vom Sarkophag in der Domkirche von Roskilde.

Lübeck. Gesamtansicht der Stadt im 15. Jahrhundert. Holzschnitt von 1493.

Im Bau befindliches großes Seeschiff des 15. Jahrhunderts. Holzschnitt von 1486.

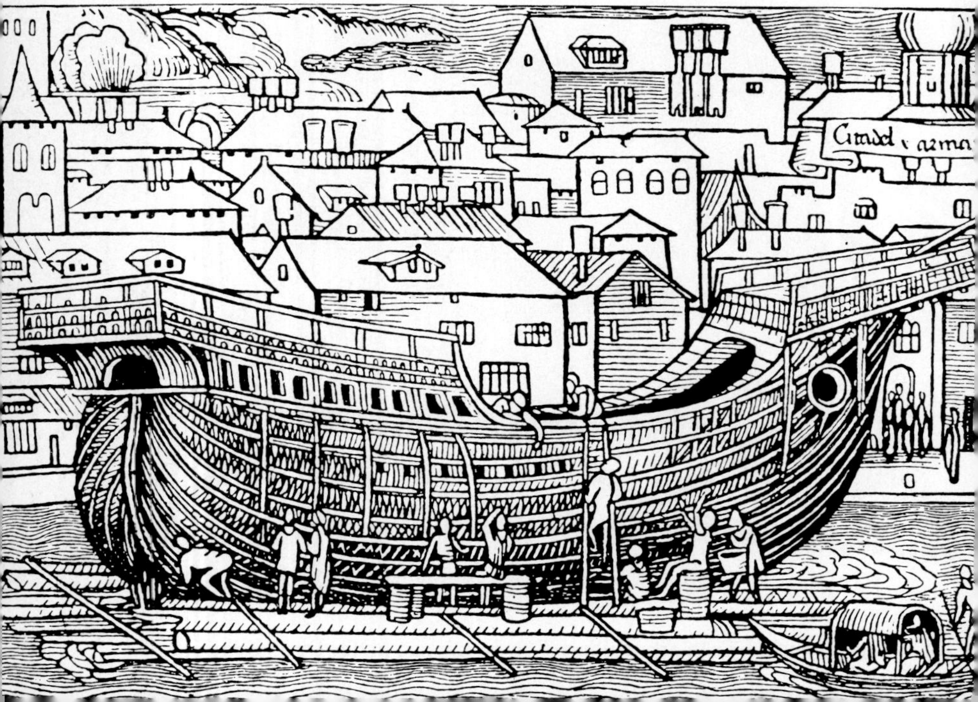

Der preußische Befehlshaber hob seinen rechten Arm. Das bedeutete: Halt, den Kampf noch nicht eröffnen.

»So, aus Kalmar also; soll ja ein schönes Räubernest sein, euer Kalmar, das paßt ja ausgezeichnet ...«

»Nun seid doch friedlich, Mann, ich komme gern rüber zu euch, damit wir klarkommen, wir sind wirklich von da; ihr könnt doch nicht glauben, daß wir ...« – inzwischen dröhnte Waffengeklirr von Achtern, und Kampfgeschrei hatte sich erhoben. Ohne den Befehl abzuwarten, waren einige hansische Söldner übergesprungen und hatten das Treffen eröffnet.

»Wir glauben an den lieben Gott und daran, daß ihr ganz abgefeimte Vitalienbrüder seid, sonst glauben wir an gar nichts.« Und jetzt mit Stentorstimme: »Auf sie, gebt's den Hunden« – mit welchen Worten er sein Schwert aus der Scheide riß und auf seinen Gegner eindrang.

Wie üblich, machte man die Männer zu Gefangenen, von denen man annahm, daß sie ein hohes Lösegeld wert seien; der Rest wurde niedergehauen und was sonst noch lebte über Bord geworfen.

»Was machen wir mit den beiden Schiffen?«

»Anzünden, diese wurmstichigen Kästen können wir nicht gebrauchen, alles Schrott.«

Und den Zuschauern, die sich mittlerweile auf der Steilküste Hoburgs eingefunden hatten, um dem Spektakel da unten auf See andächtig zuzuschauen, mag das vom Nordwest zu heller Flamme entfachte Feuer wie ein grandioses Siegesfanal der Hanse über die verhaßten Seeräuber vorgekommen sein. Bravo, nur weiter so.

Dieser Sieg über die Vitalienbrüder entpuppte sich binnen kurzem als das größte Fiasko, das sich je bei der Jagd auf Piraten ereignet hatte. Denn die Vitalienbrüder waren gar keine, sondern tatsächlich Kalmaraner Bürger, und sie setzten auch, genau wie sie beteuert hatten, einer Vitalienbrüder-Flotte nach, von der sie angenom-

men hatten, daß sie in Richtung baltische Länder segelte. Wie man nach diesem peinlichen Debakel im einzelnen mit den preußischen Befehlshabern verfuhr, ist nicht genau festzustellen; im allgemeinen kostete sie eine derart gigantische Fehlleistung den Kopf.
Mit äußerster Betroffenheit reagierte die Hanse, im besonderen die preußischen Städte, denn die Flotte war auf einen Beschluß der Hansestädte hin zustande gekommen, und die preußischen Städte übernahmen sofort die Verantwortung für diese mißglückte Unternehmung. Sie erklärten sich auch ohne alle Umschweife bereit, alles für die Wiedergutmachung zu tun und wollten Sonderbotschafter nach Kalmar schicken, um die Schadensersatzansprüche entgegenzunehmen. Mehrere Jahre hindurch gehörte die Frage, wie dieser Vorfall nun wenigstens finanziell aus der Welt zu schaffen sei, zu den Dauerbrennern auf Hansetagen.

Daß die Kalmaraner und Hansen in gotländischen Gewässern auf der Suche nach Vitalienbrüdern kreuzten, war nicht bloßer Zufall. Es hatte seinen guten Grund. Sven Sture – für Königin Margarete etwa das, was Francis Drake für Queen Elizabeth I. von England war –, ein Seemann, Pirat und Truppenführer von hohen Graden, hatte Gotland für seine Königin erobert; dies wurde schon erwähnt. Die Insel war auch, mit Ausnahme Wisbys, im Friedensvertrag von Falsterbo 1395 als zum dänischen Reich gehörig erklärt worden. Insoweit war juristisch alles in Ordnung. Und es hätte auch für die Zukunft so bleiben können, wenn – ja wenn das Mecklenburger Herzoghaus das Abkommen mit Margarete als verbindlich angesehen hätte. Leider war das nicht der Fall. Keine Spur mehr von resignativen Anwandlungen bei Herzogs, Vater und Sohn, kein Gedanke daran, daß zumindest die Hanse und der Deutsche Orden sich neuerliche Umtriebe nicht mehr bieten lassen würden – Albrecht reiste von Fürstenhof zu Fürstenhof und erzählte jedem, daß er auch weiterhin um seinen schwedischen

Thron zu kämpfen gewillt sei, wobei er freilich auf nicht allzu viel Interesse stieß, während sein Sohn Erich, präsumtiver Thronerbe und jetzt ungefähr 30 Jahre alt, frisch verheiratet und zu großen Taten aufgelegt, Nordeuropas Landkarte neu absteckte. Es war ein Plan, so recht geeignet, Margarete, der alten Widersacherin, das Fürchten zu lehren. Was auch zutraf; nur, wie eigentlich immer, zeigte sich die Königin dank überragender Intelligenz und Tatkraft der Situation gewachsen, als es schließlich soweit war.

Dies hatten die Mecklenburger ausgeheckt: Wir werden ein neues, schöneres, größeres Reich schaffen, darin die Abkömmlinge der Herzogsfamilie als Könige herrschen werden. Abgesehen von den Stammlanden auf deutschem Boden, soll Gotland der Kristallisationskern dieses Reiches werden, dann große Teile Livlands, wo sich zur Zeit die Vitalienbrüder in den Bistümern Dorpat und Riga festzusetzen begannen, und fast ganz Finnland, wo Bo Jonssons Sohn Knut und der ehemalige Vogt Jakob Abrahamsson Djekn noch riesige Gebiete für die mecklenburgische Sache bereit hielten und Heerscharen von Seeräubern Unterschlupf gewährten. Und was mit Schweden werden könnte – zunächst mußte die Hauptstadt Stockholm wieder unter mecklenburgische Fahne; außerdem gibt es in dem Land noch einige Albrecht-Sympathisanten und genügend Margarete-Gegner.

Erich begann, den ersten Teil dieses hochfliegenden Vorhabens in die Tat umzusetzen. Er mußte sich dabei ein bißchen beeilen, weil Margarete ihrerseits allen mecklenburgischen Aktivitäten in Schweden endgültig einen juristischen Riegel vorzuschieben gedachte. Sie selbst war ja bekanntlich schon Herrscherin über das Land, was aber würde nach ihrem Tode sein? Die Nachfolgefrage stellte sich um so gebieterischer, als ihr eigener kleiner Sohn Olav 1386 gestorben war. Sie hatte schon 1388 ihren Großneffen Bogislaw von Pommern ausgeguckt, ihn adoptiert und ihn als gezielten Affront gegen den Albrecht-Erben Erich und seinen Vater, gleich-

falls in »Erich« umgetauft – und außerdem, nicht wahr, ein schwedischer König kann unmöglich »Bogislaw« heißen.
Auch Margarete mußte nun Druck hinter ihre Erbfolge-Angelegenheit bringen, bevor Mecklenburgs Erich irgendwelche vollendeten Tatsachen schaffen konnte. Im Januar 1396 hatte sie ihren Erich in Dänemark als Thronfolger durchgesetzt, für Schweden liefen noch die Verhandlungen – als im Frühjahr desselben Jahres Erich von Mecklenburg eine Offensive gegen Gotland startete. Für's erste durfte Margarete beruhigt sein: Ihr tüchtiger Sven Sture focht wacker gegen den Eindringling, verlor dann aber langsam doch an Boden, so daß Margarete beschloß, ihm mit 400 ritterlichen Kämpfern zu Hilfe zu kommen.
Die wahren Verhältnisse auf der strategisch bedeutsamen Insel in der Ostsee sind für uns leider etwas undurchsichtig; fest steht jedoch, daß Sture durchaus nicht so loyal zu seiner Königin stand, wie es bis zu jenem Tag der Offensive schien. Er hegte wohl gewisse Gelüste, sich mitsam Gotland selbständig zu machen, vielleicht ein Königreich von eigenen Gnaden zu etablieren, wie auch immer, als er dem Mecklenburger Erich militärisch nicht länger mehr standhalten konnte, lief er kurzerhand zu ihm über. Ein kluger Gedanke dies, sich höherer Zwecke halber mit dem Gegner zu vereinen, anstatt sich zu zerfleischen. Mecklenburg konnte jeden guten Mann gebrauchen, und Dänemark war einen losgeworden.
Erich proklamierte sich nun zum König von Gotland, und seine Truppen huldigten ihm, dem »coning Erik, een sone koningh albertes van Sweden uppe Godlande«, wie der schon mehrfach zitierte Chronist Detmar schreibt. Damit war Teil eins des Mecklenburger Plans verwirklicht worden.
Es lag offen zu Tage: Nach dem Vertrag von Falsterbo vom Vorjahr und seinen Zusatzabkommen war Erichs Feldzug, zu dem er kräftig die Vitalienbrüder angeworben hatte, ein glatter Bruch des

vereinbarten Friedens. Gegenüber der Hanse, die ja Stockholm als Pfand in Besitz genommen hatte, rechtfertigte er sich damit, daß er ausgezogen sei, den Sven Sture zu bekämpfen, einen üblen Burschen, der ganz Gotland zur Heimstatt der Seeräuber gemacht habe, was, wie der gemeine Kaufmann selber leider nur zu gut wisse, zu außergewöhnlich häufigen Beraubungen von friedlichen Handelsschiffen geführt habe.

Die Hanse war perplex, mit soviel Chuzpe hatte sie nicht gerechnet. Es war zwar richtig: auf Sven Stures Insel gingen die Piraten ein und aus und unternahmen von hier aus viele ihrer Raubzüge. Aber Erich, was tat denn der? Exakt das gleiche. Frieden und sicheren Aufenthalt verkündete er dem Raubgesindel – was wunder, daß sich Gotland regen Zuzugs erfreute. Berichtet ein Gerd Witte: »dat de iunge koning leget to Gotlande unde vorgadert (alle gesellen, de) to eme komen wollen, gut unde arch, und vele schepe darto, unde he hevet den seeltorn (Segelturm der Stadtmauer Wisbys) gemannet boven der haven under 2 torne to lande wart, unde he en lovet den borgeren nicht unde waner hy myt dem hupen uttuet, dat he io dan der stat wisby«.

Zwei Türme der Stadtmauer, wie sich hiernach ergibt, hat Erich den Wisbyer Bürgern abgenommen, eine aus seiner Sicht sicherlich notwendige Maßnahme, denn auf diese Städter war kein Verlaß. Umgekehrt sahen die Bürger der noch immer bedeutenden Handelsmetropole von Erich, seinem Anhang und Sven Sture lieber die Hacken als die Zehen – es war ein Verhältnis gegenseitigen Mißtrauens. Es soll sogar Pläne Erichs gegeben haben, alle Einwohner hinauszuwerfen, damit man ungestört aus der Stadt ein einziges befestigtes Heerlager für die Vitalienbrüder machen könne. Aber daraus wurde nichts. Hingegen forcierte der Monarch den Bau anderer Befestigungsanlagen – was nach den Verträgen gar nicht erlaubt war – so die Feste Landskrona auf Varvsholm bei Klintehamn, von der noch beachtliche Reste vorhanden sind.

Erich war also dabei, Gotland zu einem idealen Stützpunkt für den Kaperkrieg auszubauen.
Dann begann er Teil zwei der mecklenburgischen Großmachtpläne vorzubereiten. Sven Sture übernahm dessen Ausführung, nämlich die Rückeroberung Stockholms für Mecklenburg unter Bruch aller Friedensverträge – aber davon sprach sowieso schon keiner mehr. Wobei ein Punkt allmählich deutlich wurde: Margarete wollte auf keinen Fall wieder in einen Gegensatz zu der Hanse geraten, wenngleich man einen Augenblick daran zweifeln konnte, als sie fast schon erpresserisch auf die Anwesenheit des hansischen Befehlshabers Stockholms, Hermann von der Halle, bei den Einsetzungsfeierlichkeiten ihres Thron-Nachfolgers drang. Die schwedischen Stände hatten Erich von Pommern im Juni als König anerkannt und jetzt, einen Monat später, sollte das feierliche Zeremoniell dazu über die Bühne gehen, auf der alten Weihestätte des schwedischen Wahlkönigtums nämlich, bei den Steinen von Mora in Uppland.
Wie von der Halle nach Hause berichtete, hat Margarete nichts unversucht gelassen, ihn zu diesem Staatsakt als Zeuge nach Uppsala zu ziehen – vergeblich, denn er durchschaute Margaretes Absicht. Ihre Aktion richtete sich keineswegs gegen die Hanse, sondern einzig gegen Mecklenburgs Albrecht und Erich und deren vermeintlichen oder echten Anspruch auf die schwedische Krone. Wäre Hermann von der Halle erschienen, so hätte es zumindest so ausgesehen, als huldigte auch Stockholm dem gekürten Nachfolger. Das aber mußte unbedingt vermieden werden. Die Hanse, dies nebenbei, machte später keine Einwände gegen Margaretes Adoptivsohn Erich geltend.
Der andere Erich indessen, der aus Mecklenburg, natürlich über das informiert, was droben im schwedischen Mutterland in Sachen Thronfolge gespielt wurde, beziehungsweise noch gespielt werden sollte, begann zusammen mit Sven Sture das Unternehmen Stock-

holm ins Werk zu setzen. Man wußte, die hansischen Besatzer waren ein harter Brocken, so ohne weiteres konnte man die nicht besiegen, weil sie zu gut geschützt auf Stockholms Festung hausten. Und wer weiß, in wessen Wind das Fähnchen der Bürgerschaft flattern mochte – man mußte die Stockholm-Eroberung gut absichern, sollte sie Erfolg haben, und probierte nun, ob sich nicht mittels Verrat etwas machen ließe. Und siehe da, es ließ sich.

Von Gotland aus knüpfte Erich konspirative Verbindungen zu den deutschen Einwohnern der Hauptstadt, von denen er annehmen durfte, sie seien ihm bzw. der mecklenburgischen Sache wohlgesonnen.

Ob man sich vorstellen könne, die Burgbesatzung zu überrumpeln, wenn eine große Invasionsflotte aus Gotland vor Stockholm erscheine? Dann habe man nämlich den Rücken frei.

Gewiß, wenn man genügend Leute zusammen bekomme, sie gut bewaffne ... Auf alle Fälle habe man das Überraschungsmoment auf seiner Seite. Denn von den Stockholmern selber, welche sie ja seien, würden sich die hansischen Soldaten auf der Burg sicherlich keiner Arglist versehen.

Und mit den Örtlichkeiten sei man ja wohl auch bestens vertraut?

Selbstredend. Möglichkeiten für einen überraschenden Überfall gebe es schon. Unter Ausnutzung des Geländes ... Das Burginnere sei schließlich auch bekannt ... Doch, es lasse sich machen.

Na, fein. Also, wenn die Flotte erscheint, geht's los, in Ordnung?

Alles klar.

Gut. Und was die Honorierung dieser vaterländischen Tat anbelange, Mecklenburg habe sich noch nie lumpen lassen.

Zur Probe aufs Exempel indessen kam es nicht mehr, der Verrat wurde den hansischen Befehlshabern hinterbracht. In aller Ruhe konnten sie nun den Empfang der Invasionsstreitmacht vorberei-

ten, die, wie sollte es anders sein, aus Vitalienbrüdern bestand.
Daß es dann aber eine respekteinflößende Armada von 42 Schiffen mit zusammen rund 1200 Bewaffneten sein würde, die am 20. Juli 1397 in die Schären vor Stockholm einlief, damit hatte denn doch niemand gerechnet. Dem Festungskommandanten Albert Russe wurde reichlich mulmig zumute. Sofort ersuchte er per Blitzkurier seine Oberen in den Hansestädten dringlichst um Entsatz. Stockholm stehe jeden Augenblick in Gefahr, von den Vitalienbrüdern eingeschlossen und belagert zu werden.
Vorerst aber verlegte man sich beiderseits auf Verhandlungen, woran auch Sven Sture, der ja das Unternehmen leitete, sehr interessiert war. Die Burg hatte nicht überrumpelt werden können.
Albert Russe wich keinen Zentimeter von der Rechtsposition, dem Friedensvertrag von Falsterbo, der den Hansestädten die Pfandschaft der schwedischen Hauptstadt eingetragen hatte. Mecklenburg habe hier nichts zu suchen; Albrecht solle gefälligst zusehen, daß er seine 60000 Mark Lösegeld zusammenbringe, andernfalls gehe Stockholm in die Hände Margaretes über, aber das sei ja wohl bekannt, nicht wahr. Und was diese Rotznase Erich betreffe, der habe sich nun wohl endgültig als das decouvriert, was er eigentlich schon immer gewesen sei, ein Strauchdieb nämlich, ein Piraten-König, der sein Land noch um den letzten Kredit bringen werde.
Das war, wenn es so gewesen ist, keineswegs aus der Position eines Stärkeren gesprochen, aber was hätte der hansische Hauptmann anderes tun können in seiner ungemütlichen Lage? Und Eindruck machte es auch. Er trumpfte auf und ließ sich seine tatsächliche Schwäche nicht anmerken. Eine kriegerische Eroberung der Festung war ausgeschlossen, dazu lag sie zu gut geschützt und ausgerüstet auf den Klippen. Schließlich zog Sven

Sture unverrichteter Dinge ab, kreuzte aber demonstrativ in den Schären.

Da erreichte Stockholm und Sven Sture diese Nachricht: Erich ist gestorben. Dahingerafft von einer ansteckenden Krankheit. Auf der Stelle ließ Sture Segel Richtung Gotland setzen. So schnell wie möglich mußte er zurückfahren, um allen Nachfolgekämpfen auf der Insel zuvorzukommen, denn das Kräftegleichgewicht war äußerst labil. Die hansischen Hauptleute atmeten auf, der Kelch war an ihnen vorübergegangen.

13. Kapitel

Kreuzzug gegen die Vitalienbrüder

Albrecht schickt seinen Neffen – Ungemütliche Zeiten – Geheime Invasionspläne – Reservat für Heiden – Mystische Dorothea – Perfekte Überraschung: Landung in Västergarn – Kanonen eingeschneit – Vitalienbrüder kapitulieren – Räumung bis zum Sonnenuntergang

Wenn man einem in eigener Sache wahrscheinlich geschönten Bericht aus der Kanzlei des Ordenshochmeisters glauben will, so hat die junge Witwe Erich von Mecklenburgs, Sophia, Tochter des pommerschen Herzogs Bogislaw VI., Sven Sture gebeten, die Leitung der Geschäfte auf Gotland zu übernehmen. Sture sicherte den Vitalienbrüdern sofort den Schutz der Burgen Varvsholm-Landskrona und Slite zu, wenn sie die Hälfte ihrer Beute ihm und Erichs Witwe übergeben würden. Keine Frage, daß man diese hochherzige Offerte mit Freuden annahm; Gotland mag damals für die Vitalienbrüder das gewesen sein, was dann im 17. Jahrhundert Tortuga oder New Providence für die westindischen Freibeuter waren. Hier wie dort wurden sie aber allmählich von der staatlichen Ordnung in die Knie gezwungen.

Bis es schließlich mit Gotland soweit ist, wird noch ein gutes halbes Jahr vergehen, und als unwiderstehliche Macht wird dabei der Deutsche Orden auftreten.

Die pommerschen Herzöge begannen nun beim Seeraub mitzumischen. Piraten, die – durch welche Umstände auch immer – aus ihren bisherigen Häfen vertrieben worden waren, sahen sich unversehens umschmeichelt; Rügen, Barth und manch anderer Ort stand ihnen nun als Zuflucht und Umschlagsplatz zur Verfügung. Es hatte auch den Anschein, als streckten die Pommern ihre Hände nach Gotland aus, wo ihre Sophia residierte; sie standen in dem dringenden Verdacht, undurchsichtige Geschäfte mit Dänemarks Krone zu tätigen; so ganz geklärt wurden diese Machenschaften nie, und welche Rolle dabei die Vitalienbrüder gespielt haben, blieb im Dunkel. Nur wunderte man sich wenige Jahre später ein bißchen darüber, daß das Roskilder Domkapitel im Namen des

Unionskönigs Erich, Margaretes Adoptivsohn, an die pommerschen Herzöge Barnim und Wartislaw jährlich 500 Mark sundisch zahlte. Und Wulf Wulflam, Stralsunder Patrizier und offizieller Berater der Herzöge von 1398 bis 1400, wurde für seine zwielichtigen Zwischenträgerdienste reichlich mit einem Landgut auf Rügen belohnt.

Mecklenburgs Albrecht, nach wie vor mit seinem wertlosen schwedischen Königstitel an Nordeuropas Höfen unterwegs, muß von diesen Vorgängen spätestens bis Dezember 1397 erfahren haben, und er war natürlich alarmiert. Für ihn stellte sich die Frage: Wie dokumentiere ich meinen legitimen Anspruch auf die Insel Gotland?

Die einzige Möglichkeit, die ihm noch geblieben war, eröffnete sein Neffe Johann, der Sohn seines 1385 verstorbenen Bruders Magnus. Albrecht setzte nun alles daran, ihn nach Gotland zu bringen, um den legitimistischen Anspruch der Mecklenburger aufrecht zu erhalten. Er selbst meinte, sich nicht von den Fürstenhöfen entfernen zu können, weil er sich viel für seine Sache von der Neubesetzung des deutschen Königsthrons versprach. Die Absetzung des bisherigen Königs Wenzel stand unmittelbar bevor.

Johann reiste also los. Auf Gotland konnte man ihn nicht ohne weiteres abwimmeln, obwohl man das gern getan hätte. Viele der mecklenburgischen Vitalienbrüder aber glaubten, in ihm einen einheimischen Fürstensohn zu sehen, der ihr Piratendasein wieder rechtlich vergolden könne. Johann – das sollte nach alter Freibeuterart ein neues Aushängeschild für ihre Plünderungszüge werden, und ihr Persilschein gegenüber den anderen nordeuropäischen Mächten.

Mit einer nur geringen Anzahl von Getreuen ging Johann in Wisby an Land und nahm mit den Vertretern der Bürgerschaft der Stadt Kontakt auf. Wisby trachtete ohnehin danach, so schnell wie möglich die sich auswachsenden Bedrückungen durch die Vitalienbrüder unter Sven Sture loszuwerden. All sein Bemühen aber, an der starken Macht des Vitalienbrüder-Häuptlings zu rütteln, war von vornherein zum Scheitern veruteilt. Sture, im Verein mit Sophia, hatte nun einmal die Macht und dachte gar nicht daran, sie mit jemandem zu teilen, geschweige sich ihrer zu begeben. Überhaupt scheinen die Zeiten auf Gotland jetzt etwas ungemütlich geworden zu sein, denn Sture hatte begonnen, von der Bevölkerung Tribut zu fordern und terrorisierte sie, falls man sich seinem Willen widersetzte.

Daß man sich besonders auch in hansischen Kaufmannskreisen bitter, zornig, anklagend, grimmig, lautstark über das Piratenunwesen beklagte, welches unter Sven Sture von Gotland aus zu neuen Höchstleistungen angespornt wurde, liegt in der Natur der Sache. Und man machte, nicht ohne Grund, wieder Mecklenburg dafür haftbar. Kategorisch verlangte man von Albrecht, daß er endlich dagegen einschreiten müsse, so könne es unmöglich weitergehen. Aber dem Albrecht war längst die Leitung der Geschicke entglitten, eine schlappe Figur war er geworden, und er bekannte ebenso freimütig wie hilflos, die Räuber nicht mehr steuern zu können, es seien ihrer zu viele geworden. Dieser Offenbarungseid mag der letzte Anstoß für den Deutschen Orden gewesen sein, mit dem Vitalienbrüder-Unwesen aufzuräumen, ein für allemal.

Freilich mußte der damalige Hochmeister, Konrad von Jungingen, mit großer Behutsamkeit vorgehen, wollte er nicht unnötig politisches Porzellan zerschlagen.

Es ging dabei um ganz hohe Politik. Polen und Litauen begannen sich allmählich zu einer handgreiflichen Gefahr für den Ordensstaat auszuwachsen, die dann ja schon 12 Jahre später nach der Schlacht von Tannenberg 1410 tatsächlich zu einer existenzbedrohenden Situation führen sollte. Der Bestand des Ordensstaates stand damals auf der Kippe.

Jetzt aber, 1397, hatte der Hochmeister diplomatische Schritte in Richtung des königlichen Hofes getan. An Sigismund, den Bruder König Wenzels, hatte er sich wegen der polnisch-litauischen Sache gewandt. Sigismund galt als Kandidat für eine der nächsten Königswahlen; ob die deutschen Reichsfürsten ihn tatsächlich wählen würden, stand auf einem anderen Blatt. Seine bisherige Laufbahn ließ eher das Gegenteil befürchten. Von einem Ordensbruder, unterwegs in diplomatischer Mission, erhielt nun Konrad von Jungingen den Wink, mit Rücksicht auf Sigismund lieber nichts in Richtung Gotland zu unternehmen: »Erwirdiger liber gnediger her meister«, so schrieb er, »duchte euwer wirdige weisheit gerathen syn, das man is mit Swen Sturen ... noch besteen lisse, sint euwern gnaden von gotes wegen so vil volkis volget, noch deme daz her Heynrich saget von des konigis von Ungarn wegen. Daß man is mit Swen Sturen noch besteen lisse ...«, also, der Hochmeister solle im Augenblick jedenfalls noch nichts gegen den Piratenkönig von Gotland unternehmen. Und wie der Brief weiter besagt, rechnete man fest mit einem starken Zuzug freiwilliger Soldaten, die als hochwillkommene Ergänzung des Ordensheeres angesehen werden dürften.
Leider konnte sich Sigismund zu diesem Zeitpunkt nicht dazu durchringen, dem Orden beizustehen und ihm bei einem möglichen Angriff auf Gotland den Rücken zu decken. Sigismund selbst hatte seinen Kredit durch reichlich abenteuerliche Unternehmungen verspielt, so daß die Gefahr für ihn bestand, von den deutschen Fürsten nicht gewählt zu werden. Eine weitere mögliche Pleite, mitverursacht durch ihn – das hätte vermutlich sein politisches Ende bedeutet. Sigismund hatte aber mit dem Orden ganz andere Dinge vor. Die Türken hatten an der Südostecke Europas mobil gemacht und waren im schnellen Vormarsch begriffen. Er dachte daran – eigentlich eine ganz kluge Idee – den Orden in Serbien anzusiedeln, was seiner Meinung nach schon 1391 hätte ge-

schehen sollen. Dazu war es aber nicht gekommen, wenngleich Sigismund diese Pläne weiterhin in seinem Herzen bewegte. Auf jeden Fall aber wären diese Absichten durch eine Intervention des Deutschen Ordens in Skandinavien gestört worden. Aber auch der Orden selber fürchtete, mit einer militärischen Aktion gegen den Inselstaat die Meinung im Reich gegen sich aufzubringen, die eine solche Aktion leicht als gierige Territorialpolitik hätten auslegen können.

Gleichviel, Konrad von Jungingen war nicht gewillt, die schandbaren Zustände auf der Ostsee noch länger hinzunehmen. Er konnte auch ins Kalkül ziehen, den Krieg gegen die Vitalienbrüder als einen Kreuzzug gegen Heiden zu deklarieren und so noch auf einige Hilfstruppen zu hoffen, worauf in obigem Brief angespielt wurde. Schon Ende 1397 hatte der Papst die Vitalienbrüder gebannt und sie zu Feinden der christlichen Kirche erklärt. Er hatte einen Ablaß für alle ausgeschrieben, die gegen das Raubzeug kämpfen wollten.

Jetzt, wo es sich bei der Intervention auf Gotland um die Vorbereitung der ersten großen Übersee-Unternehmung in der Geschichte des Deutschen Ordens handelte, konnte Hochmeister Konrad von Jungingen nicht auf die Mitwirkung der preußischen Städte verzichten. Man hatte deshalb einen Städtetag nach Marienburg einzurufen, bei dem sich auffallend viele gute Skandinavienkenner aus den preußischen Städten einfanden. So etwa der Elbinger Bürgermeister Hinrich Damerow, der fast alle Verhandlungen um die Freilassung Albrechts mitgemacht hatte und der 1395 auf dem Weg zu der Versammlung in Alholm durch die pommerschen Herzöge festgenommen worden war. Gute praktische Erfahrungen in der Bekämpfung der Seeräuber besaß auch der Schiffer und Danziger Ratsherr Arnold Hecht, der zusammen mit Arnd von Herford und Konrad Letzkow die geplante Expedition nach Gotland als Flottenführer leiten sollte.

Den Auftritt des gotländischen Abgesandten bei diesem Städtetag schildert die schwedische Historikerin Brigitta Eimer: »Auf dem Marienburger Städtetag war Kort Görtze, ein schwedischer Ritter niederdeutscher Abstammung, mit einem Brief Herzog Johanns als Gesandter von Gotland erschienen, um die Hilfe des Hochmeisters zu erbitten. Die Einleitung seiner Botschaft mußte natürlich eine Entschuldigung wegen des Seeraubs sein. Johann ließ erklären, ›das im das leit ez‹, er sei nach Gotland mit den besten Absichten gezogen, der Freibeuterei dort ein Ende zu bereiten und habe allen seinen Hauptleuten einen Eid abverlangt, Übergriffen nach Möglichkeit zu wehren, sich damit aber nicht durchsetzen können. Weiterhin versprach Johann seinen guten Willen zur Abstellung der Schäden und bat um entsprechende Vorschläge. Die vor seiner Ankunft auf Gotland dem Seehandel zugefügten Verluste müsse man König Albrecht verzeihen und auf direkte Verhandlungen mit diesem selbst hoffen.

Nach diesen völlig unrealistischen Wünschen und Zumutungen folgten zwei interessante Abschnitte über die politische Lage in Schweden, über den großen Unwillen und Verdruß, den Margarete dadurch hervorgerufen habe, daß sie ›in das riche czu Sweden bynnen den frydelichen tagben eynen koningh gesatzt‹. Johann spielte also auf die Artikel von Lindholmen an. Aber durch frühere Fehden und die Anlage von Befestigungen auf Gotland hatten beide Parteien bereits vor Jahren gegen die Verträge von Lindholmen verstoßen. Wegen seines großen Unmuts über die Krönung des neuen Eriks in Kalmar habe sich Herzog Johann ›bewarf kegen den neuen koning von (Sweden), der sich nennet koning Erich, und hat im untsaget. Und darumme hat hertzoge Johan dy vitalienbruder czu im geladen, das sy im sullen helffen synen kriich durchdringen, czu lande, und nicht czu wasser, in dem riche czu Sweden, und dy zee helffen czu freden. Dorumme hat her sy ge-

legt‹. Zum Schluß folgt noch die Bitte um Proviantlieferungen nach Wisby und andere seiner gotländischen Burgen, um – wie er ausdrücklich sagt – den Krieg schneller beendigen zu können.
Die Vitalienbrüder als Garanten des Friedens – und das allen in artigen Worten vorgetragen von jemandem, der selber ein übel beleumdeter Pirat war: Konrad von Jungingen glaubte, nicht richtig gehört zu haben.
Seine Antwort nach den Beratungen mit seinen Gebietigern war eindeutig. Eine kompromißlose, klare Absage an die Seeräuber und alle jene, die den Seeraub und diese Friedebrecher beherbergen – womit in erster Linie Johann gemeint sein mußte. Weiterhin berief sich der Orden auf die Verhandlungen damals in Lindholm und auf die vertraglichen Vereinbarungen mit den anderen Hansestädten, ohne die man überhaupt nichts machen könne. Für den Hauptpunkt in Johanns Botschaft, seine Mitteilung, daß er mit verstärkten Kräften und möglichst viel Unterstützung des Ordens einen Kriegszug gegen das schwedische Festland und den neugewählten Unionskönig Erich unternehmen wolle, dafür hatten Konrad von Jungingen und seine Getreuen nur ein eiskaltes Nein übrig. Der Deutsche Orden war nicht mehr gewillt, die Option für ein Eingreifen auf Gotland aus der Hand zu geben.
Auf irgendeine Weise hatte Königin Margarete Wind von der geplanten Aktion Gotland des Deutschen Ordens bekommen. Sie mußte nunmehr befürchten, daß ihre Ansprüche auf die Insel durch diese militärische Maßnahme – wenn sie denn zuträfe – schwer gefährdet würden. Also bot sie sofort ihre Hilfe bei der mutmaßlichen Besetzung Gotlands an. In einem Antwortschreiben weicht der Deutsche Orden aber in allgemeine Redensarten aus und versucht, die Königin zu beschwichtigen. Er verschleiert seine Absicht durch die Beteuerung, wie sehr er auf den guten Rat Margaretes Wert lege – was natürlich keineswegs der Fall war. Konrad von Jungingen hatte sich im Einvernehmen mit seinen

preußischen Städten fest vorgenommen, die dänische Königin ebenso wie ihre Freunde aus den wendischen Hansestädten außerhalb aller Vorbereitungen zu halten. Außerdem, was hätte ihr Beitrag schon viel genutzt? Er wäre ein sehr kleiner gewesen und hätte außerdem aus höchst zweifelhaften Leuten bestanden. Darüber hinaus galt es noch zu berücksichtigen, daß sich Albrecht von Mecklenburg mit Fug und Recht darüber hätte beklagen können, daß der Deutsche Orden im Verein mit der Königin offen gegen ihn Krieg führe, anstatt sich auf die lokale Bereinigung Gotlands zu beschränken.

Nach diesem Antwortschreiben war völlig klar: Der Deutsche Orden war nicht gewillt, mit Leuten zusammenzugehen, deren Stellung im Hinblick auf die Vitalienbrüder irgendwie zweifelhaft war. Und in voller Erkenntnis der Tatsache, daß die Vitalienbrüder nicht ohne adlige Beschützer an der Küste operieren konnten, ging Konrad von Jungingen jetzt auch energisch gegen die pommerschen Herzöge Barnim und Wartislaw vor. Ihnen machte er im Februar 1398 schwere Vorwürfe, weil sie die Seeräuber in der Peene hatten überwintern lassen.

Johann auf Gotland hatte das durchaus richtige Gefühl, etwas für die Wiederherstellung des arg lädierten mecklenburgischen Rufs bei der Bevölkerung Wisbys tun zu sollen. Schon sein verstorbener Vetter Erich, aber auch er selbst hatten von der Stadt ohne jede Rechtsgrundlage Steuern erhoben und Kontributionen eingezogen. Jetzt erklärte er plötzlich, alles zurückzahlen zu wollen. Und das geschah in der damals üblichen Weise, nämlich durch Verpfändung landesherrlicher Liegenschaften an die Stadt, in diesem Falle waren es acht Pfarreien.

Eine nicht geringe Schwierigkeit hatte der Deutsche Orden zu überwinden, wollte er mit bleibendem Erfolg Gotland von den Vitalienbrüdern säubern. Angetreten waren die Ordensritter im Jahre des Herrn 1231 zur Bekämpfung der Heiden im Osten und zu deren Missionierung, das war auch der Zweck des Staates gewesen, den man im eroberten Preußenland gegründet hatte. Und die Methode, den Heiden das Christentum vornehmlich mit Hilfe des Schwerts beizubringen, hatte gründliche Erfolge gezeitigt, so gründliche, daß sich der Papst in Rom und die deutschen Fürsten fragten, was der Ordensstaat eigentlich fürderhin machen wolle, denn seine Aufgabe habe er ja schließlich mit Bravour gelöst. Aber die Ordensritter konnten dann immer darauf verweisen, daß doch noch nicht alles ringsum christanisiert sei, hier und da rege sich noch der alte Unglaube, und dagegen müsse man schließlich etwas tun. Dann blickten die Skeptiker so einem wackeren Ordensmann tief in die Augen und sagten gar nichts; aber sie dachten sich ihr Teil: Daß es wohl möglich sein konnte, der Orden hege absichtlich ein Reservat mit Heiden, um seine weitere Existenzberechtigung nachweisen zu können; oder aber, wenn er seine eigentliche Aufgabe verloren habe, kämpfe er nun eben gegen christliche Mächte.

Speziell dieser letzte Punkt schien dem Hochmeister Konrad von Jungingen Kopfschmerzen zu bereiten. Ließ er auf Gotland marschieren, so hatte er das Territorium eines christlichen Reichsfürsten verletzt, auch wenn es sich außerhalb der Reichsgrenzen befand und der Rechtanspruch Albrechts sehr zweifelhaft geworden war. Dies konnte heftigen Unmut im deutschen Reich hervorrufen, wozu noch der Umstand zu bedenken war, daß der Mecklenburger bekanntlich zu jener Zeit an den Fürstenhöfen herumreiste und entsprechende Klagelieder anstimmen konnte. Konrad von Jungingen mußte also von diesem heiklen Punkt ablenken. Wie gut, daß er zu diesem Zweck die Gemeingefährlichkeit der Vitalienbrüder ganz dick herausstreichen konnte.

Vortrefflich ließ sich hiermit der alte Kreuzzugsgedanke wieder aufwärmen; der Hochmeister bezeichnete die Vitalienbrüder of-

fen als »Feinde Gottes« und »von großer Bosheit« – sie hingegen deklarierten sich ungerührt als »Freunde Gottes«.
Konrad von Jungingen ließ eine Denkschrift aufsetzen, welche alle bekannten Schandtaten aufführte und ihre Verbindungen vor allem zu den pommerschen Herzögen offenlegte. Dann wurde noch einmal betont, daß sie sich mit Gewalt zu den Herren Gotlands aufgeschwungen hätten und die sinistre Absicht hegen würden, unter anderem mit Witold, Großfürst von Litauen, einem alten Widersacher des Deutschen Ordens, das gesamte Ordensland zu schädigen. Und noch ein Register zog der Hofmeister, ein gewaltiges: Gott der Herr habe dem Ordensland in seiner Güte Dorothea von Montau geschenkt, behauptete er kühn. Dorothea von Montau war seinerzeit eine berühmte Mystikerin in Preußen. Und diese Schenkung Gottes sei, Gott-sei-Dank, gerade zur rechten Zeit gekommen, wo es nämlich gewissen Mächten christlichen Namens gefalle, in geheimem Verbund mit Ungläubigen und Schismatikern das Ordensland zu bedrohen. Dorothea habe die Heiden an den Grenzen des Ordenslandes zum Glauben gerufen und für den Orden gebeten. Der Hochmeister griff damit eine alte Behauptung auf: Denn schon vor Jahren hatte er in einem Brief an den Papst kühn behauptet, Dorothea sei eine treue Schützerin und Patronin des Ordens. Und auch jetzt mußte Mutter Dorothea wieder dafür herhalten, dem Orden christliche Gesinnung zu bescheinigen. Schließlich sei sie doch, so Hochmeister Konrad von Jungingen, der lebende Beweis für die Existenz positiver christlicher Kräfte in den Reihen des Ordens. Und zur Bestärkung dieser seiner Meinung betrieb er die Heiligsprechung Dorotheas in Rom.
Mit dieser Denkschrift schickte Konrad von Jungingen einen seiner besten Diplomaten auf Rundreise an die Fürstenhöfe des Reiches. Und bei alldem durfte kein Wörtchen davon verlauten, daß der Orden längst definitiv beschlossen hatte, gegen die Vitalien-

brüder auf Gotland zu rüsten, und daß diese Rüstungen auch bereits angelaufen waren.

In seltener Eintracht verlief die Zusammenarbeit mit den preußischen Städten. Unter den schon frühzeitig bestimmten Anführern des Expeditionskorps standen die Bürgerlichen an erster Stelle, wobei hier wieder die Danziger im Vordergrund standen. Die Rüstungen übertrafen alles bisher Dagewesene: Die Ostsee sollte eine der größten Kriegsflotten sehen, die je für ein Expeditionskorps ausgerüstet wurden. Wenn das Ziel dieser militärischen Operation erreicht werden sollte, dann blieb der Heeres- und Seekriegsführung nichts anderes übrig, als den Termin für eine Landung auf Gotland so früh es eben ging anzusetzen. Damit riskierte man, daß die Küsten Gotlands noch nicht eisfrei sein würden und eine Landung unter Umständen unmöglich sein würde. Auf der anderen Seite konnte man aber sicher sein, nahezu alle Vitalienbrüder noch auf der Insel versammelt zu finden, denn erst im Laufe des Frühjahrs schwärmten sie für gewöhnlich aus.

Es bleibt bis heute ein Geheimnis, wie es dem Orden gelang, diese sehr große Operation geheim zu halten. Ganz Nordeuropa war dann völlig überrascht als am 21. März 1398 die Landung erfolgte.

Der Coup gelang perfekt. Niemand hatte den bevorstehenden Angriff verraten, kein Schiff hatte das unterwegs heransegelnde Expeditionskorps bemerkt und etwa dessen mutmaßliche Absichten nach Gotland melden können . Erst einen Tag vor der Landung der Streitmacht hatte man die Flotte in weiter Ferne am Horizont ausmachen können – kein Mensch hatte mit so etwas zu dieser frühen Jahreszeit gerechnet. Entsprechend müssen denn auch die Reaktionen gewesen sein. Sven Sture fuhr der Schreck heftig in die Glieder. Seine Seeräuber lümmelten noch faul in ihren Winterquartieren überall auf der Insel; sonst zu allem fähig, nur leider jetzt nicht dazu, schnell einen Widerstand zu organisieren. Panikstimmung allüberall. Häuptling Sven Sture ritt, so schnell sein Pferd ihn trug, nach Wisby zu Johann von Mecklenburg und der Witwe Sophia.

So dramatisch der Flottenaufzug vor Gotland sich ausnahm, so wenig aufregend verliefen die eigentliche Landung und die nachfolgende Besetzung der Insel. In Västergarn, das sich hervorragend als Brückenkopf eignete, betrat man gotländischen Boden. Zwar lag dieser Ort in der Nachbarschaft des gefürchteten Raubschlosses Varvsholm-Landskrona, aber man kümmerte sich nicht darum. Seit alters her war Västergarn ein Hafenplatz gewesen, der dann aber der Konkurrenz von Wisby unterlegen war. Das Gelände hat sich, abgesehen von der heute vorgeschobenen Strandlinie, seit der Landung des Deutschen Ordens wenig verändert.

Ohne Zwischenfälle gingen die Mannschaften mit ihren Waffen an Land. Kein Vitalierpfeil flog, keine Lanze oder Speer wurde geschleudert. Die Überraschung war vollkommen. Eine glänzende Heerschau war es, die da gemessenen Schrittes über die Bordwände auf Planken an den Strand ging; in wohlgeordneten Truppenteilen baute man sich dann auf und ordnete die mitgebrachten Kanonen und die Belagerungsmaschinen allerneuester Bauart. Besonders dieses technische Kriegsgerät scheint den Vitalienbrüdern, die natürlich aus der Ferne die Landung beobachteten, den größten Schrecken eingejagt zu haben. In der Tat: Kanonen, das war zu dieser Zeit das Allerneueste und Allerfeinste und Allerschrecklichste, das man im Kriege verwenden konnte. Einer Belagerung unter Zuhilfenahme solch modernen Kriegsgerätes war selbst eine so stark befestigte Stadt wie Wisby kaum gewachsen. Stadtmauern, Türme und sonstige Befestigungsanlagen waren seinerzeit eingerichtet, um von Wurfmaschinen geschleuderten Steinen zu widerstehen, nicht aber Kugeln, die von Kanonen abgefeuert wurden.

Nachdem das Heer an Land gegangen war und die ersten Befehle erteilt worden waren, ritten die Befehlshaber des Expeditions-

korps in Richtung Wisby und blieben vor dem Tor stehen. Ein Bote wurde nach innen geschickt mit dem Auftrag, Johann und Sven Sture zum Gespräch vor das Tor zu bitten. Beide kamen. Ohne Sven Sture auch nur eines Blickes zu würdigen, warfen die Befehlshaber noch einmal dem Mecklenburger Johann das vor, was schon in der Denkschrift niedergelegt worden war: Er halte die Seeräuber aus, beherberge sie, was gegen alle Abmachungen sei. Man fordere ihn daher auf, den Seeraub zu verurteilen – sofern er noch die Kraft dazu habe. Was eine deutliche Kundgabe der Geringschätzung war. Sven Sture, der für die Kommandierenden Luft gewesen zu sein scheint, wurde aber zur Überraschung der Anwesenden von Johann in Schutz genommen.
Unglücklicherweise setzte jetzt starkes Schneetreiben ein, das ein zügiges Fortkommen des Heereszuges mit seinen großen Kriegsmaschinen nach Wisby unmöglich machte. Die Belagerungsmaschinen und die Kanonen blieben stecken. Das hatte insofern den Vorteil, als daß nicht sofort geschossen wurde und die Ordensleute mit Johann zunächst verhandeln mußten.
Einige Tage später waren eben jener Johann und Sven Sture mit den Bürgermeistern von Wisby im Hauptquartier des Ordens zu Västergarn erschienen. Man forderte den Herzog Johann auf, die Stadt von den Vitalienbrüdern zu räumen und Wisby dem Orden zu übergeben.
Die ganzen Verhandlungen drehten sich lediglich um Wisby, denn auf dem flachen Land hatten die Ordensritter und die Abteilungen aus den Städten schon unter den Vitalienbrüdern aufgeräumt, nachdem man ihre Stützpunkte ohne große Schwierigkeiten erobert hatte. Über die ganze Insel war die leichte Kavallerie des Ordens ausgeschwärmt und hatte sie peu à peu unter Kontrolle gebracht. Die Schiffe, die jetzt nur noch mit der nautischen Besatzung segelten, unterstützten dabei die Operationen, indem sie an der Küste entlangsegelten.

Nachdem man praktisch alle Vitalienbrüder-Nester ausgehoben hatte, kam es nun darauf an, die verstreuten Einheiten so schnell wie es ging zur Belagerung Wisbys zu sammeln. Noch als dies geschah, drang die Flotte mit Gewalt in den Hafen von Wisby ein. Zu einer Belagerung aber kam es nicht mehr, denn, sehr wahrscheinlich unter Mithilfe der Wisbyer Bürger, denen Konrad von Jungingen ausdrücklich dafür dankt, konnten die Mauern bewältigt werden, erstaunlich leicht. Wohl oder übel mußten sich jetzt Herzog Johann, Sophia und Sven Sture zu Räumungsverhandlungen bereit finden. Man legte dabei auf Förmlichkeiten großen Wert. Papiere sollten unterzeichnet werden, wonach die Stadt dem Deutschen Orden unter Wahrung aller dafür notwendigen Formen übergeben worden war. Es handelte sich um eine regelrechte Kapitulationsurkunde, die schließlich unterzeichnet wurde. Am Anfang der Urkunde steht die strategische Forderung, daß Stadt und Hafen Wisby sowie ganz Gotland sollten »ein offen slos sein deme homeistere des Dutschen ordens, deme ganczen orden unde den seinen czu alle irem orloge czu ewiger czit.« Dieser Urkunde zufolge wollte der Deutsche Orden als der Sieger keinerlei Souveränitätsrechts für sich beanspruchen, sondern nur die kriegswichtigen Basen für seine Unternehmungen sichern. Auch dem Hansekaufmann sollte Wisby für Aktionen zur Befriedigung der See offenstehen. Selbstverständlich bestätigte der Orden die alten Rechte und Freiheiten der Stadt, und er sicherte auch der Bauernschaft die seit alters her traditionelle Steuerfreiheit zu. Für künftige Zeiten wurde der Burgenbau auf dem Lande verboten. Die ziemlich primitiven Stützpunkte der Vitalienbrüder waren – außer der massiven Burg Landskrona – wohl überwiegend einfache Erd- und Steinwälle gewesen, umzäumt mit Palisaden und Verhauen, die die Ordensreiterei bereits niedergebrannt hatte. Dann folgen die Schlußerklärungen: Am bevorstehenden Ostertag, dem 7. April 1398, sollen nach Sonnenuntergang Stadt Wisby und das Land von all denjenigen geräumt sein, die dem Deutschen Orden, ihren eigenen Leuten und Untertanen sowie dem Gemeinen Kaufmann Schaden zugefügt hatten. Außerdem sollten die Übeltäter diesem Treiben jetzt abschwören, und wer dennoch weiterhin plündere, der solle gerichtet werden. Wenn ein Sturm Seeräuberschiffe zwingen würde, bei Gotland wieder unter Land Schutz zu suchen, so dürfe niemand von Bord gehen, anderenfalls würde er sofort militärisch bekämpft werden. Mit den tatsächlich sich noch auf der Insel herumtreibenden oder versteckthaltenden Resten von Vitalienbrüdern, die man nach diesem Tag noch aufstöberte, wurde wirklich nicht viel Federlesens gemacht. Sie verloren samt und sonders ihr Leben.

Herzog Johann und die Vitalienbrüder nebst Witwe Sophia hielten sich an diese Kapitulation, was blieb ihnen auch anderes übrig. Ihre Wege schieden sich nun. Johann hatte es einigermaßen eilig, Onkel Albrecht Bericht zu erstatten und nahm zu diesem Zweck eine kleine Gruppe Getreuer mit. Mit Witwe Sophia reiste eine andere Gruppe zurück zu ihrem Vater ins Pommersche. Der Großteil der Vitalienbrüder aber segelte unter Führung von Sven Sture nach Norden, Richtung Finnland und Livland, wo er bei Freunden Unterschlupf zu finden hoffte. Ein weiterer größerer Teil wandte sich westwärts, um durch die dänischen Meerengen in die Nordsee hinaus zu segeln. Er wird uns später wieder begegnen, wenn er unter der Führung von Klaus Störtebeker und Godeke Michels vor allem den Kaufleuten aus Hamburg, Bremen, England und den Niederlanden schweren Schaden zufügen wird.

Der lübische Chronist Hermann Korner erzählt folgende wunderbare Geschichte von den letzten Vitalienbrüdern in der Ostsee, die er allerdings in das Jahr 1395 verlegt, in die Zeit nach der Entlassung König Albrechts. Danach segelten etwa 400 auf einigen Schiffen nach Rußland und machten dort viele Beute. Als sie mit dieser nach Deutschland zurückzukehren trachteten, fuhren sie auf dem

Meere in die Irre. Schließlich gelangten sie in Gegenden, wo ihnen Sitte und Sprache der Bewohner unbekannt war. Nach Kampf und Plünderung erreichten sie weitersegelnd das Land, wo die »Kaspischen Berge« – das Elbrus-Gebirge – liegen. Dort fanden sie eine zahllose Bevölkerung, die sie für rothaarige Juden hielten, die in jenen Bergen eingeschlossen lebten. Wegen ihrer großen Zahl wagten sie nicht, mit diesen zu kämpfen. Nicht weit von dieser Gegend stießen sie auf vollkommen behaarte, am Strande des Meeres wie wilde Tiere umherschweifende Menschen. Endlich trafen sie einen Deutschen, einen Westfalen, der wohl durch Gefangenschaft in diese fernen Länder verschlagen worden war. Der Landsmann wies ihnen nach dem Stande der Sonne die Richtung, in der Deutschland lag, und so erreichten sie nach langen Irrfahrten schließlich wieder das Vaterland.

14. Kapitel

Die Ostsee fast piratenfrei

Staat im Staate: Sven Sture – Pommern unter Druck gesetzt – Freundschaft zwischen Kalmarer Union und Deutschem Orden – Tuppen gegen den Verräter – Mißglückter Ausfall – Stockholm an Margarete übergeben

Noch aber blieb viel zu tun, sehr viel. Längst waren nicht alle Vitalienbrüder verjagt worden, wenn auch ihr Hauptstützpunkt Gotland von Stund an verloren war. Es grenzt fast ans Wunderbare: Da erscheint der Deutsche Orden mit einer imponierenden Streitmacht, zeigt seine große Stärke und ist nicht gezwungen, sie auch einzusetzen; das Muskelspiel allein hat ausgereicht, Angst und Schrecken zu verbreiten. Und der Oberpirat Sven Sture, ein völlig realistisch denkender Mensch, hat schnell begriffen: Gegen diesen Heerbann ist er machtlos. Aber er hat noch ein Eisen im Feuer, Norrland nämlich, große Gebiete nördlich von Stockholm, wo er die Burg Faxeholm – heute im Stadtgebiet von Söderhamn gelegen – zu seinem Hauptquartier ausbaut. Damit verschwindet er praktisch aus dem Gesichtsfeld der Hanse, bleibt aber doch noch einer der unberechenbaren Machtfaktoren für Königin Margarete, in deren Königreich er de facto einen Staat in Staate gründet. Daß dies über kurz oder lang zum Konflikt führen muß, liegt auf der Hand, und wer dabei auf der Strecke bleibt, dürfte auch nicht sonderlich rätselvoll sein. Bis dahin vergeht aber noch geraume Zeit, während derer die südliche Ostsee endgültig von den Vitalienbrüdern befreit wird.

Den Großteil der Arbeit hat auch hier wieder der Deutsche Orden mit seinem Heer übernommen. Der Orden hatte nie geplant, sich endgültig und auf Dauer in Gotland niederzulassen. Das hätte er erstens wegen der großen Kosten auf jeden Fall vermieden, denn die Unterhaltung eines stehenden Heeres verschlang Unsummen. Dafür waren die Ordenskassen nicht ausgerüstet, und von den Lehnsabhängigen der Ritter konnten Geld oder Naturalleistungen auf Dauer auch nicht beigebracht werden. Zweitens kam dazu, daß der Orden auf keinen Fall über längere Zeit sein Land von Truppen entblößt lassen wollte; dazu waren die Grenzen nach Litauen und nach Polen denn doch zu wenig gesichert. Die gotländische Streitmacht hatte allein schon durch ihren Anblick ihre Arbeit getan, und jetzt wurde sie abgezogen. Schon am 24. April sah man die Flotte wieder in die Weichsel einlaufen. Auf Gotland selbst hatte man nur 200 Söldner mit 100 Pferden unter drei Rittern zurückgelassen, ein sehr kleines Besatzungsheer, das selbst als Küstenwache zu klein war, aber für den Fall der Gefahr rechnete man mit dem Beistand der Bevölkerung, vor allem dem der Wisbyer Bürger. Es war nurmehr eine symbolische Streitmacht, die auf der großen Insel zurückblieb, aber sie reichte für die nächste Zeit, um potentielle Angreifer abzuhalten.

Das Hauptkontingent der Ordensflotte und der der Städte war zwar nach Preußen zurückgesegelt, ein Teil aber hatte sich abgespalten und fuhr unter der pommerschen Küste entlang, um restliche Vitalienbrüder aufzustöbern, die sich unter den Schutz der pommerschen Herzöge Barnim und Wartislaw geflüchtet hatten.

Es war eine gelinde Erpressung, die der Deutsche Orden vornahm, denn schon am 10. Mai mußten sich jene Herzöge zu einem Vertrag mit dem Orden bequemen, in dem sie sich formell von den Vitalienbrüdern lossagten. Beste Handhabe dazu, die Pommern unter Druck zu setzen, bot die Tatsache, daß die preußische Flotte ein Freibeuterkontingent mit einem gekaperten Danziger Schiff in Neutief, einem Haupthafen der Seeräuber ausgemacht und zurückerobert hatten.

Freilich lief das alles nicht ohne Komplikationen ab. Herzog Barnim glaubte, sich nicht an den Vertrag halten zu müssen, und hatte nun wiederum eine Flotte ausgerüstet, die angeblich für die dänische Königin Margarete eingesetzt werden sollte. Freilich half ihm das nichts. Die Ordensflotte setzte ihm nach.

In dänischen Gewässern wurde Barnim angegriffen und floh auf die Reede von Kopenhagen, wo er umzingelt und beschossen wurde. Der Herzog gab klein bei und erbot sich, ein erobertes Schiff herauszugeben, falls man ihn bis Neutief zurückgeleite.
Zu jener Zeit saß man in Kopenhagen zu Verhandlungen beieinander. Beteiligte waren Königin Margarete, der Deutsche Orden und die Hansestädte. Es ging im wesentlichen um die Modalitäten, wie Stockholm an Königin Margarete übergeben werden sollte. Am 29. September 1398 hatte Albrecht verabredungsgemäß zum letzten Mal die Wahl, sich für eine der drei Alternativen – Zahlung von 60000 Mark Lösegeld, Rückkehr in die Gefangenschaft, oder aber Übergabe der Stadt Stockholm an die dänische Königin – zu entscheiden. Schon am 2. Juni hatte Margarete gemahnt, und am 12. August war ihr Vertrauensmann Wulf Wulflam zu Albrecht geschickt worden, um eine Antwort zu bekommen. Albrecht aber hatte sich noch nicht festlegen wollen. Jetzt lag alles bei den Vertretern der Hansestädte, die sich kurzentschlossen zu einer Übergabe der schwedischen Hauptstadt an die Königin bereit erklärten. Daneben ging es auch noch um die Frage, was jetzt wohl mit den Vitalienbrüdern zu geschehen habe, die der Deutsche Orden zwar erfolgreich von Gotland vertrieben habe, die sich aber unter Sven Sture im schwedischen Norden als außerordentlich gefährlich erweisen könnten.
Alarmierende Nachrichten waren nach Kopenhagen gedrungen. Sven Sture konnte jetzt ungehemmt von einer Partnerschaft mit Herzögen oder Herzogen-Witwen seine Scharen kommandieren, und das scheint eine gewisse Anziehungskraft auf die frei herumvagabundierenden Geister ausgeübt zu haben, jedenfalls soll er massenhaft Zulauf erhalten haben. Das konnte sich jetzt kurz vor der Übergabe Stockholms an die Königin als außerordentlich gefährlich erweisen und den Bestand der gerade ein Jahr alten Kalmarer Union, der Vereinigung der drei

skandinavischen Reiche unter dänischer Krone, bis in die Grundfesten erschüttern.
Margarete mußte also daran gelegen sein, Hilfe gegen Sven Sture zu gewinnen. Ihr nie versagender Instinkt für Machtverhältnisse mußte ihr raten, daß im Augenblick nur der Deutsche Orden als möglicher Verbündeter in Frage kommen konnte. Er jedenfalls hatte gezeigt, daß man erfolgreich gegen die Seeräuber vorgehen konnte zu Wasser, und – worauf es Margarete jetzt ganz besonders ankommen mußte – auch zu Lande. Die Hanse, das wußte Margarete aus Erfahrung, reagierte in solchen Fällen nur äußerst zögerlich, eine Initiative in dieser Richtung war von ihr ohnehin nicht zu erwarten, weil sie das jetzt alles nichts mehr anging.
Schon seit langem scheint der langjährige Ordens-Diplomat Johann Tiergart ein gewisses Vertrauensverhältnis zu Königin Margarete gehabt zu haben. An ihn wandte sie sich jetzt auch wieder mit der Bitte um Unterstützung. Es sieht aber so aus, als ob der Orden, vertreten durch Johann Tiergart, ihr die Bedingung stellte, sich jetzt nicht mehr auf halbe Sachen bei den Vitalienbrüdern einzulassen, sondern mit diesem Raubgesindel ein für allemal Schluß zu machen. Als erstes bestand der Ordens-Unterhändler darauf, daß sich der Erzbischof von Lund – er hatte seinerzeit ein gestrandetes Schiff mit Waren aus Preußen beraubt – zu einer Zahlung von 5000 Nobeln verpflichtete. Was Margarete und der Bischof verbindlich zusagten.
Damit war der Weg frei für einen Freundschaftsvertrag zwischen der Kalmarer Union, der der junge König Erich von Pommern vorstand, beraten durch seine Adoptivmutter Margarete auf der einen und dem Orden in Preußen und Livland auf der anderen Seite.
Die schon erwähnte schwedische Historikerin Brigitta Eimer hat darauf hingewiesen, daß es sich hier um ein ganz bedeutendes Paragraphenwerk handelt, denn es war die Grundlage dafür, daß die nordische Union, in ihrer Existenz bedroht durch Sven Sture, letztendlich gerettet werden konnte.

Im Vordergrund stand die Verpflichtung, nicht die Gegner des anderen zu unterstützen. Dann stellte man sich gegenseitig bewaffneten Beistand in Aussicht. Außerdem vereinbarte man völlige Handelsfreiheit zwischen beiden Staaten, welche dieselben Privilegien umfassen sollten, wie sie zur gleichen Zeit der Hanse in Kopenhagen gewährt worden war.

Eine Zeit bedrängender Ungewißheit war für Margarete angebrochen. Wo würde Sven Sture sein Lager aufschlagen, wohin müßte sie ihre Truppen schicken, um den Abtrünnigen zu schlagen? Zwar ahnte sie, daß es die nördlichen Gegenden sein würden mit Söderhamn als Zentrum, aber genaues wußte man nicht, und ihre Truppen aufs Geratewohl dort hinzuschicken, verbot die militärische Klugheit. Denn es hätte ja sein können, daß Sven Sture sich auch woanders hingewandt hätte. Endlich traf die Nachricht ein: Sture hatte sich in Faxeholm, heute im Stadtgebiet von Söderhamn gelegen, niedergelassen und beherrschte von dort aus Norrland. Schleunigst rüstete Margarete nun – mittlerweile war es Juni geworden – ihr kleines Heer unter Algot Magnusson aus, der in der Gegend von Stockholm und an der schwedischen Südostküste in Bereitschaft lag. In strapaziösen Eilmärschen brachte dieser Heerführer seine Truppen über Land nach dem 300 km entfernten Söderhamn, um diesen Hauptsitz Stures zu belagern. Eine Verschiffung über See verbot sich aus naheliegenden Gründen – die Vitalienbrüder beherrschten in diesem Gebiet die See. Unterwegs brach man an Piratenburgen, was immer am Wege stand. Außerdem beauftragte Margarete ihren bewährten Heerführer Swarte Skaaning, den Sieger von Falköping, mit einem weiteren Heer gegen Sven Sture zu ziehen. Und zu gleicher Zeit auch versuchte sie in Finnland gegen den Sohn und Nachfolger ihres ehemaligen Reichsdrosten Bo Jonsson, Knut Bosson, Front zu machen.

Wahrscheinlich hatte Sven Sture die Burg Faxeholm schon in früheren Zeiten angelegt. Ihr eigentlicher Kernbau war ein massiver Gebäudeblock von 15 mal 12 Metern, der alle Räume umfaßte und einen Wachturm in der Ecke besaß. Die Burg lag auf einer Insel, und eine 75 Meter lange Holzbrücke verband die Burginsel Faxeholm mit dem Festland, während ein gedeckter Gang zur Bootsbrücke an der Westseite der Insel führte.

Faxeholm lag also sehr gut geschützt. Magnusson und Skaaning sahen sich außerstande, diese Festung im ersten Anlauf zu nehmen. So warf man nördlich davon eine Befestigungsanlage auf und harrte der Dinge, die nun kommen sollten.

Nicht wenig mag Sven Sture auch auf die politischen Zeitläufe geflucht haben, denn er dürfte sich – genaueres wissen wir nicht – als ein Opfer des Mächtespiels in der Ostsee vorgekommen sein. Sture mag darauf vertraut haben, in dem litauischen Großfürsten Witold einen natürlichen Verbündeten gegen den Deutschen Orden zu haben, sah sich aber durch dessen rasche Annäherung an den Orden getäuscht. Realistischerweise mußte er davon ausgehen, niemanden von Bedeutung mehr zum Bündnispartner gewinnen zu können: Der Deutsche Orden hatte ihn aus Gotland hinausgeschmissen, Königin Margarete ließ ihn belagern, und der Hanse galt er schon allein des Seeraubs wegen als natürlicher Feind.

Sven Sture und seine Leute fochten nun mit dem Mut der Verzweiflung gegen Margaretes Truppen. Und sie kämpften entsprechend erfolgreich, wie es nur jemand tut, der sich in einer ausweglosen Lage befindet. Entsprechend schlecht waren denn auch die Nachrichten, die Königin Margarete vom Schauplatz des Geschehens in das 900 km entfernte Kopenhagen übermittelt erhielt. Am 23. August 1398 hatte Sven Sture einen Ausfall versucht und sich auf die schwedischen Belagerungsschanzen geworfen. Aber vergeblich. So wenig wie er, konnten auch die Belagerer einen nennenswerten Vorteil erringen. Für Sven Sture kam aber noch der Umstand hinzu, daß der Winter bedrohlich näher zu rücken begann. Mehr und mehr mußte ihm und auch seiner Widersacherin Margarete klar werden, daß er, Sture, jetzt nur noch um eine günstige Ausgangsposition für Verhandlungen mit der Königin Margarete kämpfte.

Mittlerweile war die Königin Margarete wieder in den Besitz Stockholms gelangt, am 29. September 1398 konnte sie nach einer reibungslosen Übergabe der Stadt durch den Befehlshaber der hansischen Truppen ihren Einzug halten. In der Nähe von Stockholm fanden dann die Verhandlungen zwischen den Vertretern der Krone der drei vereinigten nordischen Reiche und Sven Sture statt. Von einem Friedensschluß allerdings war nicht die Rede, sondern nur von einem Waffenstillstand bis zum 20. April des nächsten Jahres. Dieses Abkommen war allerdings so gehalten, daß alsbald Gerüchte umgingen, Margarete habe sich mit den Vitalienbrüdern und Sven Sture gegen die Hanse und gegen den Deutschen Orden verbündet.

Tatsache aber war, daß die südliche Ostsee mit ihren Hauptschifffahrtslinien von da an praktisch piratenfrei war. Man hatte von Seiten der Hansestädte noch mehrmals vorgeschlagen, Kriegsschiffe auszurüsten und auch die Preußen dafür gewinnen können, aber diese Pläne brauchten nicht mehr ausgeführt zu werden. Selbst Rostock und Wismar, die immer noch ein klein wenig, wenn auch im Geheimen, mit Raubgut handelten, schienen dem jetzt abgeschworen zu haben, und zwar endgültig.

Die Vitalienbrüder hatten jetzt einfach keine Operationsbasis, keinen adligen Herrn mehr, der sie schützte und ihnen seine Häfen zur Verfügung stellte. Einige wenige trieben sich zwar noch in der See herum, aber die brachte Königin Margarete im Jahre 1399 auf. Ohne jeden Rückhalt mußten sie mit der Königin einen Frieden schließen, am 8. September 1399 in Nyköbing. Auch die Hansestädte schlossen sich dem an. Damit hatte die Angelegenheit »Vitalienbrüder in der Ostsee« auch formell ihren Abschluß gefunden.

Für das Jahr 1400 entschlossen sich die Hansestädte nur noch für eine Rüstung von insgesamt 30 Schiffen mit 127 Mann Besatzung.

In den südlichen und östlichen Gewässern konnte der Handel sich also wieder frei entfalten. Dafür begann aber in der Nordsee die große Gefahr durch die Piraten heraufzuziehen. Schon seit den Jahren 1395/96 hatten sich Abteilungen der Piraten in die Nordsee verzogen, um an den Küsten Ostfrieslands und Hollands den jeweiligen Herren im Kampf gegen ihren Nachbarn Beistand zu leisten und auf diese Weise ihr Süppchen zu kochen. Jahre hindurch sollte nun die Hanse in der Nordsee mit denselben Schwierigkeiten zu kämpfen haben wie sie in den 90er Jahren des ausgehenden 14. Jahrhunderts in der Ostsee zu bewältigen gewesen waren. Namen wie Klaus Störtebeker, Godeke Michels, Hisko von Emden und andere mehr werden jetzt die Rolle spielen.

Freilich wird dieser Kampf gegen die Vitalienbrüder, die sich alsbald auch Likedeeler nennen werden, nicht mehr das Format haben, wie zum Beispiel der Kampf des Deutschen Ordens gegen Sven Sture. Stures Absichten und Taten waren getragen von einer gewissen Großartigkeit und Weiträumigkeit des Denkens. Die große Politik spielte eine Rolle, in der Sven Sture seinen Part mitspielen wollte. Das sieht ganz anders bei Störtebeker und seinen Kumpanen aus, ihre Piraterie läßt nichts mehr von weitreichenden Überlegungen und Plänen spüren. Es ist, gemessen an Sven Sture, König Albrecht und Herzog Erich, Kleinkriminalität übelster Sorte im ostfriesischen Wattenmeer.

15. Kapitel

Mit Hanfstricken den Schwager zersägt

Ostfriesland: Zwei mächtige Familien – Seeraub finanziert Kriege – Die Schwester verstoßen – Vitalienbrüder herzlich willkommen – Verräter in Bremen? – »Gottes Freunde, aller Welt Feind« – Häuptling Ede unterwirft sich – Widzel ten Broke, Holland und die Hanse – Keno beschäftigt Piraten – Kriegsschiffe ausgerüstet

Ostfriesland, das Gebiet zwischen Weser und Ems, durchzogen von unzähligen Flüssen und Kanälen, flach hinter die Deiche sich duckend, bot ideale Schlupfwinkel für die Piraten. Und wiederum waren es die ersten Familien des Landes, die ihnen Arbeit anboten. Der weitaus mächtigste Häuptling im Jadebusengebiet hieß Ede Wimmeken. »Häuptling« – das war der Chef einer Familie und eines bestimmten Gebietes, der im Regelfall mit seiner Nachbarfamilie im Streit, das heißt in Fehde lag. Eine staatliche Einheit kannte das Land hinter den Deichen nicht. Es war aufgeteilt in einzelne »Länder«. Es gab auch kein starkes Herrschergeschlecht, das dem Fehdeunfug hätte ein Ende machen können. Jeder versuchte sich auf Kosten seines Nachbarn auszudehnen, was zu ewig wechselnden, eintönigen Feindschaften wie Freundschaften untereinander führte. Vertragsschlüssen und Bündnissen folgten mit schöner Regelmäßigkeit Vertragsbrüche und Fehden. Diese unhaltbaren Zustände hatten sich noch dadurch verschärft, daß in der 2. Hälfte des 14. Jahrhunderts die alte friesische Gemeindeverfassung zu bestehen aufhörte, und statt der bisherigen Konsules und Richter eben die Häuptlinge an die Spitze der einzelnen Gemeinden traten.

Der weitaus mächtigste Häuptling hieß also Ede Wimmeken der Ältere. Bevor Ede seine nachmalige Residenz, die Edenburg – später auch Sibetsburg, nach seinem Nachfolger so genannt – erbaute, wohnte er zusammen mit seiner Frau Etta zu Dangast in einem Steinhaus, in einem Wäldchen nahe bei der Kirche. Ede zeigte ungezügelten Machthunger. Er wollte nicht bloß seine Stellung als Häuptling des Viertels Bant zwischen Jade, Maade und Brack behaupten, sondern seine Herrschaft über die Länder Rüstringen

und auch Östringen ausdehnen. Es liegt auf der Hand, daß er dabei mit seinen Nachbarn in Konflikt geriet, besonders aber mit der Familie ten Broke, einem gleichfalls mächtigen Geschlecht, das seinerseits Ansprüche auf Östringen erhob.
Trotz aller Fehden waren die Friesen ein glückliches Volk: Steuern waren in dem Land unbekannt. Um nun Mittel für einen Krieg aufzuhäufen, verlegte sich Ede auf den Seeraub, so wie alle anderen es auch taten. Neben seinen kriegerischen Unternehmungen betrieb Ede Wimmeken eine weiträumig angelegte Heiratspolitik. Um Einfluß auf Butjadingen und Stadland zu gewinnen, hatte er schon frühzeitig Familienbeziehungen mit den dortigen Häuptlingsfamilien angeknüpft. Seine Schwester Jarste war mit dem Häuptling von Esensham, Husseke Hayen, verheiratet. Eine andere Schwester mit dem Häuptling von Aldissen, seine Tochter Frouwa mit Lubbe Sibets von Burhave. Die gesamte Großfamilie betrieb Seeraub, eingeschlossen seine Schwäger und Schwiegersöhne.
Vor allen Dingen Schiffe aus Bremen und Schiffe, die nach Bremen fuhren, waren die Opfer dieser Wegelagerer, weil die Fahrtroute unter der Küste Ostfrieslands entlangführte. Deshalb hatten sich die Bremer schon 1368 einer Strafexpedition der Oldenburger Grafen gegen die Häuptlingsfamilie angeschlossen, waren jedoch vernichtend geschlagen worden. 1384 hatten die Bremer mehr Erfolg. Mit von der Partie war Ede Wimmeken, und das hatte seinen besonderen Grund.
Der Feldzug war erfolgreich verlaufen. Die feste Kirche in Esensham war erstürmt worden, und Husseke Hayen, Ede's Schwager, in Gefangenschaft geraten. Die Bremer übergaben Husseke an Ede Wimmeken, der ein ganz besonderes Interesse an seiner Auslieferung hatte: Hayen hatte nämlich Ede's Schwester Jarste verstoßen, wodurch sich die Wimmekens ganz empfindlich in ihrer Familienehre getroffen fühlten.

Jetzt schleppte Ede seinen Schwager Husseke mit sich fort nach der Edenburg, wo für ihn ein Martyrium begann, das seinesgleichen sucht. Husseke wurde grauenhaft gefoltert, man fesselte ihn mit feuchten Hanfstricken. Aber man trieb es nie so weit, daß er zu Tode kommen mußte. Für sein Ende hatte sich Ede etwas ganz besonderes ausgedacht: Der Gemarterte wurde festgebunden und dann mit hanfenen Stricken mitten durchgesägt.

Angesichts dieser Zustände an der ostfriesischen Küste wundert es nicht, daß die Vitalienbrüder, die schon seit 1395 begannen, sich aus der Ostsee zu verziehen und nach neuen Tätigkeitsgebieten suchten, sich jetzt in der Nordsee heimisch zu fühlen begannen. Gastfreundliche Aufnahme war ihnen in jedem Falle gewiß, und das aus einem doppelten Grund. Die Häuptlinge bestritten eben einen großen Teil ihres Lebensunterhalts durch den Seeraub und gewannen auf diese Weise die nötigen Mittel, um Krieg zu führen. Außerdem konnten sie die vagabundierenden Vitalienbrüder sehr gut als Söldner gebrauchen, weil sie über keine eigenen Truppen geboten und die Piraten sich überdies alleine versorgen konnten. Der Überlieferung zufolge soll Ede Wimmeken der erste ostfriesische Häuptling gewesen sein, der Vitalienbrüder in seine Dienste genommen hat.

Im Jahre 1397 – zu dieser Zeit tummelten sich schon reichlich viele Piraten in dem Wattenmeer – schloß Bremen mit Ede, dessen Schwiegersohn und Häuptling von Burhave, Lubbe Sibets, Lubbes Bruder Memme sowie drei weiteren Clan-Chefs einen Vertrag. Darin verpflichteten sich die Häuptlinge, zu ihren Lebzeiten den Bremer Bürgern zu Wasser und zu Lande förderlich zu sein und auch ihre Güter nicht mehr beschädigen zu wollen. Außerdem versprachen sie allen Kaufleuten, die auf der Weser nach Bremen fahren wollten oder von Bremen kommen würden, in keiner Weise Schaden zuzufügen. Nur für den Schaden, den

sie innerhalb Feindesland dem Kaufmann zufügen, wollten sie nicht verantwortlich gemacht werden. Als Gegenleistung sollten die Bremer die Feinde der Piraten nicht mit »bussen oder bliden« – also Schiffen und Wurfmaschinen – ausrüsten.
Ziemlich genau ein Jahr hielt dieser Vertrag, dann war er, wie so viele vor ihm, nur noch Makulatur. Ein Hansetag vom April 1398 in Lübeck beschäftigte sich mit den Bekämpfungsmaßnahmen gegen die Vitalienbrüder; man hatte dabei aber vorzugsweise das Ostseegebiet im Auge. Alle Städte, mit Ausnahme von Wismar und Rostock sollten an der Ausrüstung von Kriegsschiffen teilnehmen; die Stadt, die sich weigern würde, sollte kein Schiff in einer Hansestadt beladen dürfen.
Auch Bremen sollte zu dieser Unternehmung eine Kogge bereitstellen. Aber der Rat dachte gar nicht daran, diesem Hanse-Beschluß nachzukommen. In einem wortreichen Schreiben legte er seine Gründe dar. So befremdlich es anmutet, auch von Verrat ist da die Rede: Ihre Kaufleute, die aus Flandern gekommen seien – so berichten die Bremer – , hätten Nachricht davon erhalten, daß ein Gerücht umgehe, in der Hansestadt Bremen sei ein Verräter am Werk, ein Mann, der mit den Vitalienbrüdern in Verbindung stehe. Nun habe man schon viele Erkundigungen angestellt, wer wohl dieser Mensch sein könne: bis jetzt aber habe man niemanden finden können. Wenn man ihn aber finde, so würde man ihn verurteilen, wie es einem solchen Subjekt gebühre. Darüber hinaus habe man auch auszukundschaften versucht, wo sich wohl die Likedeeler immer versteckten. Und, so fährt der Brief fort, »do ze quemen in Vresland to Yswurde by Nanken, Ede Wummekens susterzone, und by Lubben Sibetes, de des zulven Eden dochter hadde, hovetlingh der Butjadinger Vrezen, dar vunden ze de likendelers. De spreken, dat ze entseden viande weren der Hollender, der Vlemingher, der Engelschen und der Schotten, de ze beschedeghen wollden, wur ze konden, men de henzelstede en wolden ze

nenen Schaden don in lyve offte in gude, were dat yd scheghe, zo wollden ze yd wedder richten.«

Mehr als 10000 rheinische Gulden haben sie schon für den Kampf gegen Nanke und Lubbe und die Butjadinger Friesen ausgegeben, schreiben die Bremer. Nun sei es ihnen unmöglich, noch mehr zu leisten, und sie würden sich auch außerstande sehen, in Zukunft die Stützpunkte der Seeräuber in Friesland ohne Inanspruchnahme anderweitiger Hilfe zu zerstören. Wenn aber die anderen Hansestädte zum tatkräftigen Kampf gegen die Piraten in der Nordsee vorgehen würden, so würden sie, die Bremer, gerne dabei helfen. Und dann folgt die Warnung: Wenn man jetzt nicht gegen diese Seeräuber vorgehen würde, würden sich immer mehr Likedeeler ansammeln und immer stärkere Schäden für den Kaufmann eintreten. Sie, die Bremer, hätten um der Sache des Kaufmanns willen bisher beste schwere Arbeit verrichtet und große Kosten dafür aufgewandt. Dann folgt noch die herzliche Bitte, doch nicht allem Glauben zu schenken, was so unter der Hand an Verlemdungen ausgestreut werde, vor allem nicht dem, was irgendein »quad minsch« über sie sage.

Die letzte Bemerkung dieses Briefes bezog sich auf eine besondere Begebenheit. Überfallen und beraubt wurde der Danziger Schiffer Eggert Schoeff, dem die Vitalienbrüder frech erklärten, sie wären Gottes Freund und aller Welt Feind mit Ausnahme derer von Hamburg und Bremen. Dort nämlich dürften sie abfahren und kommen, wann sie wollten, und einem Kaufmann aus Bremen würden sie alle geraubten Güter zurückgeben. Das war natürlich ein gefundenes Fressen für die Hanse, die unter der Hand ihren Mitgliedern Rostock und Wismar immer noch gram war, weil sie den Piraten ihre Häfen geöffnet hatten. Nun das gleiche auch mit Bremen?

Die Weser-Stadt versuchte dies abzublocken. Und wie die folgenden Ereignisse zeigen, auch mit Erfolg.

Mochte von Seiten Lübecks, vielleicht auch Hamburgs der Gedanke eine Rolle gespielt haben, lieber den Anfängen zu wehren, als die Dinge in Sachen Vitalienbrüder schleifen zu lassen, wie schon so manches Mal in der Ostsee – der Brief Bremens tat seine Wirkung. Hamburg und Lübeck verbanden sich mit der Kollegin zur Unterwerfung der Butjadinger Seeräuber samt ihren Beschützern auf dem flachen Land, besonders Ede Wimmeken. Man segelte los in Richtung Jade und hatte auch alsbald den gewünschten Erfolg. Am 4. Juli 1398 gelobte Ede den Bürgermeistern und dem Rat der drei Hansestädte, daß er alle Vitalienbrüder, ob jung oder alt, die er bis jetzt bei sich gehabt habe, und die er auf sein Schloß und sein Gebiet geleitet habe, verstoßen wolle. Und zwar sollen sie acht Tage von diesem Datum an zu Lande von dannen ziehen und nicht zu Wasser. Außerdem versprach er, daß er die Seeräuber und andere Leute, die den Hansestädten und deren Kaufleuten Schaden zufügen, nimmermehr und zu ewigen Zeiten in seinem Schloße oder in seinem Gebiet beherbergen wolle. Vielmehr wolle er von Stund an, sofern die Hansestädte es begehrten, seinerseits gegen die Vitalienbrüder vorgehen. Und was das von den Vitalienbrüdern geraubte Gut anbelange, das er auf seinem Schloße oder aber sonstwo verstreut in seinen Landen gestapelt habe, so wolle er dies bis zu Ostern nächsten Jahres aufbewahren und es den Kaufleuten zurückgeben, falls diese beschwören würden, daß es ihnen gehöre.

Als Mitunterzeichner dieses Unterwerfungsvertrages tritt auch Edes Schwager Lubbe Sibets auf. Zum Beweis dessen, daß alles mit rechten Dingen zugegangen sei, hängten Graf Christian von Oldenburg und zwei Adlige – sie werden als Vermittler zwischen den Hansestädten und den Butjadinger Häuptlingen tätig werden – als Zeugen ihr Siegel an den Vertrag. Dann setzte man noch eine besondere Urkunde auf, in der sich Graf Christian dafür verbürgte, daß Ede Wimmeken innerhalb der nächsten acht Tage sämtliche Vitalienbrüder aus dem Land jage und sie nie wieder bei sich aufnehme, ausgenommen vier von ihnen, die er bis Ostern nächsten Jahres bei sich behalten dürfe.

Daß auch der Graf mit den Vitalienbrüdern aufs engste verbunden war, sollte sich noch herausstellen. Im Augenblick aber war Ruhe. Die Bremer Schiffe konnten am Jadebusen vorbeisegeln, ohne befürchten zu müssen, gekapert zu werden.

Dafür rührte sich aber an anderer Stelle das Piratenunwesen auf das kräftigste: Die weiter westlich gelegene Küste zwischen Esens, Norden und Emden wurde zum Gefahrengebiet Nummer eins.

Widzel ten Broke hieß der Häuptling dieser Gegend, der Angst und Schrecken verbreitete. Auch er hatte, wie alle anderen, Vitalienbrüder angestellt dafür, daß sie ihm als Soldaten und Piraten gegen den Nachbarn dienten.

Widzel und Ede waren sich spinnefeind. Jeder versuchte auf Kosten des anderen Boden zu gewinnen, und dazu war jedes Mittel recht. Widzel, unehelicher Sohn des 1391 umgebrachten Ocko ten Broke, führte die Staats- und Raubgeschäfte des Mini-Imperiums für seinen ehelichen Halbbruder Keno, dabei assistiert von der Häuptlingswitwe Folke, die sich als »quade Folke« damals einen recht zweifelhaften Ruhm erworben hatte – ein Weib mit ausgeprägtem Hang zu Grausamkeiten. Die Fama weiß, daß sie zwei Häuptlinge, die ihr Ehegemahl Ocko während eines Kriegszuges gefangen und ihr zur Aufbewahrung überstellt hatte, in das Burgverlies stieß und sie dort verhungern ließ. Als Ocko dann wieder nach Hause kam, fand er nicht einmal mehr ihre Leichen vor. Seine Frau hatte dem Abt des nahen Klosters Ihlow befohlen, die Toten im Moor zu versenken, welchen Befehl der Gottesmann aber ignorierte und sie christlich auf dem Friedhof beisetzte. Dabei hatte Ocko seine Folke dringend gebeten, die Gefangenen pfleglich zu behandeln.

Noch eine Kostprobe: Eine von Folkes Töchtern, Occa, war mit dem Häuptling Luitet Heeren von Nesse verheiratet. Occa, offenkundig eine lebenslustige junge Frau, war das einsame Leben mit ihrem Luitet offenbar zu fad, kurz, sie vergnügte sich auch mit anderen Söhnen des Landes – und wurde dabei erwischt. Und das, wie es scheint, nicht nur einmal. Der gehörnte Ehemann mahnte sie ernsthaft, aber vergeblich. Zuletzt suchte er Hilfe und Beistand seiner Schwiegermutter, bei der er sich bitterlich über die mißratene Tochter beklagte. Kühl erteilte Folke ihm den Rat: Wenn sich Occa nicht bessere, dann solle er sie einfach erschlagen. Luitet aber hatte ein Herz, und sah sich die Eskapaden seiner Frau noch ein Weilchen an. Dann schlug er zu.
Das gefiel der Folke aber doch nicht, obwohl sie ihrem Schwiegersohn zunächst zugeredet hatte. Jetzt sammelte sie rasch ein Heer, um den Mörder zu bestrafen. Luitet, Schlimmes ahnend, fühlte sich auf seiner Burg zu Ness nicht mehr sicher; er floh mit seinem Vater Hero nach Dornum. Im Sturm aber nahm Folke das dortige Schloß und machte Vater und Sohn zu ihren Gefangenen. Auf eine langwierige Verhandlung wollte sie sich gar nicht erst einlassen, sie beschloß: Kopf ab. Und so geschah es dann auch. Der alte Hero wurde auf einem braunen Tuch, sein Sohn Luitet, der Abwechslung halber auf einem grünen Tuch enthauptet, so jedenfalls berichtet die Chronik. Nachgeborene Forscher hat dies nun nicht ruhen lassen, und ihnen gelang die Rehabilitierung der »quaden Folke«. So schlimm soll sie gar nicht gewesen sein, jedenfalls habe man ihr diese Untaten zu Unrecht vorgeworfen.

Im selben Jahr, als man Ede Wimmeken hatte bezwingen können, schien wie aus heiterem Himmel auch der gefürchtete Widzel ten Broke klein beigeben zu wollen. Er bat bei den Städten um Verzeihung für alles, was er ihnen übles zugefügt hatte. Die Hansestädte waren perplex. Aber schon bald wußte man, warum er sich zu diesem Schritt entschlossen hatte: Widzel war es leid, immer nur als Vormund seines jüngeren Halbbruders Keno zu gelten. Er strebte danach, das Erbe seines Vaters als sein Eigentum zu besitzen und auch zu verwalten. Um diese Pläne durchführen zu können, war es fraglos notwendig, nach außen hin Handlungsfreiheit zu behalten und sich nicht etwa die geballte Streitmacht der Hanse auf den Hals zu laden. Darüber hinaus konnte es nur nützlich sein, sich an die starken Schultern der Hansestädte zu lehnen; wer weiß, ob sie ihm nicht doch noch in dieser oder jener Beziehung würden helfen können.

Die Städte, die das Spielchen natürlich durchschauten, blieben von vornherein mißtrauisch. Auf der anderen Seite aber lag ihnen daran, ungehindert unter der ostfriesischen Küste entlangsegeln zu können. So verhandelte man wenigstens über Widzels Angebot, kam aber zu keinem endgültigen Beschluß. Das Verhältnis mit der Hanse blieb in der Schwebe.

Widzel, dem daran gelegen sein mußte, möglichst schnell seine Pläne verwirklichen zu können, konnte sich mit dem Zögern der Hanse nicht zufrieden geben. So ging er einen weiteren Schritt nach vorn. Er söhnte sich mit Folkmar Allena von Osterhusen, einem großen Gegner seiner Familie, aus und wandte sich um Hilfe an den damals als Feind in Friesland stehenden Grafen Albrecht von Holland.

Seit alters her hatten die holländischen Grafen Anspruch auf die Herrschaft in Friesland geltend gemacht. Zeitweilig war es ihnen auch gelungen, wenigstens in Westfriesland ihre Absicht durchzusetzen. Aber eben nur zeitweilig; die Kämpfe wogten hin und her, niemand konnte behaupten, er habe eine beherrschende Stellung erlangt. Erst Herzog Albrecht von Bayern, seit 1358 Graf in Holland, unternahm es 1396, den holländischen Ansprüchen wieder mit Nachdruck Geltung zu verschaffen. Mit einem großen Heer, verstärkt durch französische und englische Truppen, fiel er in

Friesland ein, und er siegte in einer Schlacht über die Landesbewohner. Da machte der Himmel einen Strich durch die Rechnung: Heftiges Unwetter zwang ihn, die Eroberungen fahren zu lassen. Er konnte das moorige Gelände auf die Dauer nicht unter Kontrolle halten. Ein zweiter Feldzug, 1398, brachte dann aber fast ganz Westfriesland nach blutigen Kämpfen unter die Herrschaft Herzog Albrechts. Die Lande waren verwüstet worden, und Albrecht machte jetzt Miene, weiter nach Ostfriesland vorzudringen.

Eben in diesem Augenblick kam ihm Widzel entgegen. Am 11. September 1398 übertrug er dem Holländer die ten Brokschen Lande und nahm sie als erbliches Lehen aus seinen Händen zurück. Sein neuer Bundesgenosse und ehemaliger Feind, Folkmar Allena, tat das gleiche. Albrecht versprach im Gegenzug, seine beiden Lehnsmannen in all ihren Rechten und gegen jedermanns Ansprüche schützen zu wollen. Damit hatte Widzel zunächst erreicht, was er wollte: Einen gewissen Rechtsanspruch und einen kräftigen Rückhalt für seine ehrgeizigen Pläne.

Die Hansestädte zeigten sich naturgemäß sehr irritiert von der neuen Entwicklung. Mit Albrecht von Bayern, seit geraumer Zeit Graf von Holland, hatten sie stets auf gespanntem Fuß gestanden. Noch im vergangenen Jahr, also 1397, waren die Hamburger in einen recht heftigen Streit mit ihm geraten, als er den Hamburgern, höchstwahrscheinlich zu Unrecht, vorwarf, sie hätten die Friesen gegen ihn unterstützt. Dieser Streit war im Augenblick noch keineswegs beigelegt. Jetzt mochten sich die Hansestädte ausmalen, was ihnen für neue Nachteile von dieser Verbindung drohen könnten. Es war durchaus naheliegend, daß Albrecht sich der Vitalienbrüder, der Hilfstruppen seiner ehemaligen ostfriesischen Feinde nun seinerseits bedienen würde. Und so schien es in der Tat auch kommen zu sollen: Albrecht kündigte allen Vitalienbrüdern Widzels, die einst gegen ihn gekämpft hatten, den großen

Generalpardon an und gab ihnen sicheres Geleit und freien Verkehr in seinem ganzen Land. Allerdings, er verbot ihnen, Kaufleute zu berauben. Dabei mag auch eine Rolle gespielt haben, daß auch Holland unter den Seeräubern sehr viel litt und nicht zuletzt auch die gräflichen Lande dabei zu Schaden kommen konnten, mehr jedenfalls, als dem Grafen lieb sein konnte.

Der Graf von Holland jedenfalls konnte sich nun mit einiger Autorität zum Schiedsrichter zwischen Widzel und den Hansestädten aufschwingen. Lübeck, dem er diesen Vorschlag machte, sagte zu, mit den anderen Hansestädten darüber verhandeln zu wollen. Was für Lübeck insofern von Bedeutung war, als die Vitalienbrüder auf diese Weise wenigstens für einige Zeit im Zaum gehalten werden konnten. Für den 25. Juli 1399 beraumte man dann eine Konferenz in Lübeck an; bevor sie aber eröffnet werden konnte, traf die Nachricht ein: Widzel ist in einer Fehde erschlagen worden.

Widzels Tod veränderte mit einem Schlag die ganze Lage. Keno, endlich keinen Vormund mehr über sich und jetzt im vollen Besitz seines Erbes, dachte nicht im Traum daran, in die Fußstapfen seines Halbbruders zu treten und etwa Lehnsmann des Holländers zu werden, desjenigen, der hatte mithelfen wollen, ihn um sein Erbe zu betrügen. Keno jedenfalls war fest entschlossen, den Kampf gegen die holländischen Ansprüche aufzunehmen und heuerte dazu Vitalienbrüder an, die stets beliebten Hilfskräfte, wenn es irgendwo an Truppen fehlte. Die Provinzen Groningen und Westfriesland, beide unter der Fuchtel des Grafen Albrecht, taten das gleiche. Gehätschelt wurden wieder einmal die Piraten; in einem Brief Kenos werden »alle guten Leute, insbesondere die Vitalienbrüder« um Beistand gebeten, in einem anderen Schreiben wird ein Vertrag mit ihnen beurkundet, der ihnen die günstigsten Bedingungen zusagt.

Daß unter solchen Umständen von einem Schiedsgericht oder von Friedensverhandlungen auf dem Lübecker Hansetag vom 25. Juli

1399 nicht mehr die Rede sein konnte, liegt auf der Hand. Dies um so weniger, als sich auch Graf Albrecht von Holland einige Übergriffe gegen hansische Kaufleute hatte zuschulden kommen lassen. Statt dessen beratschlagte man über geeignete Maßnahmen gegen die Seeräuber. Aufgefordert wurden unter anderem auch die flandrischen Städte, zur Befriedung der »Westsee« beizutragen. Am 8. September desselben Jahres traf man sich zu jenem Hansetag in Nyköbing, bei dem auch Königin Margarete anwesend war, die sich voll in das unerquickliche Geschäft der Piratenbekämpfung in der Ostsee eingeschaltet hatte und jetzt auch in Richtung Nordsee aktiv wurde: Es wurde beschlossen, daß sie Briefe an Keno ten Broke, Groningen und Dokkum und auch an den Grafen Konrad von Oldenburg richten solle mit der Aufforderung, die Seeräuber zu entlassen.

So geschah es. Besonders der Brief an Graf Konrad von Oldenburg ist bemerkenswert: Er ist in einem fast drohenden Ton gehalten. Margarete schreibt, sie habe gehört, daß Seeräuber aus seinen Häfen und Landen gesegelt seien und daß seine Leute und seine Untertanen unter diesen Seeräubern gewesen seien. Das habe sie nicht von dem Grafen erwartet, wegen der Freundschaft und Verwandtschaft, in der sie, die Königin, zu dem Grafen stehe. Sie fordere ihn nunmehr dringlich auf, wenn Seeräuber Schiffe oder Handelsware in seine Lande und in seine Häfen brächten oder schon gebracht hätten, diese für die Eigentümer aufzubewahren und die Schiffe der Seeräuber an die Kette zu legen, damit diese künftig keine Schäden mehr anrichten könnten. Geschehe dies nicht, fährt Margarete fort, so müsse sie zusammen mit den Städten auf andere Mittel und Wege sinnen, um die Seeräuber zu vernichten. Graf Konrad von Oldenburg stellte sich stur. Der Brief wurde nicht beantwortet, jeglicher Erfolg blieb aus.

Der Hansetag vom 2. Februar nächsten Jahres in Lübeck stand dann ganz im Zeichen der Bekämpfung der Vitalienbrüder in der

Nordsee. Anwesend waren unter anderem Vertreter von Hamburg, Bremen, Rostock, Stralsund, Wismar, Elbing sowie auch mehrerer niederländische Städte. Man war finster entschlossen, etwas gegen die Piratenplage vor der friesischen Küste zu tun.

Aber kaum hatte man sich gemeinsam in den Konferenzsaal begeben und kaum waren die Präliminarien der Eröffnung vorrüber, als die Tür aufging und ein Abgesandter Keno ten Brokes erschien. Es war der Kaplan Almer, sein Vertrauter, der hier vor der Versammlung im Namen seines Herrn erklärte: Keno sei bereit, die Vitalienbrüder zu entlassen, falls man ihm verzeihe. Zugleich versprach er, eine von Keno und von dessen Freunden unterzeichnete Urkunde darüber auszufertigen.

Einen Augenblick lang verschlug es den Unterhändlern die Sprache, dann aber siegte wieder die Vernunft. Ernsthaft mochten oder wollten sie nicht glauben, daß Kenos Absichten lauter seien. Man beschloß, zweigleisig zu fahren: Es sollte eine Kriegsflotte für die Nordsee ausgerüstet werden von insgesamt 11 Koggen mit 950 Bewaffneten. Dann harrte man der Dinge, die kommen sollten.

Tatsächlich, Keno ten Broke stellte selbst mit anderen fünf Häuptlingen die Urkunde aus, die der Kaplan angekündigt hatte. Er sagte darin zu, daß er dazu helfen wolle, damit im ganzen ostfriesischen Land keine Seeräuber mehr geduldet werden würden.

Hamburg hatte seinen Stadtschreiber mit Billigung der anderen Städte nach Ostfriesland geschickt, um zu sehen, ob der Häuptling auch wirklich sein Versprechen erfülle. Als er am 21. März aus Friesland zurückkehrte, meldete er Vollzug: Keno habe in der Tat sämtliche Vitalienbrüder aus seinen Diensten entlassen.

Freilich gelang es ihm nicht, den Vitalienbrüdern in ganz Ostfriesland den Boden zu entziehen. Denn, wie der Stadtschreiber weiter berichtet, hatten etliche Häuptlinge, vor allem die aus Emden und Ede Wimmeken, die Vitalienbrüder bei sich aufgenommen, und auch der Graf von Oldenburg zeigte sich ihnen wohlgesonnen.

Ede Wimmeken – jener, der vor knapp anderthalb Jahren den Städten Hamburg, Lübeck und Bremen versprochen hatte, auf ewige Zeiten keine Likedeeler wieder bei sich aufzunehmen. Was aber sollte er nun machen, nachdem seine Erzfeinde, vor allem die aus Emden, wieder ihre Soldtruppen bei der Fahne hatten? Er war gezwungen, seinerseits Vitalienbrüder in den Dienst seines Hauses zu stellen.

Bremen schrieb an Lübeck mit der Aufforderung, unverzüglich bewaffnete Schiffe in die Jade zu schicken, anderenfalls müsse man befürchten, daß Keno die Vitalienbrüder wieder bei sich aufnehmen müsse, und dann sei das Übel noch größer als zuvor.

Angesichts dieser sich bedrohlich zuspitzenden See-Gefahr zögerten Hamburg und Lübeck nun keinen Augenblick länger, Kriegsschiffe auszurüsten, so wie man es im Februar bei dem Lübecker Hansetag beschlossen hatte.

16. Kapitel

Strafexpedition zur Ems

Wo bleibt die Bremer Kogge? – Triumphzug nach Emden – 25 Piraten hingerichtet – Aussöhnung im Franziskanerkloster – Peinlicher Zwischenfall – Godeke Michels auf Burg Loquard – Kriegsrat – Flucht bei Nacht und Nebel nach Norwegen – 200 Likedeeler im Winterquartier

Unverkennbar ist der Stilwandel, der bei der Bekämpfung der Vitalienbrüder eingesetzt hat, seit sie vorzugsweise die Nordsee bevölkern. Taktierte die Hanse vordem eher verzögerlich, behutsam, ja geradezu lahm, eingeengt von den politischen Rücksichtnahmen auf fast alle Ostseeanrainer, so reagiert sie jetzt rasch und energisch auf die Herausforderung. Ostfriesische Häuptlinge und ihre seeräuberischen Hilfstruppen – sie bedeuten der Hanse nicht mehr als irgendwelche Raubritter, als Kroppzeug, das sich mausig gemacht hat und nun schleunigst gedeckelt werden muß. Politische Rücksichtnahmen entfallen.
Aus den Jägern waren jetzt Gejagte geworden. Neun Jahre hatte es gedauert, bis die Ostsee als piratenfrei gemeldet werden konnte – von König Albrechts Gefangennahme 1389 bis zur Eroberung Gotlands durch den Deutschen Orden 1398 – ; nur zwei Strafexpeditionen in den Jahren 1400 und 1401 genügten, um den Spuk in der Nordsee zu beenden, abgesehen von späteren einzelnen Kämpfen. Eine solche Strafexpedition stand jetzt, im April 1400, abredegemäß bevor. Von Hamburg aus wollte man starten; die lübischen Koggen mit ihren Begleitschiffen unter dem Befehl Henning von Rintelens und Johann Krispins waren inzwischen eingetroffen und hatten im Hafen festgemacht.
Zahlreiche Besprechungen mit den Hamburger Verantwortlichen waren noch zu treffen, vor allem mußte man sich mit den Hamburger Schiffshauptleuten Albert Schreye und Johann Nanne noch im einzelnen über die Taktik gegen die Vitalienbrüder einig werden. Schnell stellte sich dabei heraus, daß man die Jagd- und Kampfmethode im einzelnen von vornherein jedenfalls nicht festlegen konnte. Man überließ es daher der Schiffsfüh-

rung, so vorzugehen »wie es im Interesse des gemeinsamen Besten« sei.
Mehr hätte man ohnehin nicht tun können, denn man wartete noch immer auf Nachrichten aus Ostfriesland, wo sich das Gros der Vitalienbrüder aufhielt. Man hatte hier und da schon von den Untaten eines gewissen Klaus Störtebeker, eines Godeke Michels, vielleicht auch eines Wichmann oder Magister Wigbold gehört – wer das eigentlich war und wo die sich herumtrieben, das wußte keiner genau zu sagen. Bremen meinte, sie würden sich vorzugsweise in der Jademündung – dem Jadebusen – aufhalten, weil sie dort von dem Häuptling Ede Wimmeken beschützt werden konnten; andere wieder glaubten sicher zu wissen, daß sie sich in der Emsmündung herumdrückten, wo sie dann entweder Kostgänger der Familie ten Broke oder vielleicht des Propstes Hisko von Emden seien. Wie gesagt, genau wußte es niemand, und exakte Nachrichten darüber blieben aus.
Man hatte auch mit den Preußen vereinbart, daß sie ihre Schiffe nach Hamburg schicken sollten. Man wartete. Man wartete vergeblich, die Preußen kamen nicht.
Die lübischen Schiffe hatten die Zeit genutzt, um ihren Proviant- und Wasservorrat zu ergänzen. Eine längere Reise stand ja bevor, und im Bedarfsfalle schien es nicht so einfach zu sein, in Ostfriesland Nachschub zu bekommen. Schließlich war das ganze Land mehr oder weniger mit den Hansestädten verfeindet. Hier und da gab es auch noch etwas an den Segeln auszubessern, das Tauwerk zu ergänzen, vielleicht auch noch diesen oder jenen Mann anzuwerben, weil von der Mannschaft immer welche krank wurden oder sich sonst als untauglich zu einem solchen Kampf, wie er jetzt bevorstand, erwiesen hatten.
Es war im Grunde genommen ein ganz konventionelles Unternehmen, das bevorstand, nichts besonderes. Am 22. April 1400 hieß es: Leinen los. Und langsam schwenkten die Schiffe in das Fahr-

wasser der Elbe. Günstiger Wind füllte die Segel, und die Schiffe kamen mit guter Fahrt stromabwärts bis zum Schloß Ritzebüttel, dann zu dem Wehrturm Neuwerk, dem Schrecken der Vitalienbrüder, sofern sie in der Elbmündung aufkreuzten.

Es war die reinste Routinesegelei, die erfahrenen Schiffer aus Lübeck und Hamburg hatten keinerlei Probleme.

Neuwerk lag achteraus, jetzt westlichen Kurs und weitergesegelt bis zur Außenweser. Dort würde schon das bremische Schiff auf die heransegelnde Flotte warten.

Man erreichte den Treffpunkt – aber von den Bremern war weit und breit nichts zu sehen. Was tun?

»Dann kreuzen wir halt ein wenig herum, wir haben sowieso noch Zeit.«

»Und was tun wir, wenn die Kogge nicht kommt?«

»Dann segeln wir eben alleine weiter. Und zwar bis in die Emsmündung. Dort sollen, wie die jüngsten Nachrichten lauten, die meisten Vitalienbrüder versammelt sein.«

»Ja, schaffen wir das denn alleine, ohne die preußischen Schiffe, ohne die Bremer Schiffe?«

»Natürlich schaffen wir es. Selbstverständlich werden wir dies Gesindel besiegen, das sind wir unseren Kaufleuten schuldig.«

Noch immer keine Spur von dem Bremer Kriegsschiff. Also los, weiter gehts. Und man setzte die Fahrt unter der Küste Ostfrieslands fort, bis man am 5. Mai die Emsmündung erreichte.

Die Nachrichten verdichteten sich: die Vitalienbrüder halten sich in der Osterems auf. Ohne auch nur eine Minute zu zögern, richteten die hansischen Befehlshaber ihre Flotte auf die Osterems und tatsächlich, schon kurz darauf sichtete man drei Schiffe mit einer Gesambesatzung von rund 200 Mann, wie man später feststellte.

Es folgte das bekannte Schauspiel. Unter vollen Segeln stürmten die hansischen Kriegsschiffe auf die Vitalienbrüder zu, erst im letzten Augenblick wurde die Fahrt aus den Schiffen genommen.

Die Enterdraggen flogen; unheimliche Wurfgeschosse, die sich in den Wanten, in der Bordwand und überall verhakten. Schiff wurde an Schiff gezogen, die Bordwände stießen aneinander, und mit Wutgeheul stürmten die hanseatischen Söldner hinüber auf das Deck der Piratenschiffe. Blitzschnell hatte ein Kommando mit seinen Enterbeilen die Fallen gekappt, von oben rasselte die große Rah des einen Schiffes hinunter und begrub zahlreiche Kämpfer unter sich, Piraten wie hansische Söldner.
Es war ein kurzer, erbitterter Kampf, bei dem 80 von den 200 Vitalienbrüdern getötet wurden. Viele Seeräuber versuchten vor diesen hansischen Berserkern zu fliehen, was ihnen zum Teil auch gelang. An der Küste, bei den befreundeten Häuptlingen, suchten sie Unterschlupf. 18 Mann hatten sich zum Häuptling von Greetsiel gerettet, andere waren auf gut Glück in's Landesinnere geflüchtet.
Mit Beibooten jagte man hinter den Flüchtenden her. Vom Greetsieler Häuptling begehrten die hansischen Anführer herrisch die Herausgabe der Geflohenen: die 18 wurden tatsächlich ausgeliefert, darüberhinaus auch noch 7 weitere, die woanders Unterschlupf gefunden hatten.
25 Gefangene hatte man also gemacht, und mit diesen lief man am nächsten Tag, dem 6. Mai, in Emden ein, wo man von dem Propst und Häuptling Hisko mit allleruntertänigster Freundlichkeit empfangen wurde.
Es war eine Art Triumphzug, mit dem man in der Hafenstadt am Dollart einzog, und es war wohl auch ganz bewußt so inszeniert worden: Die Hanse, vertreten durch die Schiffe aus Lübeck und Hamburg, demonstrierte Macht, ließ keinen Zweifel darüber zu, daß sie mit dem Seeräuberunwesen Schluß zu machen gewillt war.
Und die ostfriesischen Häuptlinge?
Die haben zu gehorchen, und sonst gar nichts. Anderenfalls schik-

ken wir mal eben Truppen hierher; möchten wir doch mal sehen, wie es dann mit der Häuptlings-Herrlichkeit bestellt ist.
Hisko begriff die Lage, oder er tat wenigstens so. Man kann sich das lebhafte, ungläubige Erstaunen der Vitalienbrüder vorstellen, die den Emder Boß plötzlich in einer schmeichlerischen, unterwürfigen Haltung den hansischen Befehlshabern entgegenkommen sahen, den verschlagenen Blick schräg von unten aus den Augenwinkeln empor zu den einigermaßen drohend ausschauenden Kapitänen – Hisko, Dienstherr von Piraten wie alle anderen auch, wußte, was er tat, und der erhoffte Effekt trat auch ein: Großmütig verzichtete man hansischerseits auf Repressalien ihm und Emden gegenüber. Statt dessen zwang man drei andere Häuptlinge ihre Festen zu räumen, darunter auch Burg Loquard, die noch eine Rolle im Zusammenhang mit Klaus Störtebeker und Godeke Michels spielen wird.
Mit Piraten pflegte die Hanse stets kurzen Prozeß zu machen, so auch jetzt. Am 11. Mai trat ein Gericht zusammen und entschied nach kurzer Verhandlung, daß alle 25 gefangenen Vitalienbrüder hinzurichten seien. Kurz darauf wurde das Urteil vollstreckt, und die Emder Bürgerschaft hatte ihr Schauspiel.
Unter den Geköpften befanden sich drei Anführer, von denen der eine der uneheliche Sohn Kurt des Herzogs von Oldenburg war, ein anderer hieß Hinrik Holle und der dritte Bartold der Schreiber. Lakonisch heißt es im Bericht der hansischen Schiffsführer: »Wy wunnen se to Emede myd rechte unde leten en de hovede abhowen.«
Diese Angelegenheit war also erledigt, nun konnte man daran gehen, auch die Wurzeln allen Übels auszureißen. Diese miesen kleinen ostfriesischen Häuptlinge, die offenbar nichts anderes wußten, als sich gegenseitig an die Gurgel zu fahren und sich dazu der Hilfe von Vitalienbrüdern bedienten, die mußte man miteinander aussöhnen, ob sie nun wollten oder nicht. Massiver Druck würde

schon für den notwendigen Einigungswillen sorgen, da waren sich die hansischen Abgesandten völlig sicher.
Zur Stätte der Begegnung hatte man das Emder Franziskanerkloster ausersehen; Boten ritten kreuz und quer durch Friesland und luden ein zur großen Versöhnungskonferenz. »Luden ein« – »forderten auf« oder »nötigten« zur Teilnahme, das traf den Sachverhalt schon besser. Und es kamen alle, bis auf ganz wenige Ausnahmen. Sämtliche Häuptlinge Ostfrieslands gaben sich ein Stelldichein, dazu zahlreiche Abgesandte aus ost- und westfriesischen Landschaften. Die Hanseführer durften zufrieden sein.
Bevor man die eigentliche Konferenz eröffnete, versuchten die hansischen Delegierten in Zweiergesprächen auf die Streithähne einzuwirken; man übte sich in Seelenmassage und dies nicht ohne Erfolg. Die Anführer der einen Partei waren Keno ten Broke und Folkmar Allena, die der anderen Leward von Norden, Hisko von Emden und Ede Wimmeken. Es lag in der Natur der Sache – jahrzehntenalte, ja jahrhundertealte Fehden hatten tiefe Wunden hinterlassen, die noch längst nicht vernarbt waren –, daß man sich gegenseitig auf das Übelste beschimpfte und alle alten Sünden hervorkramte, die jemals begangen worden waren. Wie es scheint, übten die hansischen Mitglieder dieser Konferenz geduldige Nachsicht, sie wußten: So etwas läßt sich nicht auf einen Schlag bereinigen, doch jeder Krach reinigt die Atmosphäre. Der Frieden, der hinterher zu schließen sei, würde nur um so dauerhafter sein, je mehr man jetzt Gelegenheit habe, Dampf abzulassen.
Am 17. Mai aber, mitten in den schwierigen Verhandlungen, kam es zu einem peinlichen Zwischenfall. Der Bremer Schiffsführer Ludger Wolders traf in Emden ein, der Mann, auf den man vergeblich vor der Weser gewartet hatte.
Schon kurz nach ihrer Ankunft in Emden hatten die Lübecker und Hamburger sich in Bremen darüber beschwert, daß man die zugesagte Kogge nicht gefunden hatte. Die Bremer antworteten

prompt: Sie hätten gehofft, daß ihre Kogge, die ja schon seit längerer Zeit unterwegs sei, bereits in Emden angekommen sei. Man wisse im Augenblick nicht wo sie sei, könne nur vermuten, daß an der Verzögerung widriger Wind schuld sei, und sie bäten die Lübecker und Hamburger den Frieden zwischen den streitenden Häuptlingen zu vereinbaren, so wie man es schon vorher besprochen habe.

Jetzt steht der Bremer vor ihnen und er weiß gar nicht, warum die Abgesandten seiner Schwesterstädte so aufgebracht sind: Man habe doch damals in Hamburg vereinbart, erst in die Jade zu segeln, um die Seeräubernester dort auszuheben, oder etwa nicht?

Natürlich habe man das, wurde ihm erwidert; man habe auch gleichzeitig gesagt, daß man so segeln werde, wie es im Interesse des gemeinsamen Besten sei. Und das sei nun einmal gewesen, sich sofort in die Ems-Bucht zu begeben, weil man von dort Nachrichten über die Anwesenheit der Vitalienbrüder erhalten habe. Ob er denn das nicht gewußt habe?

Darauf Ludger Wolders: Bremen habe ihm zwar einen Brief geschrieben, daß er mitsegeln solle; er habe das aber als durchaus für nicht verbindlich angesehen, weil seiner Ansicht nach die Beschlüsse seinerzeit von Hamburg bindend für ihn gewesen seien.

Ein großes Mißverständnis also zwischen den Städten, das ums Haar zu Mißhelligkeiten geführt hätte, auf jeden Fall sich dann zu einer größeren Uneinigkeit ausgewirkt haben würde, wenn die vereinigte Streitmacht der Lübecker und Hamburger nicht ausgereicht hätte, die Vitalienbrüder in der Ems zu besiegen. Na, Gott-sei-Dank, es sei ja noch einmal gutgegangen. Was ihm der Bremer Rat sonst noch zu berichten aufgetragen habe?

Daß die hansische Flotte, wenn sie in Ostfriesland ihre Aufgabe erfüllt habe mit ihm segeln solle in die Maade – das ist ein Flüßchen, das durch das heutige Wilhelmshaven fließt –, wo man Ede Wimmeken und seine Parteigänger vernichten solle. Wimmeken

und seine Genossen hätten nämlich sehr viel mehr verbrochen gegen die Hansestädte als Keno und alle anderen zusammen.
Worauf der Sprecher der lübisch-hamburgischen Streitmacht ganz überlegen antwortete: Man werde sehen, ob man in die Maade oder vielleicht hinüber nach Norwegen segeln wolle, wohin sich ein Teil der Vitalienbrüder geflüchtet habe; auf jeden Fall aber werde man so handeln, wie es das Wohl der Städte, das Wohl des gemeinsamen Ganzen erfordere.
Es dauerte noch knapp eine Woche, bis das große Einigungs- und Versöhnungswerk vollendet war. Erst am 23. Mai fand die feierliche Schlußsitzung statt. Drei Urkunden wurden darüber aufgesetzt und unterzeichnet, die erste betraf die Sühneabrede der friesischen Häuptlinge untereinander, die zweite, von 25 Häuptlingen und fünf Landschaften ausgestellt, betraf die Sühne selber und eine dritte schließlich die Vitalienbrüder. Bevor nun die Sühne öffentlich und feierlich verkündet wurde, gaben sämtliche Anwesende das feierliche Versprechen, gegen Vitalienbrüder und auch gegen deren Beschützer den Hansestädten mit aller ihnen zur Verfügung stehenden Macht zu helfen.
Kurz der Inhalt von Urkunde eins und zwei: Zunächst soll als Bürgschaft, bis die Sühne erfolgt ist, Keno ten Broke sein Schloß Wittmund und Folkmar Allena die Burg Grothusen den Hanseaten ausliefern. Als Unterpfand versteht sich, nicht zum Verbleib in deren endgültigen Besitz. Dann sollen vier noch zu wählende Vermittler bis St. Jakob – dem 25. Juni – einen endgültigen Frieden zwischen den beiden verfeindeten Parteien zustandebringen. Gelingt ihnen das bis zu dem Datum nicht, so sollen sie am 25. Juli in Groningen sein, wo man einen weiteren Termin bis kurz vor Weihnachten festsetzen werde. Dann sollen auch Vertreter der übrigen Hansestädte an der Beratung teilnehmen und diese dann die Rolle der Vermittler übernehmen. Als Garant dafür, daß dieser Vertrag auch in Kraft gesetzt wird, sollen Keno selbst und Folk-

Störtebeker und Godeke Michels

Ausschnitt aus der ältesten gedruckten Karte von Deutschland, bearbeitet von Nicolaus Cusanus, erschienen 1491.

Klaus Störtebekers Gefangennahme. Holzstich von Johannes Gehrts (um 1890).

Die Einbringung des Klaus Störtebeker in Hamburg. Holzstich von Karl Gehrts (um 1890).

Darstellung der Hinrichtung auf dem Grasbrook.

Die hingerichtete See-Räuber Störtebeck und Gödeke Micheel.

ANno 1401. haben die Hamburger den berühmten See-Räuber Klaus Störtebeck / nebst noch einem / Wichmann genannt / bey das Heilig-Land angetroffen / worauff sie die See-Räuber tapfer angegriffen / bey 42. Mañ erschlagen / und 70. gefänglich in Hamburg gebracht / welche alle auf dem Brocke sind enthauptet / und ihre Köpffe auf Pfähle gestecket; der Scharffrichter so sie gerichtet / hieß Rosenfeld. Zum Gedächtniß dieser / oder der Hamburger rühmlichen That (welche Ehre / nächst GOtt / dem Herrn Simon von Utrecht / Herrn Hinrich Jenefeld / und Herrn Klaus Schacke / Raht-Männer zu Hamburg / und Haupt-Leute auf den Schiffen zuzuschreiben ist) hat man eine stattliche Silber-Geschirr so in der Schiffer Gesellschafft befindlich machen lassen / aus welchem Fremde und Einheimische die Gesundheit zu trincken pflegen / und wird dabey ein Buch überreichet / in welchen jedweder seinen Nahmen / nebst einem Gedenck-Spruch einzuschreiben pflegt / und solch Geschirr wird der Stürtzebecher genannt. Im selbigen Jahr sind abermahl 80. See-Räuber aufgebracht / deren Haupt-Leute waren Gödecke Micheel und Gottfried Wichold / promovirter Magister Artium, sie wurden gleichfals auf dem Brocke enthauptet / und ihre Köpffe auf Pfähle / zu den vorigen gestecket.

HAMBURG / gedruckt und zu bekommen bey Nicolaus Sauer / auffm Schaarsteinweg.

Der Störtebeker-Turm in Marienhafe.

mar Allenas Neffe Aielt nach Bremen in Geiselhaft gehen, während die Gegner den Sohn Hiskos und einen Gerald Wyardissone als Geisel nach Groningen schicken wollen. Außerdem, so verspricht die Urkunde jedem, sei er friesisch oder deutsch, freie Fahrt zu Wasser und zu Lande ohne jegliche Besteuerung.

Die dritte Urkunde schließlich, die sich mit den Vitalienbrüdern befaßt, enthält noch einmal das ausdrückliche Versprechen sämtlicher Häuptlinge und Gemeinden Ostfrieslands, nimmermehr irgendwelche Vitalienbrüder oder andere Seeräuber zu hegen, die den Kaufmann zu Wasser oder zu Lande schädigen. Wird jemand diese Seeräuber hegen, so werden sie, die Unterzeichneten, mit Rat und Tat, mit all ihrer Macht dazu helfen, daß diese Räuber vernichtet werden. Alle Kaufleute sollen auch bei Tage und bei der Nacht freien Handelsverkehr zu Wasser und zu Lande haben und sie sollen auch nur den herkömmlichen Zoll bezahlen. Jetzt kommt noch etwas Besonderes: Man verspricht, das alte Strandrecht aufzugeben. Wird jemand schiffbrüchig, so sollen diejenigen, die das schiffbrüchige Gut bergen, nur ihren Bergelohn erhalten und sonst gar nichts. Wenn die Schiffer in der Lage sind, selbst ihr Gut zu bergen, so sollen sie es auch behalten und damit hinfahren dürfen wohin sie immer wollen. Soweit die Verträge von Emden also; alles in allem ein voller Erfolg der hansischen Intervention. Ob er freilich von Dauer sein würde, mußte noch die Zukunft erweisen.

Eigentlich mußte für jedermann offenkundig sein, daß Ede Wimmeken während dieser Versöhnungsverhandlungen von der Hanse begünstigt worden war; er hatte nicht, wie jene anderen Häuptlinge, eine seiner Burgen hergeben müssen. Darüber war nun jener Schiffshauptmann Ludger Wolders, Bremens Unterhändler, sehr ergrimmt. Und bei der ersten Gelegenheit, entlud sich sein Zorn. Ein Schiff, das die lübisch-hamburgische Flotte den Vitalienbrüdern wieder abgenommen hatte, gehörte einem Bremer Kaufmann, und war zum Teil mit bremischer Ware beladen. Das Schiff selbst sowie die Waren sollten dem Eigentümer, der selbst nach Emden angereist war, zurückgegeben werden. Dabei stellte sich nun aber zur nicht geringen Überraschung heraus, daß dieser Bremer ein kleiner Dieb war, der verschiedene Sachen gestohlen hatte. Ludger Wolders hatte nun nicht die ganze Zeit während der Verhandlungen anwesend sein können, er durchschaute die Angelegenheit nicht richtig. So fühlte er sich denn aufgerufen, seinen Bremer Mitbürger vehement zu verteidigen in Unkenntnis dessen, daß er sich für einen kleinen Ganoven stark machte, und es kam zu einem heftigen Wortwechsel zwischen ihm und den übrigen hansischen Unterhändlern. Und was wegen des moderaten Temperaments der norddeutschen Küstenbewohner eigentlich nie vorzukommen pflegte, hier wurde es Ereignis: Der bremische Schiffshauptmann beschimpfte den Hamburger Albert Schreye heftig und zieh ihn sogar zweimal der Lüge und warf ihm Überheblichkeit und Hochmut vor. Albert Schreye behielt die Nerven. Er reagierte besonnen und konnte damit eine Ausweitung des Streites vermeiden. Peinlich genug für alle dieses Schauspiel, besonders im Angesicht der ostfriesischen Häuptlinge, aber was halfs, die Sache mußte durchgestanden werden.

Man machte die Schiffe wieder seeklar, die Strafexpedition konnte als erfolgreich verbucht werden. Bevor man aber absegelte, wurden noch schnell die Burg Osterhusen des Folkmar Allena und die Burg Loquard des Häuptlings Sibrand in Brand gesteckt. Die Schlösser Faldern, Larrelt und Herte, von denen man die Häuptlinge vertrieben hatte, wurden dem Propst Hisko zur Überwachung übergeben. Dann wurden Keno ten Broke, Aielt – der Neffe von Folkmar Allena – und alle anderen Häuptlinge, die irgendwie Anlaß zu Klagen gegeben hatten, aufgefordert, am 21. Juli in Hamburg zu erscheinen, um sich dort vor dem Hansetag zu verantworten.

Siegreich in allen Fronten leistete man sich noch eine großzügige

Geste: Man begnadigte 25 Friesen, die vordem Vitalienbrüder gewesen waren. Ende Juni war es dann soweit, die Lübecker und Hamburger brachen auf.
Ihrem Bremer Kollegen Ludger Wolders hatten sie erzählt, eventuell in die Maade zu segeln und Ede Wimmeken zur Rechenschaft zu ziehen oder aber die nach Norwegen geflohenen Vitalienbrüder verfolgen zu wollen. Aus beiden Plänen wurde aber nichts, weil, wie die Hauptleute berichteten, keine Lebensmittel aufzutreiben waren und man außerdem rechtzeitig auf dem Hansetag im Juli in Hamburg erscheinen wollte. Insgesamt 9350 Mark lübisch hatte diese Aktion gekostet, ein gut angelegtes Geld, wie es schien.
Nachträglich mochten sich die Hamburger und Lübecker Schiffsführer geärgert haben, als sie nämlich erfuhren, daß zumindest der gefürchtete Piratenführer Godeke Michels sich auf Loquard aufgehalten hatte, just an dem Tag, als sie siegreich in Emden festmachten; jener Burg Loquard von der nur noch rauchende Trümmer übrig geblieben waren. In ihrem Bericht heißt es, daß »Godeke Wessels« – gemeint ist Godeke Michels – »noch up dem slote was, do wy to Emede kemen ...« Außerdem soll noch deren Mitanführer Wigbold auf Loquard gesehen worden sein, und – diese Vermutung liegt nahe angesichts der engen Zusammenarbeit – auch Klaus Störtebeker; zu beweisen ist dies freilich nicht.

Großer Kriegsrat der Vitalienbrüder-Anführer, wie man annehmen darf, im Saal der Burg Loquard. Noch fühlte man sich einigermaßen sicher, noch hatte der Burgherr und Häuptling Sibrand das Gemäuer nicht den Hansen ausliefern müssen; und daß die Feste alsbald in Flammen aufgehen würde, lag im Augenblick jedenfalls noch außerhalb der Vorstellung.
Ja, was könnte man dann gegen die Streitmacht in der Ems ausrichten, kann man überhaupt etwas tun?
Sie waren Realisten; sie wußten: da war nichts zu machen. Auch

nicht mit den noch etwa 200 Genossen, die entweder entkommen waren oder gerade Landurlaub hatten und sich nun rings im Lande versteckt hielten. Zur Zeit schien es völlig aussichtslos, den Kampf mit einigem Erfolg aufzunehmen.
Also abhauen, und das möglichst schnell, bevor noch Unvorhergesehenes geschehen kann.
Gut, aber wohin?
Zu Ede Wimmeken in die Jade vielleicht?
Nein, zu gefährlich. Unkalkulierbares Risiko, weil man nicht weiß, ob Ede nicht vielleicht ebenso zu Kreuze kriechen wird, wie dieser schmierige Hisko, der Verräter. Und weiß der Teufel, unter Umständen verfallen die Hamburger und Lübischen auf die Idee, auch noch in die Jade zu segeln. Bleibt also Holland; aber dorthin hatten sich schon reichlich viele Kollegen verzogen.
Das beste wird sein, man fährt nach Norwegen.
Wer diesen Gedanken äußerte, ist letztlich nicht so wichtig. Tatsache bleibt, daß es den Vitalier-Kapitänen Michels, Störtebeker und Wigbold gelang, ihre zwei Hundertschaften eiligst zusammen zu rufen und in See zu stechen. Und niemand hat es bemerkt, jedenfalls keiner, der es den in Emden versammelten Hansevertretern zugeflüstert haben würde, was sich irgendwo im Lande in einem verschwiegenen Siel abspielte. Aber den ostfriesischen Häuptlingen mag die Flucht bei Nacht und Nebel doch zu Ohren gekommen sein; und eine klammheimliche Freude darüber, den Hansestädten doch noch eins ausgewischt zu haben, wenn auch ohne eigenes Zutun, mag ihre Stimmung ein wenig gehoben haben.
Folgt man der sogenannten Rufus-Chronik für Lübeck, so tummelte sich dies Seeräubertrio, vermehrt um Wigbold, schon seit 1395 in ostfriesischen Landen, als sie sich nämlich nach König Albrechts Entlassung aus Margaretes Haft in den Städten Rostock und Wismar nicht mehr sicher fühlten und deshalb anderswo Zuflucht suchten. Rufus schreibt: »Van denen en del quemen an

Vreslandes syden unde roveden dar up den copman; de ander del sochten dat Hyspanische mer unde weren deme copmanne dar do vordrethe; ok vor erer en grot schaar an de Russen unde deden den groten schaden. Desser zeerovere hovetlude weren ghheten Godeke Michelis, Wichman, Wychold unde Clawes Stortebeker, unde deden dem copmanne groten schaden.«

Der Chronist scheint aber nicht ganz zuverlässig zu berichten. Vermutlich war er durch spätere Ereignisse beeinflußt, als er diese vier Seeräuberchefs als gleiche nebeneinander stellte. Das waren sie nun zumindest in jener Zeit nicht. Denn eine Klageakte der Engländer, die sich über ihren angeblich von den Hansen erlittenen Schaden beschwerten, nennt als Anführer der Kaperer in der Zeit von 1394 bis 1399 unter anderem einmal Godeke Michels, Klaus Scheld und Störtebeker und neunmal Godeke Michels und Störtebeker zusammen, ohne dabei Magister Wigbold oder Wichmann überhaupt zu erwähnen. Daraus folgt, diesen Schluß haben jedenfalls Fachhistoriker gezogen, daß zumindest die beiden letzten nicht zu den Anführern in den Jahren bis 1399 gehört haben können.

Wie das Verhältnis zwischen Godeke Michels und Klaus Störtebeker ausgesehen hat, ist weitestgehend unbekannt. Man nimmt an, daß Störtebeker einer der Unterführer Godeke Michels gewesen sei, ohne dafür jedoch schlagende Beweise beibringen zu können.

Wie dem auch sei, diese Frage läßt sich heute mit Sicherheit nicht mehr klären; fest steht jedoch, daß die beiden mit etwa 200 Mann nach Norwegen flohen, als der hansische Kriegszug in der Ems einen derartigen Erfolg hatte. Norwegen dürfte für sie kein unbekanntes Gebiet gewesen sein; in guter Erinnerung war noch die Plünderung Bergens seinerzeit, bei der Herzog Johann von Mecklenburg den Tod gefunden hatte. Zwar dürfte auszuschließen sein, daß sie sich auch jetzt wieder nach Bergen wandten. Das war auch gar nicht nötig, denn Norwegen mit seinen zahllosen Verstecken an der zerklüfteten Küste, bot auch so mehr als genügend Möglichkeiten, sich zu verstecken.

Diese Flucht muß den Vitalienbrüdern äußerst ungelegen gekommen sein, nicht allein der Tatsache wegen, daß man Fersengeld geben mußte – das wäre für sich genommen noch nicht einmal so arg gewesen –; viel schlimmer war, daß dies Mißgeschick mitten in die Schiffahrts- und damit auch Raubsaison fiel. In eine Zeit ausgerechnet, die beste Aussicht auf reichliche Beute bot.

Damit war es nun für's erste nichts mehr. Norwegen lag verhältnismäßig weit ab von den Hauptschiffahrtsrouten, einzig die Bergenfahrer kamen als Opfer in Frage; aber die schwammen leider nicht so zahlreich herum wie all ihre Kaufmanns-Kollegen unter der friesischen Küste, die zum Beispiel nach England, Flandern, Holland, Frankreich, Bremen und Hamburg fuhren oder von dorther kamen. Und noch etwas: In Norwegen schützte sie kein Häuptling, kein Graf, und niemand tauschte ihnen die geraubten Waren in für sie brauchbare Sachen um, oder verkaufte sie unter der Hand.

Hier und da ein fetter Bergenfahrer – das war längst nicht genug für 200 Mann; niemand wird sich darüber Illusionen hingegeben haben, zum wenigsten die Anführer. Vor allem der Nachschub an Lebensmitteln dürfte einiges Kopfzerbrechen verursacht haben.

Gut, man kommt mit Fischfang und der Jagd einige Zeit lang über die Runden. Aber Brotgetreide zum Beispiel, woher das nehmen? Sicherlich wird man ein ums andere Mal Plünderungszüge ins Landesinnere unternommen, vielleicht auch hier und dort einen wehrlosen Küstenort überfallen haben. Aber das alles war improvisiert, dahinter steckte keine vorausschauende Planung.

Je näher der Herbst rückte, um so dringlicher stellte sich das Problem: Wie kommen wir über den Winter? Die Handelsschiffe verschwanden mehr und mehr von der See; auch diese spärliche Beute würde also in Kürze gar nicht mehr greifbar sein.

Man mußte haushalten mit dem, was man bisher an Vorräten hatte aufhäufen können, mußte äußerst sparsam damit umgehen, was die Diziplin der Leute an den langen nordischen Winterabenden auf eine harte Probe stellen würde. Nur eines würde es im Überfluß geben, Wasser nämlich, zu dem man den reichlichen Schnee schmelzen konnte.

Schon bald nach ihrer Flucht aus Ostfriesland dürfte in Störtebeker und Co. der unwiderrufliche Entschluß gereift sein: Nächstes Frühjahr müssen wir unbedingt weg von hier, müssen wieder nach Süden in die angestammten Gewässer segeln.

Und dann mag sich Störtebeker in seinem Fauteuil zurückgelehnt und sich seinen Träumereien an – den nicht vorhandenen – norwegischen Kaminen hingegeben haben. Träumen und Erinnerungen an die schönen und bewegten Zeiten im ostfriesischen Marienhafe ...

17. Kapitel

In der Kammer von Klaus Störtebeker

Im Dom zu Marienhafe – Steinkugel und Wendeltreppe – Wo ist das Störtebekertief? – Waren für den Flohmarkt – Das Schiff, das fliegen konnte – »Eigentlich hieß er Claas Clasen« – Sieben Fenster und die Lätare-Spende

Der Wärter und Kartenverkäufer im Störtebeker-Turm zu Marienhafe gerät ins Schwärmen: »Stellen Sie sich vor, hier hat er nun gehaust, vielleicht auf Stroh oder auf Matratzen, wer weiß; ich weiß es nicht. Aber hier war es, in dieser Kammer.«

Erfürchtiges Erschauern allenthalben, eine geweihte Stätte gewissermaßen, für DM 1,– pro Person zu besichtigen. Als Kammer ist dies ein ziemlich großer Raum: Etwa 8 mal 8 Meter im Quadrat und unendlich hoch – geschätzte 10 Meter. Es ist das erste Stockwerk im Turm der Marienkirche. Eine reichlich ungemütliche Behausung, jedenfalls auf Dauer; sommers mag es ja noch hingehen, aber im Winter? Kalt und zugig, unbeheizbar. Der Glöckner von Notre Dame wohnte da noch verhältnismäßig komfortabel in seinem luftigen Appartment, welches er der schönen Esmeralda als vorläufige Bleibe anbieten konnte, ohne sie sonderlich zu inkommodieren.

Störtebekers sagenhafte Gemahlin, die ebenso schöne Tochter des berühmt-berüchtigten Keno ten Broke, mußte mit weit weniger zufrieden sein. Zum Beispiel mit dem vergleichsweise langweiligen Ausblick auf das pfannkuchenplatte Ostfriesland, einem Ausblick, den sie allerdings aus rund 80 Metern Höhe genießen durfte: So hoch war seinerzeit der siebengeschossige massige Kirchturm, heute Störtebeker-Turm genannt, der der damals dreischiffigen Basilika ein mächtiges und imponierendes Aussehen gab. Kirchtürme dieser Größe waren, wie überall an der Küste, zugleich auch Landmarken für den Seeverkehr, und nicht etwa nur Repräsentativbauten.

Von der einst imposanten, in rotem Backstein ausgeführten Kirche, dem »Dom von St. Marien«, wie er genannt wurde, sind nur noch klägliche Reste auf unsere Tage gekommen. 1829, etwas mehr als 400 Jahre nach Störtebeker, wurde die Kirche wegen Baufälligkeit abgetragen. Die beiden Seitenschiffe wurden abgerissen, das Querschiff ebenfalls, und das Dach des Mittelschiffs abgesenkt. Der Turm schrumpfte gut um die Hälfte auf jetzt 35 Meter Höhe.

Da hinauf zu steigen erfordert Kondition. Eine sehr schmale und sehr steile steinerne Wendeltreppe ringelt sich nach oben, ein Handlauf zum Festhalten fehlt. Entgegen kommen darf auch niemand; das führt unweigerlich zur Kollision, denn ein Ausweichen ist unmöglich. Es sei denn, zufällig wäre ein schmaler Seitengang in der Nähe, über den zum Beispiel das Werk der Turmuhr zu erreichen ist; oder aber eine winzige Fensternische, in die sich hineinzuzwängen die Gefahr birgt, darin auch stecken zu bleiben. Freilich hätte man dann die immerwährende Gesellschaft penetrant gurrender Tauben, die offenbar dort brüten. Zweiglein ihrer Primitiv-Nester liegen auf den Stufen herum, und weiß-gelb-grüner Taubenmist sorgt allerorten für dekorative Muster auf den roten Ziegeln.

Hier also wäre der hünenhafte und bärenstarke Störtebeker so manches Mal aufgeentert, um mit seinen scharfen Adleraugen den Horizont abzusuchen, ob sich da nicht ein fetter Kauffahrer zeige. Oder aber, weil unvorhergesehen böse Menschen ihm an den Kragen wollten, ihn vielleicht fangen und aburteilen wollten wegen seiner schändlichen Taten. Muß wohl so sein; andernfalls hätte nämlich der eintrittskartenverkaufende Cicerone einige 10 Meter tiefer geschwindelt, als er bedeutungsvoll auf eine dicke Steinkugel wies: »Die hat Störtebeker immer von oben die Wendeltreppe hinunterrollen lassen, wenn Feinde in seine Kammer eingedrungen waren.«

Wirklich, eine höchst unangenehme Sache, wenn plötzlich ein solches Ding mit Höllenlärm von oben heruntergepoltert kommt und einem die Beine zermalmt. So schrecklich viele Feinde sind, wie es scheint, auf diese Weise denn doch nicht vernichtet worden; dazu müßten die Stufen weit mehr ausgeschlagen sein, als sie tatsächlich sind. Aber vielleicht hat man sie irgendwann einmal ausgebessert, wer weiß das schon.

Kaum vorzustellen, daß das Rinnsal, das sich in westliche Richtung schlängelt, alles ist, was vom sogenannten Störtebekertief übriggeblieben ist. In jenen Tagen war Marienhafe – der Name sagt es – eine Hafenstadt. Zwar nicht direkt an der See gelegen, aber eben doch durch das gut befahrene Tief mit ihr verbunden; mit der Leybucht genauer gesagt, die damals viel größer war als heute. Dort hinein also müßte Störtebeker, der Oberpirat, nach der Feindfahrt gerauscht sein, müßte mit traumwandlerischer Sicherheit die Einfahrt in den Wasserlauf gefunden und das Segel gerefft haben, dann mit Minimalfahrt weiter bis zu der großen Mauer mit den vier gewölbten großen Pforten gefahren sein, die er selbst zum Schutze Marienhafes angelegt hatte. Dann noch wenige Meter, und die Schiffstaue konnten durch die eisernen Ringe an der Friedhofsmauer gezogen werden – das Schiff lag fest.

Ein bißchen phantastisch zwar das Ganze, das Auge hat einige Mühe, sich die sagenhaften Örtlichkeiten vorzustellen – aber warum eigentlich nicht: Es könnte wirklich so gewesen sein, und gänzlich unlogisch scheint es nicht; die Marienkirche steht nämlich auf der an der Küste üblichen Warft; das Störtebekertief könnte sich durchaus hafenartig erweitert haben. Wie die Raubschiffe aber wieder gewendet werden konnten für die Ausfahrt, bleibt eine offene, wenn auch müßige Frage.

Dann ging's ans Sichten der Beute und sortieren – was wollte man für sich behalten, was verkaufen – »auf so einer Art Flohmarkt, verstehen Sie?«, wird erläutert, »gleich da unten.«

»Geht doch gar nicht, da war doch Wasser.«

»Na dann eben ein Stückchen weiter, da hinten vielleicht.«

Alles klar. Eigentlich ist es ein Wunder, daß nicht noch ein störtebekerscher Ladenhüter gezeigt wird – ein Fäßchen vergammelter Heringe vielleicht, die schon damals stanken und deshalb nicht an den Mann zu bringen waren. Oder aber ein Stückchen Blei zum Beispiel, eines seiner bestgehütetsten Kostbarkeiten, das er für alchimistische Experimente gebraucht haben mochte ... Was wußte man schon als braver Marienhafer, was der unheimliche Störtebeker in den langen Nächten in seiner Turmkammer alles trieb; richtig gruselig konnte es einem werden, wenn wieder das Licht in den schmalen Fensteröffnungen so geisterhaft flackerte ...und ein schlimmer Wind umging ... und das Wasser gurgelnd höher und höher stieg ... Wahrscheinlich stand er mit dem Teufel im Bund, der ihn allerlei unfromme Künste – um den Preis seiner Seele freilich – gelehrt haben mußte, anders jedenfalls war nicht zu verstehen, nicht wahr, daß er bisher stets ungeschoren von seinen Raubzügen zurückgekehrt war, und dazu meist noch reich mit Beute beladen. Auf die Dauer konnte das nicht gut gehen, das wußte man; es würde ein schreckliches Ende mit ihm nehmen; mochte Gott seiner armen Seele sich doch noch gnädig zeigen.

Zaubern konnte er, soviel war sicher. Auf Rügen hatte man sich diese Geschichte erzählt: Als der Fischer Dumrath, der zugleich Lotse war, eines Nachts bei der Insel Oie mit dem Fischfang beschäftigt war, tauchte plötzlich ein großes Schiff mit vollen Segeln neben ihm auf. Das Schiff rief ihn an: »Hierher Lotse!« Und als Dumrath durchdrehte und an Bord der mächtigen Barke stieg, trat ihm der Führer des Schiffes – und das war Klaus Störtebeker in eigener Person – entgegen und befahl ihm in barschem Ton: »Bring uns sicher nach dem Strom!« Dumrath ergriff das Steuer mit fester Hand und lugte scharf aus, und als es im Osten zu dämmern anfing, war die Einfahrt des Stromes erreicht. Da befahl ihm Störtebeker: »Geh nach unten und schlaf dich aus!« Dumrath gehorchte, aber kaum befand er sich unter Deck, so erhob sich in den Lüften ein gewaltiges Sausen und Brausen und er hörte, wie an

Bord jemand rief: »Holl af, holl af! We segeln sünst de Nikolaikirch in Grund und Bodden!« Das Schiff machte eine kurze Wendung, und bald darauf fiel der Anker rasselnd und prasselnd in die Tiefe. Als der Lotse gleich darauf an Deck erschien, lag die Barke schon fest verankert vor Stralsunds Hafen. Mit einer Hand voll Dukaten wurde Dumrath entlohnt. Er war froh, daß er das unheimliche Schiff wieder verlassen konnte.
Solche Geschichten verbreiteten sich in Windeseile; je phantastischer um so schneller. Aber was heißt schon phantastisch – hatte nicht der berühmte englische Mönch und Naturforscher Roger Bacon kühn behauptet, er könne sich durchaus vorstellen, daß auch ein schwerer Körper sich unter gewissen Bedingungen in die Luft zu erheben vermöge? Und wenn dies menschliche Körper können, warum dann nicht auch Schiffe mit Menschen darauf? Am Tag des jüngsten Gerichts fliegt sowieso die halbe Menschheit gen Himmel, hoffentlich, die andere Hälfte geht zur Hölle.

Der Störtebeker-Kenner deutet auf Grabplatten, die in einer Ecke des Raumes herumliegen: »Wissen Sie, warum die damals solche Platten nahmen?«
Woher sollte ich.
»Also, damit wurden die Gräber abgedeckt ...«
»Sehr interessant.«
»Ja; und wissen Sie, warum?«
Nein, noch immer nicht.
»Damit die Toten nicht vor dem Jüngsten Tag auferstehen konnten.« Und er lacht.
Darauf soll man nun kommen.
»Eigentlich hieß er ja gar nicht Störtebeker,« ließ er sich nach einer Weile aus seinem verglasten Kartenverkaufs-Kabäuschen vernehmen, in das er sich zurückgezogen hatte, »wußten Sie das?«
»Donnerwetter, und ich dachte immer ...«

»Sehen Sie. Stimmt aber alles nicht.« Und er lüfete das Geheimnis: »Claas Clasen, so hat er geheißen, und in Verden an der Aller wurde er geboren. Und seinen Namen, den jeder kennt, den hat er davon weg, daß er den Stiefel bei Saufereien total austrank und dann umstülpte: Jetzt ist nichts mehr drin. Kennen Sie doch, nicht?«
Wer kennt das nicht; wer setzt schon ein solches volles Gefäß, einmal zum Mund geführt, ohne Not ab und schluckt nicht die Literchen, platze auch die Wampe; es müßte schon ein rechter Dünnmann sein.
»Claas, stürz den Becher, so lautete die freundliche Aufforderung, als er noch jung war. Und daraus wurde dann »Stürzebecher« und schließlich »Störtebeker«; das ist mehr plattdeutsch. Verstehen Sie?«
Na gewiss doch.
»Aber man sagt doch, daß Störtebeker aus Wismar stamme?«
Der schüchterne Einwand wird großzügig erledigt: »Nein, nein, aus Verden, da ist er her.« Und der Beweis folgt sofort: »Er hatte nämlich zwei Wünsche offen bei seiner Hinrichtung in Hamburg. Er wollte seiner Vaterstadt etwas gutes tun und stiftete zu Beginn der Fastenzeit Heringe und Brot für die Armen. Wozu hätte er das sonst tun sollen, wenn er nicht aus Verden stammt.«
Das überzeugt. Dankbares Nicken für die neuen Erkenntnisse.
»Und der zweite Wunsch?«
»Störtebeker wollte noch, nachdem er geköpft worden war, an seinen Leuten vorüberlaufen, um sie zu retten ...«
»Ja, natürlich« – die Freude ist groß – »das ist ja bekannt.«
»Nicht wahr? Und an elf kam er vorbei, dann stellte ihm der Henker ein Bein.«
Gemeinheit, das. Aber so geht es im Leben.

»Klaus Störtebeker?«
Der Chef des Verkehrsamtes Verden an der Aller lächelt verschmitzt: »Selbstverständlich ist der hier geboren«, und er schiebt

ein Papier über den Schreibtisch, dem das genaue Gegenteil zu entnehmen ist.
Gleichwohl hat man den Piratenhäuptling zu einer Art Ehrenbürger gemacht. Sogar eine Straße wurde nach ihm benannt. Sein Andenken wird hochgehalten, da gibt es keine Frage, auch wenn er nachweislich mit dieser niedersächsischen Kreisstadt und ihren derzeit 24600 Einwohnern nicht das geringste zu tun hat, jedenfalls unter rein historischen Gesichtspunkten. Aber die interessieren niemanden ernstlich, und wozu auch.
Denn andernfalls müßte die Kommune auf zwei werbewirksame Veranstaltungen verzichten: Das Störtebeker-Heringsessen, zu dem man illustre Gäste bittet, und dessen Erlös – die Teilnahme kostet im Augenblick 25,-Mark – wohltätigen Zwecken dient; und die sogenannte Lätare-Spende, bei der bekanntlich am Montag nach dem Sonntag Lätare – drei Wochen vor Ostern – Heringe und Brot öffentlich verteilt werden.
Man weiß ja: den Störtebeker hatte das Gewissen schwer geschlagen, worauf er sich entschloß, wenigstens ein bißchen zur Abbüssung seiner unzählbaren Sünden zu tun. Er stiftete, so die Sage, sieben Fenster für den Verdener Dom - je eines zur Abbitte der sieben Todsünden: Hochmut, Geiz, Wollust, Völlerei, Neid, Zorn und Trägheit des Herzens. Und er wollte den Armen der Stadt etwas Gutes tun, mit Hilfe von Heringen und Roggenbrot.
»Sie werden es nicht glauben, aber rund eine Stunde, bevor die Verteilung beginnt, warten schon die ersten Verdener auf ihre Heringe.«
Warum auch nicht; kann sich nicht selbst bei Pökelheringen der bekannte Freibier-Effekt einstellen?
»Natürlich, sicher; aber nicht eben ausschließlich. Es sind zum Teil tatsächlich auch diejenigen Bürger, die es gebrauchen können«.

Seit ein paar Jahren hat man die Spenden-Menge verdoppelt.
»Weil die Zahl der Bedürftigen größer geworden ist?«
»Nee, bestimmt nicht deswegen«, er lacht, »den Leuten macht's einfach Spaß so zu tun, als bekämen sie etwas von Störtebeker geschenkt.«
»Und wer schenkt es ihnen wirklich?«
»Die Stadt natürlich. Unser Seeräuber hat ja keinen Fonds hinterlassen. Leider.«
Die Lätare-Spende hat Verden seit alters her aus dem eigenen Säkkel bezahlt. Bis ins Jahr 1602 reichen die Spendenabrechnungen zurück, und seit dieser Zeit weiß man auch, daß jedes Jahr einmal eine Tonne mit Salzheringen – etwa 700 bis 800 Stück – verteilt wird und dazu kleine Brote, die aus 300 Kilo Roggen gebacken werden.
Den Löwenanteil freilich kassierte seinerzeit der Stadtsyndikus: er erhielt 20 Brote; die Armen der Gemeinde nur je ein einziges. Dieser Quote entsprechend wurden die Heringe ausgegeben. Heute spendiert man schon zwei Tonnen Hering und 600 Kilo Roggen, der zu Brot verbacken wird. Die Stadtbediensteten erhalten davon nur einen symbolischen Teil – insofern hat sich inzwischen also einiges geändert.
»Schmeckt denn das famose Brot überhaupt?«
»Was denken Sie, es schmeckt hervorragend. Wir hatten schon überlegt, ob man es nicht das ganze Jahr über verkaufen könne.«
»Und warum hat es nicht geklappt?«
»Wir haben das Brot von Lebensmittelchemikern analysieren lassen« – der Verkehrsamt-Mann lehnt sich genüßlich zurück – »unsere Bürger würden rund wie die Möpse werden, wenn sie es dauernd essen würden. So kalorienreich ist es.«
So verzichtete die Stadt denn weise auf diese nahrhafte Speise.

18. Kapitel

Das Ende des Piraten-Häuptlings

Zurück nach Ostfriesland – Das Revier aufgeteilt – Flottenstützpunkt Helgoland – Kriegskoggen aus Hamburg – Rammstoß der »Bunten Kuh« – Störtebeker gefangen – Todesurteil – Jagd auf Godeke Michels – Honorar für eine Wallfahrt – Das Störtebekerlied

»In mit demesulven jare vochten de Engelandesvarer von der stad Hamborch uppe der zee mit den zeeroveren, de sik vytalienbrodere nomeden, unde behelden den zege jegen se. Se slugen erer beth to vertich doet by Hilgelande, unde vingen erer by seventigen. De brochten se mit sik to Hamborch, unde leten en alle do hovede afslan; ere hovede setten se by de Elve up ene wisch to eme tekene, dat se de zee gerovet hadden. Desser vytalien(brodere) hovetlude weren genomet Wichmann unde Clawes Stortebeker. Darna nicht lange quemen desulven Engelandesvarer uppe enen anderen hupen der zeerovere, unde slugen sik myt en. God gaf echt den guden helfen de(n) sege jegen se, dar se erer vele mordeden, unde vingen erer by achtenich unde vorden se mit sik tho Hamburg; dar worden se enthovedet, unde by ere kumpane uppe de wisch gesettet. Desser hovetmanne weren geheten Godeke Micheles unde Wygbold, ein mester an den seven kunsten.«

Rufus datiert dieses Ereignis ins Jahr 1402, was aber von Historikern auf 1401, neuerdings sogar auf 1400 verbessert wurde.

Kühl, knapp und mit der üblichen teilnahmslos-chronikalischen Sachlichkeit wird hier ein Show-down wiedergegeben, der im Frühjahr 1401 oder 1400 seinen Anfang genommen hatte mit der Rückkehr der Vitalienbrüder unter dem Seeräuber-Quartett Michels, Störtebeker, Wichmann und Wigbold nach Friesland, und bei dem die furchtlosen Vier noch nicht ahnten, daß ihnen die Hauptrolle zugefallen war.

Wie sollten sie auch. Nichts hatte bis zu diesem Zeitpunkt auf ungewöhnliche Ereignisse hingedeutet, alles war gelaufen, wie sie es sich im Herbst vergangenen Jahres vorgenommen hatten.

Erfahrungsgemäß war in Norwegen nicht mit so starkem Eisgang zu rechnen wie in der Ostsee; die Vitalienbrüder vertrauten darauf, rechtzeitig im Februar in ihre ostfriesischen Lande zurückfahren zu können, was auch gelang. Die nicht sehr dicke Eisdecke brach schon sehr frühzeitig. Sie konnten also hoffen, noch vor oder wenigstens mit Beginn der Schiffahrtssaison in ihren angestammten Jagdrevieren zu sein. Während des Winters hatten sie, so gut es sich eben machen ließ, ihre Schiffe ausgebessert; Holz war ja genug vorhanden, wenn auch leider nur frisches, und Segeltuch und Tauwerk hatte ohnehin jedes Schiff in Reserve. Männer, die sich aufs Zimmern verstanden, gab es genug – die Vitalienbrüder-Flotte befand sich den Umständen entsprechend in einem ausgezeichneten Zustand. Mit der von Tag zu Tag kräftiger scheinenden und immer höher steigenden Sonne war auch eine gewisse Gereiztheit der Mannschaft gewichen, die sich mitunter in bösen Schlägereien Luft gemacht hatte; jetzt hatte man wieder verlockende Ziele vor Augen, man barst vor Tatendrang und konnte es gar nicht eilig genug haben, aufzubrechen.

Noch im Winter waren Godeke Michels und Klaus Störtebeker überein gekommen, künftig nicht mehr gemeinsam auf den Raubzug zu gehen. Die Flotte sollte geteilt werden. Jeder gebot dann also über rund 100 Mann; Unterführer Wichmann optierte für Störtebeker, Magister Wigbold für Michels. Daß man sich nun etwa gegenseitig die Beute streitig machen, wenn nicht gar abjagen würde, befürchtete niemand. Die Lücken, welche die hansische Expedition gerissen hatte, waren denn doch zu groß; Platz war für alle vorhanden, die dem ehrwürdigen Priatenhandwerk nachgehen wollten.

Gemeinsam war man vom norwegischen Winterquatier aufgebrochen und hatte, wie ein Fuchs, der durch sein Revier schnürt, zunächst das Jagdgebiet inspiziert und womöglich schon die eine oder andere Kogge aufgebracht. Bis in den Öresund hinunter ließ man sich treiben, so daß die Hanseaten schon befürchteten, die Vi-

talienbrüder möchten wieder in die Ostsee einlaufen, auf der es nach der Aktion Gotland des Deutschen Ordens wenigstens einigermaßen ruhig zuging. Besorgt schrieben nun die seit dem 13. März in Lübeck tagenden Abgesandten an die preußischen Städte, daß man darauf bestehen müsse, »Friedeschiffe« in die Ostsee zu legen – wie man es nämlich irgendwann vereinbart hatte – »wente wy warliken berichtet sint, dat Godeke Wessels – auch hier ist wieder Godeke Michels gemeint – mit synen kumpanen in der zee sint, unde lichte in den Orsund zoken werden.«
Der Alarm war indessen verfrüht, die Seeräuber-Armada drehte ab und verschwand in Richtung Nordsee. Wir wollen annehmen, daß man dann nach Ostfriesland fuhr, vielleicht, weil ein schüchternpochendes Heimweh gestillt sein wollte, und man auf jeden Fall Umschau halten wollte nach den alten Freunden, nach den Häuptlingen und deren Töchtern. Manch eine mag dann mit wehenden Röcken zur Anlegestelle in Greetsiel, Marienhafe, Emden, Norden und sonstwo geeilt sein, als die Strandwachen aufgeregt die heransegelnden Vitalienbrüder ausgemacht hatten, dieweil der Burgherr befahl, den – natürlich geraubten – silbernen Willkomm schnell noch zu putzen und dann nach einem Krug Wein in den Keller schickte.
»Schön, daß ihr wieder da seid.«
»Schön, daß du noch lebst. War's schlimm mit den Hansischen?«
Das Torffeuer im Kamin verbreitete sein angenehm-würziges Aroma, und eine wohlige Ruhe begann Gast und Gastgeber einzuhüllen.
»Es ging. Ein paar Burgen haben sie verbrannt. Und geschworen haben sie wiederzukommen, sollte sich hier auch nur einer von euch blicken lassen.«
»Krämerseelen.«
»Aber gefährlich. Die meinen es ernst.«

»Ach was, wir passen schon auf. Wirst sehen, dies Jahr wird ein gutes Jahr. Stoß an.«

Der Beute nach zu urteilen, die man später im Laderaum des Godeke Michelschen Holks fand und in Hamburg auf den Markt brachte – Wachs, Tuch, Baumwolle und Felle, Talg, Heringe und Bier –, war es ein gutes Jahr.

Man hatte das Jagdrevier so geteilt, daß Störtebeker in der Elbmündung auf Pirsch gehen sollte, während Michels in der Wesermündung umherschweifen wollte. Die Grenzen waren fließend – im wahren Sinne des Wortes –, Helgoland gehörte noch zum Bereich Störtebekers, und vermutlich fühlte sich sein Piratenbruder Michels auch noch zuständig für Jade und Ems. Vielleicht war Helgoland auch der Stützpunkt beider Kaperer. Denn zu einer Flotten-Basis und idealem Ausgangspunkt für Raubzüge in die Elbmündung war die rote Sandsteininsel mitten in der Nordsee geworden. Schreibt Helgoland-Kenner Erich Lüth: »Wegen der Untiefen, die weit ins Meer hinausreichten, vermieden es die Kauffahrteischiffe, der Insel zu nahe zu kommen. Die Höhe der rot leuchtenden Klippen aber machte Helgoland dennoch zu einem Seezeichen, das in gebührendem Abstand zu passieren war. Doch eben diese Scheu der England- und der Bergenfahrer bot den Vitalienbrüdern im Nord- und Südhafen von Helgoland relative Sicherheit. Sie wurden Stammgäste hier und warfen sich zeitweilig zu Herren der Insel auf. Und sie kehrten gern wieder, als sommerliche Dauermieter.

Alle Zeichen deuten darauf hin, daß die Männer um Godeke Michael und Klaus Störtebeker es vermieden haben, ihre Kaper- und Raubgefechte in Sichtweite des Helgoländer Falms zu führen, jenes Höhenwegs an der südlichen Klippenkante.

Auf Helgoland wollten die Schalmen ihre Ruhe haben. Sie wollten hier ihre Beute sortieren, das sperrige Kaufmannsgut stapeln und einiges, was ihnen an Kostbarkeiten, an Edelmetallen, barer Mün-

ze oder Geschmeide in die Hände gefallen war, verstecken. So wird, wahrscheinlich mit einiger Begründung, vermutet, daß die auf Helgoland stationierten Likedeeler einige Felshöhlen in natürliche Schatzkammern umgewandelt haben, ähnlich wie sie es früher in den Kreidefelsen der Stubbenkammer auf Rügen getan hatten.«
Dorthin wird Störtebeker erst einmal gesegelt sein, die Quartiere in Augenschein zu nehmen, um die man sich im letzten Jahr nicht mehr hatte kümmern können. Dann waren die letzten Vorbereitungen zu treffen, und los gings in Richtung Elbe, den Pfeffersäkken aus Hamburg an den Kragen. Hatte man gedacht.
Kaum nämlich, daß Helgoland unter dem Horizont verschwunden war, entdeckte der Ausguck fremde Segel.
»Hamburger, Hamburger, Hamburger voraus!« schrie es von oben.
Störtebeker gratulierte sich zu dem Glück, so schnell auf – hoffentlich – gut gefüllte Frachter gestoßen zu sein, und seine Besatzung mochte schon erste überschlägige Rechnungen angestellt haben, wie hoch der Erlös wohl sein werde; vielleicht hatten die sogar Geld an Bord, vielleicht auch ein paar Edelsteine, Silber, Gold und all diese schönen Sachen, und nicht nur Bier oder Plünnen, sie mochten also ihre Phantasie schießen lassen, als es gleichzeitig von allen Schiffen aus dem Mastkorb scholl: »Das sind ja gar keine Kaufleute.«
Jedermann hielt augenblicklich inne mit dem, womit er gerade beschäftigt war und blickte kurz nach oben – laut schlugen die Wellen an die Bordwand, und der Wind schien plötzlich schriller durch die Takelage zu pfeiffen.
»Verdammt noch mal, das sind ja Kriegskoggen! Aus Hamburg!«
Härter umkrampften die nervigen Seemannshände Enterbeile und Draggen.

»Ausgerechnet die«, knurrte Störtebeker, »hätte man sich auch was besseres gewünscht.«
Verständlich, denn die Hamburger segelten unter vollem Zeug vor dem Wind, mit schäumender Bugwelle, kamen rasch auf, während Störtebeker gegen den Wind ankreuzen mußte, der seit gestern aus südöstlicher Richtung blies. Trotzdem hatte er heute morgen Aufbruch befohlen, weil er sich bei Neuwerk auf die Lauer legen wollte, und zum Abfangen der Beute, die aus Hamburg kam oder dorthin wollte, war dieser Wind nicht übel. Jetzt aber hatte es ihn und seine Mannschaften im ungünstigsten Augenblick erwischt. Was aber halfs, dem Gefecht war nicht mehr auszuweichen.

Durch Hamburgs Straßen war wenige Wochen zuvor der Ruf geeilt: »Die Vitalier sind wieder da!« In den Kaufmannskontoren kalkulierte man flugs die Gefahrenzulage, die fällig wurde, berechnete den Schaden, falls Schiffer und Kahn nicht mehr wiederkehrten und würde – nach heutigen Maßstäben – bedauert haben, daß es für solche Fälle keine Versicherung gab.
Aber der hochwohlweise Rat, der hatte es schon kommen sehen. Trotz des glänzenden Erfolgs letztes Jahr in Ostfriesland machte man sich keine Illusionen: Zu viele Seeräuber waren entkommen oder hatten sich woanders herumgetrieben – eben auch die gefährlichen Godeke Michels und Klaus Störtebeker. Denen war ohne weiteres zuzutrauen, daß sie wieder in den heimatlichen Gewässern aufkreuzten, verwegen genug waren sie dazu, das wußte man.
So erreichte der Schreckensruf eine durchaus vorbereitete Bürgerschaft, die nicht gewillt war, die Zügel in Sachen Vitalienbrüder schleifen zu lassen.
Zu Befehlshabern der Hamburger Kriegsschiffe waren die Ratsherren Hermann Lange und Nikolaus Schocke gewählt worden, zwei erprobte Kämpen offenbar. Welche Schiffe sie nun befehligten, ist nicht ganz klar. Allgemein sagt man – vielleicht, weil die

Sagen um Störtebeker es so wollen: das Schiff hieß »Die bunte Kuh«, und meint, ihr Kapitän sei der nachmals berühmte Simon von Utrecht gewesen. Nachzuweisen ist davon nur soviel: Simon von Utrecht hat zwar Schiffe bauen lassen, ob eines aber »Bunte Kuh« hieß, ist zumindest fraglich. In einer Abrechnung heißt es auf lateinisch: Ad construendum naves Symonis de Utrecht et bunte ko et pro expedicione ejusdem navis bunte ko 95½ Pfund 5 Schilling.
Also: »Für die von Simon von Utrecht gebauten Schiffe und die »Bunte Kuh« und für die Ausrüstung dieser Bunten Kuh 95½ Pfund 5 Schilling. Soviel Geld wurde ausgegeben. Ob Simon von Utrecht an dieser Ausfahrt auch teilgenommen hat, ist nicht festzustellen; freilich, die Überlieferung will es so.
Es ist durchaus möglich, sogar wahrscheinlich, daß es diese Schiffe waren, die dem Störtebeker jetzt entgegenbrausten, und die »Bunte Kuh« soll dabei mit solcher Wucht ihren Gegner gerammt haben, daß dessen Vorderkastell zersplitterte. Diese robuste Turnier-Taktik, auf den Gegner loszustürmen, hatte seinerzeit schon Englands famoser König Eduard III. vorgeführt, wenngleich sie für den Störtebeker-Fall nicht verbürgt ist.
Das Gefecht selbst wird sich so abgespielt haben wie immer. Die Hamburger unter dem Oberbefehl Hermann Langes und seinem Vize Nikolaus Schocke, rauschten heran mit Höchstfahrt und verfügten auch noch über die günstigere Ausgangsposition für den Kampf. Auf Schußentfernung überschütteten sich die Gegner mit Pfeilen und Bolzen aus den Armbrüsten; dann wurde die Fahrt aus den Schiffen genommen, die Distanz für den Enterdraggenwurf abgepaßt – jetzt sausten diese spinnenbeinigen, unheimlichen Dinger durch die Luft, hinüber und herüber, die Schiffe wurden Bordwand an Bordwand gezogen – die Erstürmung konnte beginnen.
Die Offensive lag eindeutig bei den Hamburgern, die ihre Chance denn auch rigoros zu nutzen verstanden. Mochten Störtebeker

und seine Mannen wie die Teufel fechten, die Hamburger gewannen allmählich die Oberhand. 40 Vitalienbrüder fielen in dem Kampf, 70 gerieten in Gefangenschaft, darunter auch der Hauptmann Klaus Störtebeker. Sein Schiff, ein mittelgroßer Holk, führte man als Prise nach Hause.

Was mögen die Hamburger gegafft haben, als die siegreichen Ratsherren-Kapitäne mit dem gefürchteten und gehaßten Störtebeker in Fesseln von ihren Schiffen gingen. Nur schwer verhohlener Triumph wird sich in ihren Mienen gespiegelt haben; der Stolz darauf, diesen Banditen endlich das Handwerk gelegt zu haben – freilich mit einem gehörigen Schuß Wermut gemischt: Godeke Michels, die andere Hälfte des unheiligen Pärchens, den hatte man nicht erwischen können; der hatte sich anscheinend gar nicht in der Elbmündung aufgehalten.

Wie auch immer, den einen, Störtebeker nämlich, hatten sie überwältigen können, dazu seinen Unterführer Wichmann und an die 70 weitere Seeräuber. Wie hoch ihre eigenen Verluste waren, darüber schweigen die ohnehin sehr spärlichen Nachrichten. So ganz unerheblich wird die Zahl nicht gewesen sein; die Piraten kämpften mit dem Mut der Verzweiflung; für den Fall einer Niederlage wußten sie genau, was ihnen bevorstand.

So mögen sie es denn als ganz besondere Grausamkeit der Hamburger empfunden haben, daß man sie zunächst einmal in den Keller des damaligen Rathauses einschloß und sie nicht im Schnellverfahren, wie sonst bei ihresgleichen üblich – und wie auch noch jüngst in Emden praktiziert – zum Tode verurteilte und sofort hinrichtete. Ihr letztes Stündlein schlug kurz nach dem 20. Oktober 1401, genauer ist das Datum heute nicht mehr zu bestimmen.

Wir wollen annehmen – wie wir auch unterstellen, daß all die weiteren Ereignisse sich so hätten zutragen können –, diese Nachricht habe sich wie ein Lauffeuer in der Hansestadt verbreitet: Morgen

wird Klaus Störtebeker hingerichtet, und mit ihm alle seine Spießgesellen. Morgen vormittag auf dem Grasbrook!
Das war nun etwas so recht nach dem Herzen der Hamburger. Der Schrecken der Nordsee, rechtskräftig zum Tode verurteilt in einem fairen Prozeß – viel zu fair, wie nicht wenige Bürger meinten – geht morgen zum Richtplatz. Da mußte man einfach dabei sein, das durfte man sich nicht entgehen lassen. Hinrichtungen waren seinerzeit öffentliche Veranstaltungen mit Volksfest-Charakter, zu dem man sich mit Kind und Kegel einfand. Und jetzt sollten gleich an die siebzig Männer ihren Kopf verlieren – ein hinreißendes Schauspiel stand zu erwarten.
Schon rechtzeitig in der Frühe machten sich die ersten Schaulustigen auf den Weg, passierten das Brooktor und traten hinaus auf die fette, grüne Weide des Grasbrooks, wo sich das Vieh gütlich tat – etwa in der Gegend, in der sich heutigentags die Speicherstadt befindet.
Die frische morgendliche Herbstluft tat den Ausflüglern wohl; die ersten Schnitten vom mitgebrachten Brot wurden verzehrt, die ersten Schlucke Bier oder Wasser getrunken; man ließ sich nieder auf die Wiese und gab dabei gut Obacht, daß man sich nicht unversehens in einen Kuhfladen setzte. Der Herbsttag versprach schön zu werden.
Eine solche Massenhinrichtung, wie sie in Kürze stattfinden sollte, erforderte ihre Vorbereitungen. Tags zuvor hatte man ein größeres Areal eingezäunt: die Richtstätte nämlich, die niemand sonst betreten durfte als die zum Tode Verurteilten – welche freilich auf diese Ehre gern verzichtet hätten –; der Scharfrichter Rosenfeld natürlich, dessen poetischer Name im denkbar krassesten Widerspruch zu seinem blutigen Handwerk stand; dann die Ratsmitglieder und einige Ehrengäste, die dem Schauspiel beizuwohnen wünschten, ferner ein Geistlicher, der den Delinquenten Trost spenden sollte, wenn er schon angesichts der Umstände Rat nicht

mehr erteilen konnte; außerdem noch Angehörige der Stadtwache, die aufzupassen hatten, daß niemand unbefugt durch die Absperrung schlüpfte.
Im Augenblick aber war es noch nicht so weit. Die Wiese hatte sich inzwischen weiter bevölkert, mehr und mehr Leute scharten sich um den eingefriedeten Platz, bildeten Grüppchen, schwatzten angeregt miteinander; Väter erklärten den Kindern fachmännisch, wie so eine Hinrichtung über die Bühne geht, die Mütter tratschten mit den Nachbarinnen über Nachbarinnen – eine Stimmung wie Kirmes und Kirchweih machte sich breit.
»Wie spät ist es eigentlich?«
»Keine Ahnung. Aber laß uns lieber aufstehen und hinübergehen. Sonst kriegen wir keinen guten Platz mehr.«
Man drängelte sich jetzt schon ein wenig, schob sich zurecht und verplauderte im übrigen weiter die Zeit.
Dann plötzlich von irgendwoher der Ruf: »Sie kommen, sie kommen!«
»Wo denn, wo sind sie denn?«, antwortete es und Hälse reckten sich hoch. Aber es war noch nichts zu sehen.
»Ja, da sind sie ja«, ganz genießerisch artikulierte man diese Worte, »eben sind sie durch das Brooktor – haben's anscheinend gar nicht eilig.«
»Was lange währt, wird endlich gut.«
Die Hälse an der Absperrung wurden immer länger. Dann ein gedehntes »Ah, da haben wir sie ja«, dem ein erstauntes »guck mal, wie viele es sind« folgte. Jetzt anerkennend: »Das ist ein Aufzug, was?«
Es war in der Tat ein imponierender Aufzug, der gemessenen Schrittes über die Wiese heranmarschierte: vorn Meister Rosenfeld mit seinem Schwert; dichtauf, aber etwas seitlich versetzt der Priester, ein Franziskaner-Pater vom Maria-Magdalenen-Kloster, zusammen mit dem Gerichtsbüttel; dann in ungeordneter Reihe, die

Hände auf dem Rücken gefesselt und durch Stricke lose aneinander gebunden die Vitalienbrüder mit ihrem Häuptling Klaus Störtebeker, der seinen Leuten tapfer voranschritt. Den Schluß bildeten zahlreiche Offizielle, unter anderem Ratsherren und der Stadtschreiber. Männer der Stadtwache mit Hellebarden flankierten den gesamten Zug, und eine fröhliche Kinderschar umkreiste wie summende Hummeln die Marschkolone, während noch zahlreiche Neugierige ihr hinterdreintrotteten.
Wie von selbst bildete sich eine Gasse innerhalb der Zuschauer, um Störtebeker und die Seinen hindurchzulassen auf den Richtplatz; die Stadtwache hatte keine Mühe mit dem Publikum. Still wurde es; diejenigen, welche sich eben noch so angeregt unterhalten hatten, verstummten, als die Todeskandidaten schwer und langsam vorbeischlurften. Der Büttel gebot Halt, als alle in das abgezäunte Geviert getreten waren. Mit einer ausladenden Armbewegung deutete er auf die Seite, wo sich die Vitalienbrüder der Reihe nach aufzustellen hatten, nebeneinander, Störtebeker als erster. Den Wachen ging das alles nicht schnell genug, sie halfen ein wenig mit ihren Hellebarden nach und stießen die Piraten recht unsanft.
»Hoho«, scholl es mit gespielter Entrüstung von den Zuschauern, »wollt ihr dem Henker die Arbeit abnehmen?« Und von anderer Seite: »He, Rosenfeld, aufgepaßt, die fangen schon an!«
Gelächter.
Der Scharfrichter tat, als habe er nichts gehört. In großer Ruhe, ein wenig umständlich, legte er sein Richtschwert auf einen stabilen Holzblock, den man hier gezimmert hatte – an der Stelle, die Rosenfeld sich gestern bei der Vorbesichtigung des Geländes für die Hinrichtungen ausgesucht hatte. Und in großer Ruhe, fast schon pedantisch, prüfte er mit dem Daumen seiner rechten Hand die Schärfe der Schwertschneiden.
Inzwischen hatten die Ratsvertreter mit ihren Ehrengästen den

Todeskandidaten gegenüber an der Absperrung Platz genommen auf recht unbequemen Holzschemeln.

Dann Unruhe bei den Verurteilten.

»Paß' auf, gleich kriegen die das Heulen«, orakelte ein Sachverständiger, und ein anderer ergänzte: »Oder sie schmeißen sich hin und schreien und toben herum.«

»Ich hab' mal gesehen, wie sie einen erst haben halbtot geschlagen, eher hat der keine Ruhe gegeben,« ließ sich ein Dritter vernehmen.

Wieder der Sachverständige, ganz philosophisch: »Ja, ja, erst können sie gar nicht genug Leute umbringen, diese Halunken, und dann, wenn's ihnen selber an den Kragen geht, dann flennen sie um die Wette.«

Von »flennen« konnte freilich keine Rede mehr sein. Es war wie ein einziger Schrei, den die Kehlen von vielleicht einem Dutzend Vitalienbrüder hervorstießen und der alsbald in ein dumpfes, tierisch-angstvolles Geheul hinüberflutete. Die schauerliche Musik schien gar nicht mehr enden zu wollen. Leiber krümmten sich, fielen zu Boden und rissen die mit, an die sie gefesselt waren.

Noch ehe der Büttel einen Befehl hatte geben können, waren die Männer mit den Hellebarden hinzugesprungen und traktierten die Zusammengebrochenen mit den harten Schlägen ihrer Waffen. Bloß jetzt keine Panik – alles war bislang so harmonisch verlaufen – und wenn die anderen, die noch immer sehr gefaßt ihrem Ende entgegensahen, sich jetzt von dem toll gewordenen Gesindel anstecken ließen – nicht auszudenken, was noch alles passieren konnte.

Die Hiebe taten ihre Wirkung. Nur noch hier und da ein klägliches Gewimmer, ein flehentliches Winseln, ein Schluchzen. Störtebeker hatte bei alledem nicht die geringste Reaktion gezeigt, jedenfalls nicht äußerlich.

Dem einen oder anderen aus dem geschätzten Publikum lief es

denn doch kalt den Rücken hinunter, obwohl der Zwischenfall kaum länger als eine Minute gedauert hatte.
Scharfrichter Rosenfeld, wirklich ein Meister seines Fachs, stand wie ein Fels in der Brandung dieses Getöses, unerschütterlich, auch als es von der Absperrung im Chor herüberscholl: »Anfangen, anfangen!«
Der Henker schaute fragend hinüber zu den Ratsherren, fing deren Blick auf und nickte unmerklich. Dann drehte er sich herum und gab dem Büttel ein Zeichen.
Der Franziskaner hatte sich mittlerweile ans Werk gemacht. Bedächtig hatte er sich der Nummer eins in der Reihe der Todeskandidaten genähert, dem gefesselten Klaus Störtebeker nämlich, dem er ernst und lange in die Augen blickte. Er schlug das Zeichen des Kreuzes und murmelte ein Gebet: »Im Namen des Vaters, des Sohnes ...« Störtebeker quittierte es mit einem verächtlichen Schulterzucken.
Irgendwo krächzte in der Menge ein Plebejer »Aufhören damit«, fand aber keine Resonanz. Der Pater: »Möge Gott deiner armen Seele gnädig sein, Klaus«, und damit wandte er sich dem Nächsten zu.
Und wieder dies »Anfangen, anfangen« – die angestaute Spannung suchte sich Luft zu machen. Unbeirrt schritt der Mönch weiter, jetzt zum dritten, vierten, fünften Seeräuber: »Im Namen des Vaters, des Sohnes«
»Macht endlich zu, los, anfangen ...«
» ... des Sohnes und des Heiligen Geistes. Amen.«
Der Büttel war zu Störtebeker getreten, hatte ihm den Hemdkragen so weit wie möglich geöffnet und das Hemd mit einem Ruck bis auf die Oberarme hinuntergerissen; ein Mann von der Wache schnitt mit einer Schere das Haar kurz – der Nacken des Delinquenten lag jetzt völlig frei.
Mit einer ruckartigen Handbewegung, als wolle er ihm einen auf-

munternden Klaps verpassen, schickte der Büttel den Störtebeker – die Nummer eins auch noch im Tode – die zwei, drei Schritte hinüber zu Meister Rosenfeld, der, das schwere Richtschwert mit einer Hand fest gepackt, den Piratenchef mit der andern Hand am Oberarm packte und ihn fachgerecht hinstellte. Schwer legte sich dann die Henkershand auf die nackte Schulter – und willenlos wie ein Automat kniete Störtebeker nieder.
Rosenfeld trat zur Seite, riß in einer kreisenden Beweg das Schwert hoch ... So, als handele es sich um die gelungene Darbietung einer Posse, schrie irgendwer hysterisch – nachdem der Kopf durch die Wucht des Hiebes vielleicht zwei, drei Meter weit gekullert und der Körper sanft vornübergekippt war –: »Bravo! Bravo! Das war aber ein gelungener Streich!«
Aber niemand mochte mitschreien; man schwieg, und es gab wohl keinen, der nicht mit seinen Gefühlen zu kämpfen hatte.

Nach der Orgie in Blut auf dem Grasbrook erhielt Abdecker Knoker ausweislich der Hamburger Kämmereirechnungen aus der Stadtkasse 3 Pfund »ad sepeliendum 73 personas Vitalienses.« 3 Pfund lübisch also für das Einscharren von 73 Seeräubern. »Ere hovede setten se by de Elve up ene wisch to eme tekene, dat se de zee gerovet hadden.« Zwei dieser Schädel sind noch heute im Museum für Hamburgische Geschichte zu sehen. Und wer will, mag glauben – wenn das Licht draußen schummrig wird und der Ausstellungsraum allmählich in ein Halbdunkel zurücksinkt, bevor das Licht angeknipst wird – der mag glauben, in die dunklen Augenhöhlen Störtebekers zu blicken ...

Godeke Michels trieb sich noch draußen herum. Im Herbst dieses Jahres trafen Nachrichten ein, daß man ihn in der Außenweser und vor der Jade gesichtet habe.
Man hatte in Hamburg die beschädigten Kriegsschiffe wieder her-

gestellt; der Mast von Störtebekers Holk zum Beispiel wurde als Ersatz in ein anderes Schiff eingebaut, freilich ohne daß man dabei das sagenhafte Gold gefunden hätte, das angeblich darin verborgen war. Offenbar hat man sein Schiff ausgeschlachtet und nicht mehr in Fahrt gesetzt – ein ruhmloses Ende.

Das Oberkommando erhielt diesmal Nikolaus Schocke; der erfolgreiche Hermann Lange war zu Hause geblieben. Als zweiter Mann fuhr Hinrich Jeneveld mit, weiter werden genannt Werner von Uelzen, jener Simon von Utrecht, dessen »Bunte Kuh« mit von der Partie war; die aber nicht er, sondern Hermann Nienkerken befehligte. Vielleicht war der Schiffseigner noch zu jung und unerfahren, als daß man ihm ein verhältnismäßig schwieriges Kommando wie dieses anvertraut hätte. Hamburg setzte auf Sieg, und da konnte man keine Anfänger gebrauchen, jedenfalls nicht als Kapitän. Aber Simon von Utrecht verdiente sich hier seine Sporen, und er muß das so überzeugend getan haben, daß er zum – sagenhaften – Bezwinger gleich beider Seeräuberhäuptlinge wurde, was aber eben nicht stimmt.

Gleichviel, rühmlich hervorgetan hat er sich in diesem nun folgenden Kampf mit Godeke Michels tatsächlich, daß er bald schon als Seeheld galt. Zum Rat und Bürgermeister wählte man ihn darauf; von Beruf war er Kaufmann in der Flandernfahrt. Bei späteren Kämpfen der sogenannten wendischen Hansestädte – das waren vor allem Lübeck, Wismar und Rostock – gegen Dänemark wurde er Befehlshaber der hamburgischen Schiffe in der Ostsee. Schließlich verschlug es ihn auch in die Ems, als er eine Flotte von 21 Schiffen befehligte. Nach der Eroberung Emdens, damals einer bedeutenden ostfriesischen Handelsstadt, setzte ihn der Hamburger Rat zum Emder Stadtkommandanten ein, und es gelang Simon von Utrecht wenigstens vorübergehend, die hamburgische Herrschaft in einem Teil Ostfrieslands zu befestigen. Sein mit einem Schiffswappen geschmückter Grabstein, heute im Museum für Hamburgische Geschichte, kündet von seinen ruhmvollen Taten.

Soweit Godeke Michels und dessen Auswirkungen auf die Karriere Simon von Utrechts.

Das Ende dieses Piraten, seines Unterführers Magister Wigbold und den übrigen – angeblich – 80 Gefangenen gleicht dem seines ehemaligen Kampfgenossen Störtebeker: Hinrichtung auf dem Grasbrook.

Nikolaus Schocke, erfolgreicher Piratenfänger, erhielt im Jahr darauf, 1402, aus Steuermitteln Geld für eine Wallfahrt nach Santiago de Compostella, und er machte – anders als bei seinen Zügen gegen die Vitalienbrüder – schnell vor der Abreise noch sein Testament: »Ik, Nikolaus Schoke, radmann to Hamborch, van Godes gnaden gesund an mynem live unde reddelik an mynen zinnen, hebbe willen to wanderen peregrimatze to troste unde to zalicheit myner zele ...« Die Reise nach dem nordwestspanischen Wallfahrtsort war halt gefährlich.

In bündiger Kürze schrieb der verdienstvolle Historiker Karl Koppmann im Jahr 1877 zu Störtebeker und Co.: »Fassen wir zusammen, was wir geschichtlich von Klaus Störtebeker wissen, so war er ein Seeräuberhäuptling, wahrscheinlich aus Wismar gebürtig, der seit 1394 mit Godeke Michels und Klaus Scheld, seit 1395 mit Godeke Michels zusammen sein Unwesen trieb ..., bis er im Frühling des Jahres 1401 bei Helgoland von Hamburger Englandfahrern unter der Anführung der Ratsmannen Hermann Langhe und Nikolaus Schocke überwunden, mit seinen Genossen gefangen nach Hamburg gebracht und dort gleich nach Feliziani (20. Oktober) auf dem Grasbrook hingerichtet wurde. Eine reich aufgeputztes Bild hat die Sage von ihm gestaltet.«

So ist es. Einige Zeit nach der Vernichtung der Vitalienbrüder tauchte ein Lied auf, hier und da öffentlich gesungen, von Jahrmarkt zu Jahrmarkt weitergereicht, dann in Niederdeutsch aufgeschrieben, später ins Hochdeutsche und in andere Mundarten übertragen. Die hochdeutsche Fassung ist erhalten geblieben. Heinrich Reincke, ein weiterer Hamburger Historiker, hat dem Gedicht die plattdeutsche Form zurückgegeben, so, wie man es zur Zeit Störtebekers in den Schankstuben und auf Schiffen, in den Kontoren und auf Gassen und Straßen hergesagt haben mochte. Dies ist der Wortlaut:

Störtebeker und Gödeke Michael
De röveden beide to gliken deel
To water und nicht to lande;
Bet dat it Got vam hemmel vordrot,
Des mosten se liden grot schande.

De heren van Hamborch togen ut,
Se gingen to segel al mid der flut,
Al na dem Nigen Werke.
Vor nebel se kunden nichtes seen,
So duster weren de swerke.

De swerke braken up, de wulken worden klar,
De heren van Hamborch gingen to segel aldar,
Groten pris se wolden erwerven;
Störtebeker und Gödeke Michael
De mosten darumme sterven.

Se hadden enen holk mit win genomen,
Dar weren se met up de Weser gekomen,
Dem kopmann dar to leide.
Se wolden darmet in Vlanderen sin,
Se mosten noch darvan scheiden.

»Höret up, gi gesellen, drinket nu nich me,
Dar lopen dre schepe in jener se;
Us gruwet vor der Hamborger knechten.
Komen us de van Hamborch an der bort,
Mit en so möte wi vechten.«

So brachten de bussen an de bort,
To allen schoten gingen se los,
Do hort men de bussen klingen:
Do sach men so mennigen finen helt
Sin leven tom ende bringen.

Se slogen sik dre dach und ok dre nacht,
Hamborch di was een boses bedacht
Al to dersülvigen stunde;
Dat uns is lang tovorn gesecht,
Des kome wi nu to funde.

De Bunte Ko ut Vlanderen quam,
So balde se dat gerücht vornam,
Mit eren starken hörnen;
Se ging brusen al dor de wilde see,
Den holk wolt se vorstören.

Se lepen em sin vorkastel entwe.
»Truwn«, sprak sik Gödeke Michael,
»De Tid de is nu komen,
Dat we möten vechten um unser beider lif,
Dat mach uns schaden edder vromen!«

Störtebeker sprak sik alsobald:
»Gi heren van Hamborch, dot uns nene walt;
We wille Iu dat gud upgeven,
Wilt Gi us stan vor lif unde sunt,
Und vristen user junges leven!«

»Ja truwn«, sprak Simon van Utrecht,
»Gevet Iu gefangen al up een recht
Und latet Iu nicht vordreten:
Hebbet Gi dem kopman neen leid gedan,
Des moget Gi wol geneten!«

Und do se up de Elve quamen,
vel gudes se dar nicht vornamen,
Se segen de hövede steken;
»Gi heren, dat sint use mitgesellen!«
So sprak sik Störtebeker.

So worden to Hamborch in de hechte gebracht,
Se saten dar nicht lenger dan eine nacht,
Al to densulvigen stunden
Er dod ward also seer beklacht
Van vrouwen und jungvrouwen.

Gi heren van Hamborch, een 'klene bitt',
De wilt Gi us vorseggen nicht,
De kan Iu nicht bringen grot quade:
Dat we mogen den trurenbarch upgan
In usem besten gewade.«

De heren van Hamborch deden en de eer,
Se leten en pipen und trummeln vorgeen,
Se hedden is lever entboren;
Weren se nu in der heidenschop gewest,
Se hedden dat wol gekoren.

De henker, de heet sik Rosenvelt,
He howde so mennigen stolten helt
Mit gar so friskem mode,
He stund in sinen gesnorten schoen
Bet to den enkeln im blode.

Hamborch, des gev' ick Di den pris,
De rövers warden is nu ok wis,
Um Di so mosten se starven.
Des machstu van golt ene krone dregen,
Den pris heffstu erworven!

Die Legendenbildung um Störtebeker und Michels und seine Spießgesellen, aber auch Simon von Utrechts, stand in voller Blüte. Und wer diese Moritat singen möchte, schlage nach im Jahrbuch des Vereins für niederdeutsche Sprachforschung, Jahrgang 1887, Seite 161, oder bei Erk-Böhme II Nr. 233.

19. Kapitel

Störtebekers Erben

Fehde mit Holland – Hanse vermittelt Frieden – Keno bittet um Hilfe – Aufruhr in Lübeck (1408) – Hamburger Koggen gegen Seeräuber – Fünf Burgen gestürmt – Krieg zwischen Keno und Hisko – Hisko vertrieben und entmachtet – Hamburg rüstet gegen die Piraten und ihre Beschützer – Expeditionen 1432 und 1433 – Hamburg besetzt Emden – Bremen herrscht über Butjadingen – Die Sibetsburg erobert

Störtebekers Verklärung mochte schon begonnen haben, da drangen unheilschwangere Nachrichten in die Hansestädte. Die alten Fehden der friesischen Häuptlinge waren wieder aufgebrochen, der Einsatz neuer Vitalienbrüder-Scharen schien drohend am Horizont aufzuziehen. Die Hanse war alarmiert. Sie hatte versucht, den Teufelskreis der Fehden mit Gewalt zu durchbrechen, aber vergeblich. Die Folge: Störtebeker und kein Ende, der seeräuberische Nachwuchs wartete auf seine Chance, und er sollte sie auch bekommen.
Hisko von Emden, dem die Hanse vertraut hatte, war es gelungen, den alten Freund Keno ten Brokes, Folkmar Allena auf seine Seite zu ziehen, sowie einen weiteren Häuptling, nämlich Hayke von Faldern. Keno wußte nicht wie ihm geschah. Hisko und seine Freunde rüsteten mit aller Macht auf; als Vorwand dazu dienten ihre Fehden mit Holland und dem Stift zu Utrecht. Keno freilich wußte nur zu gut, wem die Rüstungen eigentlich galten, und er versäumte nicht, sich auf den Schlag vorzubereiten.
Noch im Sommer 1401, also noch bevor Hamburg Godeke Michels einfing, kam es zwischen den beiden ostfriesischen Parteien zu einem offenen Krieg, wie es scheint, noch ohne Beteiligung von Vitalienbrüdern. Kenos Seite konnte ihn siegreich beenden. Folkmar Allenas Schloß Osterhusen wurde eingenommen und zerstört, zwei Tage darauf brannte auch Burg Larrelt, die die Hanse vordem Hisko anvertraut hatte.
Natürlich waren mit diesem Krieg und seinem Ende die Fehden nicht beendet, sie gingen munter weiter – bald neigte sich das Glück der einen, bald der anderen Seite zu – es kam dahin, daß sich Hisko bald mit seinen Kampfgefährten Folkmar Allena und Hayke von Faldern überwarf, die daraufhin wieder bei Keno an-

klopften. Keno, um Bundesgenossen verlegen, nahm sie willig wieder in seine Runde auf. Ein Bündnis wurde geschlossen.

Hisko stand jetzt ein bißchen verlassen da, und ihm blieb nichts anderes übrig, als gute Miene zu dem bösen Spiel zu machen. Natürlich sann er auf fürchterliche Rache, und er dachte gar nicht daran, lange Ruhe zu halten. Emden war eine Hafenstadt, was lag also näher, sie wieder zu einem offenen Hafen für die Vitalienbrüder zu machen.

Und bald schon beschweren sich die Hansestädte wieder über den Schaden, der ihren Schiffen von Ostfriesland aus geschehe. Schließlich sah sich Lübeck 1405 veranlaßt, auf Gegenmaßnahmen zusammen mit seinen Schwesterstädten zu dringen.

Zu allem Unglück entstand ein weiterer Krisenherd. Krieg brach zwischen Holland und Friesland aus. Herzog Albrecht war Ende des Jahres 1404 gestorben, sein Sohn Wilhelm hatte die Nachfolge angetreten; er war eine kriegerische und rücksichtslose Natur. Zuerst hielt er zwar Frieden mit den Friesen, erneuerte sogar einen Vertrag seines Vaters mit ihnen, aber noch im selben Jahr eröffnete er die Feindseligkeiten. Daß die Vitalienbrüder auch hier wiederum ihren Honigtopf wittern, liegt auf der Hand, sie fanden sich in großer Anzahl nun auch in Holland ein.

Übler noch als in den Jahren 1400 und 1401 ging es jetzt auf der Nordsee zu. Und es war nur eine Frage der Zeit, wann die Hanse – besonders Bremen, Hamburg und Lübeck - wieder den Kampf gegen das Raubgesindel aufnehmen würde.

Zu großen kriegerischen Taten freilich konnten sich die Städte nicht aufraffen. Trotz der gegenteiligen Erfahrungen, die sie bisher mit den Vitalienbrüdern in der Ost- und Nordsee gemacht hatten, verlegte man sich auf Verhandlungen und war zunächst bestrebt, zwischen den Holländern und den Friesen zu vermitteln – ein durchaus richtiges Verfahren, wenn man sich einmal entschlossen hatte, auf friedlichem Wege vorzugehen. Und die Fehde zwischen diesen beiden Ländern war ja eine der Hauptattraktionen für die Vitalienbrüder.

Im Herbst 1406 wurde eine Konferenz in Amsterdam abgehalten. Zuerst zierte man sich, hansischem Drängen auf Versöhnung nachzukommen, dann aber gelang es schließlich doch, einen Frieden zwischen den verfehdeten Mächten zu vermitteln. Da auch die Ostfriesen nicht ganz unschuldig an dem Fehdeunwesen und ihrerseits mit den Holländern in ewige Händeleien verwickelt waren, ersuchte man sie ebenso dringend, ihren Frieden mit den holländischen Herzögen zu schließen.

Es geschah ein kleines Wunder. Obwohl ja gerade die Fehde mit den Holländern den friesischen Häuptlingen jede erwünschte Gelegenheit bot, eine größere Anzahl von Seeräubern – die sie in ihren Kämpfen untereinander gebrauchten – zu unterhalten, ließen sie sich zu einem Frieden mit Herzog Wilhelm herbei. Am 27. April 1407 schlossen ihn die Brüder Haro und Enno Edzardisna von Greetsiel und Norden, wenige Tage später auch Hisko von Emden ab.

Doch eigentlich konnte gerade dieser Friedensschluß schwerlich nur einen Augenblick ernst gemeint sein. Denn es waren gerade diese drei Häuptlinge, die damals den Vitalienbrüdern am meisten Vorschub leisteten und auch am meisten Nutzen von ihnen hatten. Wie kamen sie also dazu diesen Frieden zu machen? Die wahrscheinlichste Vermutung ist: Sie wollten Vertrauen erringen bei den Hansestädten, die eben damals gerade auf das Treiben dieser Häuptlinge besonders aufmerksam wurden.

Das war nicht zuletzt Keno ten Brokes Verdienst. Er, der seinerseits durch die von seinen Feinden in Dienst gestellten Vitalienbrüder reichlich geschädigt wurde, hatte die Städte wieder und wieder darauf hingewiesen, woher das ganze Unheil kam. Vor allem hatte er Hisko, seinen alten Widersacher, als Wurzel allen Übels angeschwärzt und die Städte flehentlich gebeten, ihm gegen den Emder

beizustehen; er selbst wolle nach Kräften ja auch dem Unwesen steuern.
Wohl hätte er, so schrieb er im Jahre 1406 – ob das nun wahr war, oder nur um die Städte zu beruhigen, muß dahingestellt bleiben – wohl hätte er mit Hisko einen guten Frieden schließen können, aber eingedenk seiner Versprechungen habe er darauf verzichtet und den Kampf weitergeführt. Wenn sie, die Hansestädte, ihn aber auch fürderhin ohne Hilfe ließen, so sehe er sich leider doch gezwungen, eine Annäherung an Hisko zu suchen und gemeinsame Sache mit ihm zu machen.
Trotz dieser eindringlichen Bitten taten die Städte nichts. Erst Anfang 1407 überlegten sie sich entsprechende Schritte, möglicherweise dadurch veranlaßt, weil Keno in einem neuen dringlichen Schreiben die Häuptlinge Haro und Enno Ekzardisna als große Gefahr herausgestellt hatte.
Das mögen eben jene drei, Hisko, Haro und Enno, gewußt und sie dazu bewogen haben, sich bei der Hanse einen weißen Fuß zu machen.
Die Konferenz in Hamburg, zu der die Häuptlinge dringend gebeten worden waren, wuchs sich zu einem regelrechten Fiasko aus. Die holländischen Westfriesen begnügten sich damit, zwei geistliche Herren zu schicken mit der einzigen Vollmacht, einen neuen Konferenztermin zu verabreden. Es blieb weiter nichts übrig, als die gegenseitigen Klageschriften auszutauschen und sich auf ein neues Datum, den 24. Juni in Amsterdam, zu einigen. Haro und Enno hatten es vorgezogen, überhaupt nicht zu erscheinen, und in einem Brief beteuert, sie hätten gehört, Hamburg und Lübeck wollten ihnen schaden; das hätten sie nun gewiß nicht verdient. Einzige Reaktion der Hanse: Man schrieb einen Brief zurück und forderte sie auf, ihre Seeräuber nicht ausfahren zu lassen.
Nach diesen unerfreulichen Verhandlungen drängte sich unab-

weisbar die Notwendigkeit auf, wieder Kriegsschiffe auszurüsten, zumal man nicht glaubte, daß die Konferenz von Amsterdam großen Erfolg haben würde. Die Indienststellung einer solchen Flotte war wie stets mit großem finanziellem Aufwand verbunden und machte entsprechende Schwierigkeiten. Es gelang aber schließlich doch; für den nötigen Nachdruck sorgte anscheinend ein Brief des preußischen Abgesandten, der nüchtern erzählt, daß etwa 100 Vitalienbrüder mit zwei großen Schiffen nicht weit von Bremen entfernt auf der Lauer liegen würden. Sie, die Vitalienbrüder, würden nur noch auf Verstärkung warten, um dann sofort auf das Meer hinauszufahren.

So stachen denn die hansischen Kriegsschiffe in kürzester Frist in See, aber ihre Zahl genügte nicht mehr, um einen nennenswerten Erfolg zu erzielen. Das einzige Resultat: Den Befehlshabern der Schiffe gelang es, mit Enno und Haro eine Zusammenkunft in Emden oder Groningen für das nächste Frühjahr zu verabreden und bis zu Ostern 1408 einen Waffenstillstand mit ihnen zu vereinbaren. Das war alles.

Briefe wurden hin- und hergeschrieben; Verwicklungen allenthalben; es gelang, den Waffenstillstand wenigstens noch bis zum Juli zu verlängern, und der Hamburger Bürgermeister und Unterhändler Meinhard Buxtehude konnte einen Frieden zwischen den Holländern und den Westfriesen vermitteln. In der Sache selbst kam man keinen Schritt weiter; die Friesen brachten – was die Zuhilfenahme der Vitalienbrüder anbelangt, allerlei Entschuldigungen vor; die ostfriesischen total verworrenen Verhältnisse kamen gar nicht erst zur Sprache.

Die Hanse hatte zu dieser Zeit mit einem großen Handikap zu kämpfen. Allenthalten machte sich Unmut gegen die patrizische Führung in den Städten Luft, nicht nur in den Hansestädten. Der Volkszorn, besonders der der Handwerker, richtete sich dagegen, daß den inzwischen zu Vermögen und Einfluß gekommenen gewerbetreibenden Bürgern praktisch keinerlei Mitsprache am Stadtregiment eingeräumt wurde.

Lübeck, die Königin der Hanse, hatte noch mit zusätzlichen Schwierigkeiten zu kämpfen. Sie war um die Jahrhundertwende bis zum Bankrott verschuldet. Die Kriege der vergangenen Jahrzehnte, meist von Lübeck zum Wohle der Hanse finanziert, der Kampf gegen die Vitalienbrüder – die Ratsherren hatten wohl oder übel die Steuern erhöhen müssem, wogegen die Bürger murrten, zumal der Stadtetat den Bürgern stets verheimlicht wurde.

Sie würden schon höhere Steuern zahlen wollen, wenn man ihnen sage, was mit dem Geld bisher gemacht worden sei und wofür das neue verwendet werden soll. Die, die das sagen, hatten einen Ausschuß gebildet, der sich an der Stadtregierung beteiligen wollte. Der alte Rat hatte schon längst das Vertrauen der Bürgerschaft verloren.

Im Januar 1408 eskalierten dann die Dinge plötzlich: Die Straße wurde von dem Ausschuß mobilisiert. Die Bürger beharrten auf ihrer Forderung nach Beteiligung an der Ratswahl, was der patrizische Rat Lübecks bisher stur abgelehnt hatte. Jetzt wurde der Rat unter Druck gesetzt. Er gab schließlich nach, ihm blieb auch gar nichts anderes mehr übrig. Als es aber darum ging, die mündlich gegebenen Zusagen schriftlich zu fixieren, taktierten die Ratsherren hinhaltend, eine sehr ungeschickte Art, sich den gegebenen Versprechungen wieder entziehen zu wollen.

Die Menge auf der Straße war empört und erregt, der Bürgerausschuß ließ sich nun auf nichts mehr weiter ein – er übernahm alle Amtsgeschäfte. Im April 1408 warf der Rat endgültig das Handtuch, er hatte verloren. Von den 23 Ratsmitgliedern verließen 15 mit ihrer Familie die Stadt und gingen in die Emigration, an ihrer Spitze die Bürgermeister Jordan Pleskow und Heinrich Westhof. Viele von ihnen trafen sich in Hamburg wieder.

Die Ereignisse in Lübeck hatten ungeheures Aufsehen innerhalb der Hanse, aber auch im Ausland erregt. Die Hanse war zutiefst beunruhigt. Größte Unsicherheit griff in der Gemeinschaft um sich: Würde Lübeck auch weiterhin seine führende Stellung beibehalten können?

Im Augenblick jedenfalls sah es nicht so aus. Als es nämlich jetzt darum ging, gegen die Vitalienbrüder in Friesland etwas zu unternehmen, fiel Lübeck praktisch aus. An seiner Stelle übernahm Hamburg nun die Führung der Geschäfte, was die Bekämpfung der Piraterie betraf. Die Stadt an der Elbe ließ keine Gelegenheit aus, für den Kampf zu werben, hatte aber wenig – eigentlich gar keinen Erfolg damit. Der neue Rat in Lübeck bequemte sich zwar, 100 Söldner zu stellen, das war schon alles. Einige Gelder sollten von den preußischen Städten kommen, aber bis es soweit war, hätten die Vitalienbrüder die Ostsee wahrscheinlich überschwemmt gehabt.

Einen gewissen Ersatz für den Ausfall der Hansestädte bot die Aussicht, daß Keno ten Broke Hilfe leisten würde, wie er es mehrfach in seinen dringenden Briefen an die Hansestädte zugesagt hatte. Wie auch in seinem letzten Schreiben, das er gleichlautend an Hamburg, Lübeck und einige andere Städte gerichtet hatte: Hisko, Folkmar und Hayke von Faldern richteten mit ihren Seeräubern unendlichen Schaden an, so schrieb er. In Faldern seien mehr als 300 Vitalienbrüder versammelt. Zum letzten Mal würde er jetzt seinen Beistand anbieten, und er bestehe auf einer bindenden Antwort seitens der Hanse. Hamburg war froh, wenigstens einen sicheren Verbündeten zu haben.

Im Juni 1408 liefen von Hamburg zunächst zwei Koggen und drei kleinere Schiffe mit zusammen 300 Kriegern aus, der schon bekannte Hamburger Bürgermeister Meinhard Buxtehude führte das Expeditionskorps, mit dabei war auch wieder der unverwüstliche Nikolaus Schocke, anscheinend wohlbehalten von seiner Wallfahrt nach Santiago de Compostella zurück. Die Vitalienbrüder nahmen Reißaus, als sie die hansische Seemacht anrücken sahen. Sie flohen zu Hayke auf dessen an der Ems gelegenes Schloß Faldern. Die Einfahrt in die Gewässer rings um das Schloß blockierten sie mit vier Beuteschiffen. Was die Hamburger nicht sonderlich störte, denn in aller Ruhe gingen sie an Land und begannen Burg Faldern zu belagern.

Das hätten sie nun auf die Dauer jedenfalls nicht durchhalten können, dazu waren sie zahlenmäßig zu wenige, dazu reichten ihre Kräfte nicht aus. Eiligst wurde nach Hamburg geschickt und um Verstärkung gebeten. Wieder griff Hamburg tief in sein Staatssäkkel. Drei Schiffe mit zusammen 150 Mannen schickte die Stadt den Belagerern zur Verstärkung. Zugleich ging man die anderen interessierten Städte um Hilfe an, aber weder von Lübeck, Wismar oder Rostock, auch nicht von den preußischen Städten war etwas zu holen. Einzig und allein das holländische Kampen und Amsterdam sandten einige kleine Schiffe zur Verstärkung. Von den Preußen war allein die Zusage zu erhalten, etwas von den Kosten tragen zu wollen.

Jeder Tag, um den sich die Belagerung verlängerte, kostete Unsummen. Deshalb entschloß sich Hamburg, dem ein möglichst schnelles Ende zu bereiten. Noch einmal rüstete es weitere 200 Mann aus, schickte sie in die Ems – und nun begann der Sturm auf Burg Faldern. Er endete erfolgreich. Freilich entkam dabei der größte Teil der Seeräuber; einer ihrer Hauptleute aber, ein gewisser Hake, wurde gefangen genommen, an Ort und Stelle hingerichtet und dann aufs Rad geflochten. Mehrere andere Gefangene nahm man mit nach Hamburg und verurteilte sie zum Tode. Ihren Kopf verloren sie, wie in Hamburg üblich, auf dem Grasbrook.

Auf der eroberten Burg Faldern wurde eine kleine Besatzung zurückgelassen, das Gros des Heeres zog weiter vor das Schloß des Folkmar Allena, Osterhusen. Auch diese Feste konnte genommen werden und erhielt gleichfalls eine hansische Besatzung.

Die Hauptarbeit stand aber noch bevor, denn die festen Burgen der Brüder Haro und Enno – der beiden Hauptübeltäter, was die Beschäftigung von Vitalienbrüde betraf – mußten noch erstürmt werden. Die Leitung des Expeditionskorps wünschte dringlich neue Verstärkung, und wieder rüstete Hamburg 200 Mann aus, auch Lübeck steuerte diesmal 100 Mann bei. Aber noch ehe diese 300 Krieger, die durch ungünstigen Wind auf der Elbe zurückgehalten wurden, in Ostfriesland ankamen, fielen die Burgen der beiden Brüder zu Greetsiel und Norden. Danach mußten auch die Befestigungen einiger anderer, kleinerer Häuptlinge ihre Flaggen einholen.

Das war ein Erfolg, wie er glänzender nicht hätte sein können: Die Hauptnester der Vitalienbrüder ausgehoben, großartig. Hatten sich die Hamburger also nicht umsonst in die großen Kosten gestürzt, konnten sie nun voller Zuversicht an die preußischen Städte schreiben, sie hofften »oft God wil, id so to bestellende, dat in der jeghene neene vitalienbrodere mer untholden scholen werden.«

Wie hoch der Anteil Keno ten Brokes an diesen hansischen Erfolgen gewesen ist, läßt sich nicht mehr genau überblicken. Er muß aber bedeutend gewesen sein, denn er wurde reichlich belohnt. Die Führer der hamburgischen Expedition überschrieben ihm in einem Vertrag fünf eroberte Burgen, darunter Greetsiel und Osterhusen, aber sie knüpften daran die Bedingung: Wie alle anderen Schlösser Kenos sollten auch diese fünf für die Hansestädte stets offen sein. Die zerstörten Burgen aber sollten nur mit Kenos Zustimmung wieder aufgebaut werden dürfen.

Keno ten Broke triumphierte über seine Widersacher. Jetzt war er der Herr im ostfriesischen Osten. Wenn man die Kämpfe der Häuptlinge untereinander als Versuch wertet, das zerrissene Land zu einen, dann war Keno in diesem Augenblick jedenfalls weit vorangekommen – Ergebnis seiner zielbewußten Politik.

Den Grundstein für diesen Erfolg hatte er in seiner Anlehnung an die Hanse gelegt. Schon im Frühjahr 1400 hatte er versprochen, eine Vertreibung der Vitalienbrüder aus Ostfriesland zu versuchen. Trotz der Verluste, die ihm die Hansestädte im Sommer 1400 bei ihrem Kriegszug zugefügt hatten, blieb er doch auf ihrer Seite, und er ließ keine Gelegenheit aus, die Hansestädte von dem schändlichen Treiben der Vitalienbrüder, die bei anderen, konkurrierenden Häuptlingen Unterschlupf gefunden hatten, zu unterrichten. Er hatte auch jetzt, 1408 die erwünschte Hilfe gegen die Raubnester geleistet. Das Geschlecht der ten Brokes, ohnehin schon mächtig, hatte seinen ansehnlichen Besitz um weitere fünf Burgen vermehren können.

Daß ihm diese neue Machtstellung reichlich Feindschaften eintragen würde, darüber dürfte sich Keno keinerlei Illusionen hingegeben haben. Vor allen Dingen sein Intimfeind Hisko von Emden – was würde der jetzt aushecken? Hisko hatte zwar nicht solche ausgedehnten Besitzungen wie Keno ten Broke, dafür besaß er aber einen ausgezeichnet ausgebauten Hafen, Emden nämlich, in dem sich vorzüglich Vitalienbrüder unterbringen ließen. Auch Hisko hatte das Bedürfnis, sein Macht- und Einflußgebiet auszudehnen, wobei er natürlicherweise mit den Interessen Keno ten Brokes kollidieren mußte. Hisko mußte es als schwere Bedrohung empfinden, daß dem Keno die in unmittelbarer Nähe Emdens gelegene Burg Osterhusen zugesprochen wurde, und daß Keno es unter Umständen verhindern konnte, wenn die ebenfalls sehr nahe gelegene Burg Faldern wieder aufgebaut werden sollte. Zündstoff für die nächsten Konflikte war damit reichlich aufgehäuft worden.

Noch im gleichen Jahre 1408 brach der offene Kampf zwischen den Rivalen aus. Auf Hiskos Seite traten natürlich die Häuptlinge, die im Vorjahr durch Keno und die Hamburger so große Verluste erlitten hatten. Ein Grabenkrieg übelster Sorte wurde entfesselt, auf alle nur denkbare Weise suchte man sich gegenseitig zu schaden: Burgen wurden genommen, Siele und Deiche zerstört, Kir-

chen niedergebrannt, Gefangene ermordet – es war ein widerlicher Kleinkrieg, auf den sich die Gegner eingelassen hatten.
Keno muß sich wohl auf die Dauer seinen Gegnern nicht gewachsen gefühlt haben. Denn bereits Anfang des Jahres 1409 wandte er sich wieder an die Hansestädte und ließ sie durch seinen bewährten Kaplan Almer dringend bitten, sie möchten ihn nicht verlassen.
Hisko dagegen fand Hilfe bei seinem Diözesanherrn, dem Bischof Otto IV. von Münster, dem er seine Burg in Emden als offenes Haus einräumte. Dem Bischof gelang es endlich, zusammen mit den Ratsherren von Hamburg und Lüneburg, die zerstrittenen Parteien in Emden zu einem Kompromiß zu bewegen, demzufolge sie sich einem Schiedsgericht unterwerfen wollten. Es war eine höchst undankbare Aufgabe für die Schiedsrichter, die unendlich vielen Mißhelligkeiten, die tausenden von Vorwürfen und Gegenvorwürfen zu sichten und ins Reine zu bringen. Das Schiedsgericht hatte im Grunde keine Chance: Es konnte höchstens für einen momentanen Stillstand, auf keinen Fall aber für ein dauerhaftes Ende der Streitigkeiten sorgen.
Dennoch, es scheint so, als habe in den nächsten drei Jahren Ruhe geherrscht, zumindest was den Kleinkrieg der Häuptlinge untereinander betrifft. Anders dagegen das leidige Problem mit den Vitalienbrüdern: Zu ihrem nicht geringen Erstaunen stellten die Hansestädte fest, daß auch Keno ten Broke, ihr Verbündeter, wieder Vitalienbrüder in Dienst gestellt hatte. Und er machte nicht einmal mehr einen Hehl daraus; offen und rücksichtslos begünstigte er die Seeräuberei.
Schon während der Vermittlungsbemühungen des Münsteraner Bischofs und der Ratsherren Hamburgs und Lüneburgs hatte man Keno den Vorwurf gemacht, Vitalienbrüder zu halten. Seine Antwort: Er habe seine »Diener« gegen den Grafen von

Holland, der ja bekanntlich sein Feind sei, ausgesandt. Wenn sie dem Kaufmann etwas weggenommen hätten, so sollten sie es wiedererstatten.

Eine neue Verhandlungsrunde begann. Um weiteren Geschehnissen dieser Art vorzubeugen, suchten die Hansestädte nun einen Frieden zwischen Keno und Wilhelm von Holland zu vermitteln.

Das gelang auch. Im März 1410 wurde ein Waffenstillstand bis zum 25. Juli geschlossen, der dann bis Ostern 1411 verlängert wurde. Keno indessen focht das nicht an. Er ließ weiter plündern; die Städte machten sich allmählich wieder mit dem Gedanken vertraut, eine neue Expedition ins Ostfriesische zu schicken, diesmal, um Keno zur Räson zu bringen. Allerdings scheiterte eine größere Flottenrüstung an den Unruhen innerhalb der Städte, die zuletzt auch Hamburg erfaßt hatten. So blieb nichts weiteres übrig, als noch einmal den beschwerlichen und langwierigen Weg von Verhandlungen zu beschreiten. Was natürlich nichts einbrachte, weil Keno sich sperrte. Bremen bekam es allmählich mit der Angst zu tun: In einem Brief an Danzig schrieb der Rat, dem Vernehmen nach wolle Keno neue Vitalienbrüder, von denen sich bereits 300 angesammelt hätten, aufnehmen, um den Kaufmann zu schädigen. Man müsse dagegen nun wirklich etwas tun, und zwar sehr schnell.

Es tat sich aber nichts. Man hatte die Angelegenheit auf die Tagesordnung des Hansetages vom 1. November gesetzt und Keno aufgefordert, selber zu erscheinen oder einen Bevollmächtigten zu schicken, damit er sich verantworte. Es erschien der tüchtige Kaplan Almer, der sofort zur Offensive überging, bevor man ihn auf die Anklagebank setzen konnte. Er jammerte über den Schaden, den Keno von den preußischen und livländischen Städten erlitten habe, so wortreich, daß die Hansevertreter sich fragten, wer hier eigentlich im Unrecht sitze. Im Gegenzug beklagten sich dann die

Vertreter Livlands und Preußens über die Vitalienbrüder Kenos, die ihre Schiffe fortwährend berauben würden.

Man einigte sich auf den Kompromiß, die Schäden beiderseitig als aufgehoben zu betrachten, wobei man sich aber nicht sicher war, daß die Stadträte der Heimatstädte diesen Beschluß auch billigen würden. Außerdem sollte – Kaplan Almer stimmte dem zu – Keno ten Broke gemäß den früheren Verträgen keine Vitalienbrüder mehr aufnehmen, sondern den Kaufmann beschützen und auch Ede Wimmeken, den alten Feind der Bremer, auffordern, daß er seine Vitalienbrüder entlasse.

Das waren natürlich nichts weiter als fromme Wünsche; dennoch sahen sich die Hansestädte nicht veranlaßt, in den nächsten Jahren einzugreifen, obwohl sich in Ostfriesland umwälzende Dinge ereigneten: 1413 kam es zur Entscheidung zwischen Keno und Hisko.

Es begann mit einem eher unbedeutenden Ereignis: Kenos Schwager Eberhard Idzinga, zugleich Kenos Lehnsmann, war beraubt worden, und zwar auf der Ems, von Emden aus und von Larrelt. Hisko, als Häuptling von Emden, und Enno Edzardisna als Besitzer von Larrelt wurden für den Schaden verantwortlich gemacht. Für seinen Schwager trat Keno in die Schranken, der in dieser Gegend auch schon einige Güter verloren hatte. Anfangs schien ein gütlicher Ausgleich möglich, denn beide Parteien erkannten das Schiedsgericht des Groninger Rates an. Als dessen Spruch aber lautete, Hisko und Enno müßten den Schaden ersetzen, war es aus mit der Anerkennung.

Hisko, in inner-groningische Händel verstrickt, hatte einen Augenblick lang nicht aufgepaßt. Von allen Seiten zog Keno ten Broke plötzlich seine Truppen zusammen, marschierte auf Emden und eroberte die Stadt. Hisko konnte gerade noch entkommen und nach Groningen fliehen, wo er beim Rat Schutz und Hilfe suchte.

Man stand ihm auch tatsächlich bei und nahm den Kampf gegen

Keno auf. Die offenen Feindseligkeiten brachen 1414 aus, sie beschränkten sich im wesentlichen aber auf Brandschatzungen und kleinere Scharmützel, bei denen aber Kenos Schwager Eberhard Idzinga fiel. Im nächsten Jahr aber gelang Keno der entscheidende Schlag: seine Truppen nahmen Groningen ein.

Keno ten Broke stand nun im Zenith seiner Macht. Hisko war vertrieben und entmachtet, die kleineren Häuptlinge hatte er an sich gefesselt – welche Aussichten für eine Zukunft.

Die aber war für ihn nur noch kurz. Keno ten Broke starb 1417 im besten Mannesalter, wie es heißt.

Schreibt der 1547 geborene ostfriesische Gelehrte Ubbo Emmius, erster Rektor der Universität Groningen: »Er war ein Mann, von hohem, stolzem, unbeugsamen Mut, der es trotzdem verstand, die Gunst der Menge zu erwerben. Schlagfertig in Rat und Tat würde er, hätte er länger gelebt, zur Alleinherrschaft in Ostfriesland gelangt sein und diese Stellung behauptet haben.«

Damit ist aber die Geschichte der Vitalienbrüder in der Ems und an der ostfriesischen Küste noch keineswegs zu Ende. 1422 rüstete die Hanse erneut gegen sie. Ocko ten Broke, Sohn und Nachfolger Kenos, hatte die Städte zu Hilfe gerufen gegen die Piraten des holländischen Herzogs Johann, mit dem er in Fehde lag. Die Unternehmung glückte, Dokkum und Esumersiel, wo sich die Seeräuber verschanzt hatten, konnte eingenommen werden. Freilich schaffte dieser Sieg nur für kurze Zeit Luft von der Plage.

Die wirren innerfriesischen Verhältnisse brachten es mit sich, daß immer irgendeine der mächtigen oder auch weniger mächtigen Familien Vitalienbrüder unter Vertrag hatte. Der Seeraub blühte wie in seinen besten Tagen.

Der alte Hisko von Emden hatte mittlerweile das Zeitliche gesegnet; sein Sohn Imel machte den Hafen zum Tummelplatz der Vitalienbrüder – alles wie gehabt.

Nachdem Jahre später die ten Brokes von Focko Ukena gestürzt worden waren, schwollen die Klagen über Piratenakte orkanartig an; die Hamburger bezeichneten ihn später einmal geradezu als »Hauptmann aller Seeräuber«.

Diese Zustände besserten sich erst, nachdem es dem sogenannten friesischen Bund gemeinsam mit dem aufsteigenden, kraftvollen Cirksena-Clan und Hamburg gelungen war, auch die letzten Burgen der Vitalienbrüder-Beschützer zu brechen.

Seit 1432 sieht man die Hamburger wieder in vorderster Linie gegen die Seeräuber kämpfen. Der Feldzug jenes Jahres war so wenig erfolgreich, daß man von hansischer Seite daran dachte, ihn im nächsten Jahr zu wiederholen. Aus dem Jahre 1417 existierte ein hansisches Statut, das lautete: »Der Stadt, vor deren Hafen Seeräuber bemerkt werden, sollen die zunächst gelegenen Städte bei Zerstreuung derselben helfen. Man soll das vor die nächste Tagfahrt bringen, Kost und Zehrung sollen die gemeinen Städte den Betreffenden wieder erstatten.« Darauf berief sich Hamburg nun und forderte von den anderen betroffenen Städten Hilfe. Aber man erging sich in Ausflüchten und in flauen Entschuldigungen. Hamburg sah sich gezwungen, wie schon im Jahre 1408, auf eigene Faust ein Expeditionskorps auszurüsten; nur von Lübeck und von Bremen durfte man einige Unterstützung erwarten. Hamburg machte sich nun mit größter Energie und wieder mit größtem finanziellen Aufwand ans Werk.

Über diese Unternehmungen sind detaillierte Rechnungen erhalten geblieben, die einen Blick in die Art der Rüstung erlauben.

1433 schickte Hamburg insgesamt 21 Schiffe auf Feindfahrt, darunter 2 größere Koggen. Die nautische Mannschaft bestand aus 143 Mann, durchschnittlich 20 bis 30 Mann auf den größeren Schiffen, 2 bis 5 auf den kleinen Fahrzeugen. Die kleineren Schiffe, »Bardzen« und »Boote« genannt, waren für den Depeschendienst mit Hamburg bestimmt. Rund 300 schwerbewaffnete Söld-

ner fuhren mit. Um die bei den Gefechten verwundeten Soldaten hatte sich Meister Hinrik, der Stadtarzt Hamburgs, zu kümmern.
Es ist erstaunlich, was alles an Werkzeug und Material mitgenommen wurde: Die Rechnungen führen es auf, von der Kanone, dem sogenannten »drivenden werk«, bis zum Kompaß, vom Balken bis zum Mauerstein, Leuchter, Nägel, Kessel, Schüssel, Löffel und allem was zur Kriegsführung gehört. Armbrüste, Pulver, Feuersteine wurden in großen Mengen gekauft. Von größter Wichtigkeit – um die Truppe bei Laune zu halten – war die Verpflegung. Entsprechend sorgfältig ging man bei der Ausstattung vor: 44 Tonnen Butter, 1199 Stück Käse, 450 Speckseiten, große Mengen von Rindfleisch, Fischen und Bohnen wurden eingekauft. Die größte Summe aber verschlang das Bier, das dazumal eine noch bedeutendere Rolle als heute spielte: Etwa 2000 bis 3000 Tonnen wurden gekauft. Auf die Anschaffung des Getränks entfielen etwa die Hälfte der gesamten Verpflegungskosten.
Wie üblich, führten Hamburger Ratsmannen den Oberbefehl; es waren diesmal vier, darunter der schon bekannte Simon von Utrecht. Etwa Mitte Juni 1433 stach man von Hamburg aus in See, und man vereinigte sich vor der friesischen Küste mit den Truppen des friesischen Bundes.
Man teilte die Flotte in zwei Gruppen: Der Angriff der einen richtete sich direkt auf Emden, der Angriff der anderen zielte auf die Sibetsburg an der Jade. Beide Plätze wurden belagert, von den Hamburgern zu Wasser, von den Friesen zu Lande.
Es war eine verhältnismäßig kurze Belagerungszeit, die Emden durchzustehen hatte. Am 20. Juli sah sich Imel genötigt, Stadt und Schloß den Hamburgern zu übergeben. Er selbst wurde gefangen genommen und nach Hamburg überstellt. Die Stadt erhielt eine Besatzung.
Was sollte nun aber mit Emden und den anderen Plätzen, die man erobert hatte geschehen? Diese Frage mochten sich die Hamburger

in einer ruhigen Minute stellen. Sollte man die eroberten Schlösser, wie früher üblich, den befreundeten friesischen Häuptlingen anvertrauen?
Die Antwort lautete: nein. Man hatte denn doch zu schlechte Erfahrungen gemacht. So verfiel Hamburg auf den großartigen Plan, sich selbst in Friesland festzusetzen und den Versuch zu wagen, von hier aus das Seeräuberunwesen in die Schranken zu weisen. Emden wollten die Hamburger zum Mittelpunkt ihres friesischen Engagements machen. Ein Hamburger Ratsherr nahm seinen Sitz in der Stadt, die durch eine ständige Besatzung gesichert wurde. Von diesem Augenblick an war die Macht der Vitalienbrüder in der Ems gebrochen. Ihre Uhr war abgelaufen.

Im gleichen Jahrzehnt ging ihre Zeit auch im Jadegebiet zu Ende. Ede Wimmeken, der mächtige Häuptling, war 1414 oder 1415 gestorben; sein Erbe und Nachfolger wurde sein Enkel Sibet, Sohn seiner Tochter Frouwa und des Lubbe Sibet aus Burhave. Sibet hatte die hauptsächlichen Eigenschaften seines Großvaters geerbt: Kühnheit und Entschlossenheit und eine schier unbändige Lust zu Kriegen. Er war außerdem ein Schwager des Ocko ten Broke. Alle alten Fehden, die der alte Wimmeken angefangen hatte, führte der Enkel getreulich weiter. Und wie schon bei seinem Großvater, so dienten auch ihm Vitalienbrüder zur Unterstützung – die dann später seinen Untergang verursachen sollten.
Die alte Fehde mit Holland: Bremen war inzwischen vermittelnd in die Angelegenheit eingetreten; zu welchem Abschluß sie gebracht werden konnte, ist unbekannt. Sicher ist nur, daß die Vitalienbrüder in den Auseinandersetzungen eine erhebliche Rolle spielten, wenngleich sie in diesem Fall die Kaufleute aus Bremen, die sonst als unmittelbare Nachbarn Sibets den meisten Schaden zu tragen hatten, ungeschoren ließen. Freilich dauerte dieser schöne Zustand nicht sehr lange, Sibet geriet bald darauf auch mit den

Bremern in einen Streit, in deren Verlauf er das Land Butjadingen überfiel.
Der Überfall mißglückte; er hatte aber zur Folge, daß sich fünf Kirchspiele des Landes unter die Oberhoheit Bremens begaben. In der Übertragungsurkunde, die ihre Souveränitätsrechte auf die Hansestadt an der Weser übertrug, führten sie dies aus: Vor manch hundert Jahren habe der Papst und der Kaiser den Friesen insgesamt auf ewige Zeiten Freiheit gegeben, daß keiner den anderen mit Eigentum oder mit irgendeiner Gewalt verunrechten solle, und daraufhin hätten sie Kirchen und Türme zu Gottes Ehre erbaut.
Nun aber hätten sich etliche unterwunden, von diesen Kirchen aus zu rauben, zu schinden und zu brennen, Gefangene darin zu stokken und zu blocken, zu schatzen und zu töten, und die Friesen von ihrer Freiheit zu drängen. Damit Kirchen und Gotteshäuser wirklich Gotteshäuser wären, und die Friesen bei ihrer Freiheit blieben und des Königs Straße (das ist die Weser), auf der zu langen Zeiten geraubt, geschunden und manchen Kaufmann Leib und Gut genommen sei, gesichert wäre, hätten sie sich mit der Stadt Bremen verbunden und ihr Treue und Gehorsam geschworen. Das Gericht in dem Lande solle dem Rate von Bremen zustehen, und zwar nach dem alten Rechte ... In Krieg und Orlog wollen sie sich gegenseitig unterstützen. Am Schlusse versprechen die Butjadinger: »Ok en schulle wy noch en wyllen nene serovers entholden in dussem lande edder des yemende stede, de se entholde, de van Bremen, de ere edder yenighen Kopmanne uppe de Wezere edder uppe der see to beschedeghende.«
Groß war das Gezeter, das Sibet jetzt anstimmte, lauthals protestierte er gegen die Besitznahme Butjadingens durch Bremen. Bremen richtete sich aber ungerührt in seiner Neuerwerbung ein.
In dieser Lage scheint Sibet wieder Vitalienbrüder angeheuert zu haben, denn Bremen schreibt zu dieser Zeit an Lübeck und Ham-

burg, daß bremische Kaufleute gefangen genommen worden seien, ihrer Schiffe und Güter beraubt. Lübeck und Hamburg mögen doch Sibet im Namen der Hansestädte auffordern, die Gefangenen wieder in Freiheit zu setzen und ihnen ihr Eigentum zurückzugeben. Außerdem habe Bremen Nachrichten davon erhalten, daß Sibet weitere Vitalienbrüder anwerbe, die sich vor der Weser und vor der Elbe sammeln sollten, um den dortigen Kaufleuten aufzulauern.

Für Sibet schien sich die Situation zuzuspitzen. Zu seinen Gunsten werde nun Bischof Otto von Münster eingeschaltet. Als sich der Gottesmann an Bremen wandte, wies die Stadt ihn in einem Schreiben brüsk zurecht. Sie hätten das Land, so führten sie aus, an sich genommen, da es nicht göttlich noch billig scheine, daß man aus Kirchen, die zu Gottes Ehren geweiht wären, Raubhäuser, Mördergruben und Pferdeställe mache und den gemeinen Kaufmann darin töte, schatze, stocke und blocke. Gott und der Christenheit zu Lobe, dem heiligen römischen Reich zur Ehre, zur Sicherheit und Frieden an Land und Leuten, zum Schutze der Straßen und zum besten des gemeinen Kaufmanns hätten sie dazu verholfen, daß des heiligen Reiches Straßenschinder, Seeräuber und Friedensbrecher von den Kirchen verjagt seien.

Das wirkte; niemand machte im Augenblick mehr Bremens Besitz von Butjadingen streitig. Die Stadt stand auf der Höhe ihrer Macht, sie beherrschte ein Gebiet, das größer war als manches deutsche Fürstentum. Freilich fehlte der Hansestadt an der Weser das nötige Geld, um seine Neuerwerbung dauernd besetzt halten zu können, und von den anderen Hansestädten kam leider keine Hilfe.

Unter solchen Umständen ist nicht zu verwundern, daß Sibet und andere Häuptlinge Butjadingen bald wieder in ihre Gewalt brachten. Im Augenblick aber war er noch durch andere Fehden so sehr in Anspruch genommen, daß Butjadingen noch ungefährdet war.

Üppig aber blühte das Leben der Vitalienbrüder; es wurde immer schlimmer mit ihnen. So schlimm, daß sich schließlich im Jahre 1433 unter der Führung Hamburgs jener bekannte Kriegszug mit Simon von Utrecht ins Ostfriesische ereignete, der nun endgültig mit dem Unwesen aufräumen sollte. Emden war bekanntlich schon gefallen und Hamburg hatte sich dort häuslich eingerichtet. Schwieriger dagegen wurde die Eroberung der Sibetsburg, den Stammsitz Sibets. Der Häuptling, der selber nicht auf der Burg war, wandte sich hilfesuchend an den Sohn Focko Ukenas, Udo Focken von Norden, seinen Schwager. Beide stellten schleunigst ein Heer auf, mit dem sie die Burg entsetzen wollten.
Edzard von Cirksena aber rückte, zusammen mit seinem Bruder Ullrich und verstärkt durch 300 Hamburger Schützen, den Truppen Sibets und Udos rasch entschlossen entgegen. In den letzten Tagen des Juli 1433 kam es zu einer hitzigen Schlacht bei Lütetsburg. Die verbündeten Häuptlinge unterlagen trotz verzweifelter Gegenwehr; Udo fiel, Sibet, schwer verwundet, wurde gefangen und erlag seinen Verletzungen wenige Tage darauf.
Endlich, gegen Mitte September geschah das, was man sehnsüchtig erwartet hatte: die Burg mußte sich ergeben. Man zerstörte sie aber vorläufig nicht. Die gefangenen Seeräuber aber wurden förmlich angeklagt, zum Tode verurteilt und hingerichtet. Erleichtert atmete man in den Hansestädten auf: »Item, leben vrunde«, schrieb Lübeck schon am 14. September 1433 nach Preußen, »screven uns unse vrunde van Hamborgh, dat se mit der hulpe Godes Sybetsborch gewonnen hadden, des God geloved sie!«
Damit war der Hauptstützpunkt der Vitalienbrüder gefallen. Emden blühte auf, mit Edzard von Cirksena und der Mehrzahl der Friesen stand die Hanse fortan in bestem Einvernehmen. Von den Vitalienbrüdern hört man seit dieser Zeit praktisch nichts mehr.

20. Kapitel

Störtebeker überlebte durch seinen Tod

Störtebeker: nicht mehr bekannt – Seeräuber halten seinen Namen hoch – Das Volk häkelt an der Sage – Bandit mit sozialem Touch – »Alltägliches wird zum Bedeutsamen stilisiert«

Am 2. Juni 1473 antwortet das Hansekontor zu Brügge auf ein Schreiben aus Middelburg. »Bevinden also in derselven lettren, dat deselve Clays in eenen coggenscip ut Engelant kommende upten maendach na ascensionis Domini (31. Mai) jeghens Douvre of daer omtrent by eenen utligger ter zee van Hamborch genoempt Stortebeke zijnre guedere ende coopmanscepe in derzelver uwer lettren beroert genomen ende ontvremt zolle zijn, begerende darumme int slot van uwer letteren, dat wy also vele doen wilt, dat deme vorscreven Clays zijn guedt wedder hebben mach zonder cost of calanyre etc. Erbare wijse ende vorzienige heren, leve ende zere gemynde vrunde, alzulk schaden deme vorscreven uwen portere Clays geschiet by deme vorscreven Stortebeken, den wy nicht en kennen, waerher hij is offte wer en uyt mach gereet hebben, kent Got.«

Worum geht es? Dem Middelburger Kaufmann Klaus Bottermann wurde sein Schiff samt Ladung gekapert, und zwar von einem Hamburger Auslieger namens Störtebeker. So jedenfalls hatte Bottermann dem Rat seiner Stadt berichtet, worauf sich Middelburg an das Brügger Hansekontor wandte. Das aber erklärte, für hansische Kaperer nicht verantwortlich zu sein – was zweifellos richtig war – und verwies auf eine Gesandtschaft Hamburgs, die im Zuge ihrer Verhandlungen mit England und Holland auch in Utrecht Station machen werde. Die Sache mit Bottermann tue ihnen herzlich leid, aber mehr könnten sie nicht machen. »Liebe Freunde«, heißt es sinngemäß in dem hansischen Schreiben, »solcher Schaden, wie Eurem Klaus von einem Störtebeker geschehen ist, den wir nicht kennen ...«

Noch einmal die Brügger Hansekaufleute an Middelburg; sie tei-

len am 16. Juli 1473 mit, daß auch Hamburg nemend van eren uthliggeren en kennen, de Stortebeke genomet is ...»
Hamburg kennt einen solchen Störtebeker also auch nicht. Erstaunlich, daß nicht einmal der Name mehr in Erinnerung geblieben war, der doch in Hamburg einst für soviel Aufregung gesorgt hatte. Kein Hinweis in den beiden weitschweifigen Schreiben darauf, daß früher einmal ein Mensch namens Störtebeker die hansischen Seefahrer ausgiebig geplündert hatte.
Vor genau 72 Jahren hatte man diesen Vitalienbrüder-Häuptling in der Stadt an der Elbe geköpft und mit ihm ganze Zehnerschaften seiner Spießgesellen, welches Schicksal kurz darauf auch Godeke Michels und seine Mannen ereilt hatte – Klaus Störtebeker, den Schrecken der südlichen Nordsee, den Feind der ganzen Welt, aber Freund Gottes – die Kaufleute scheinen ihn vergessen zu haben. Nicht einen Augenblick lang blitzt es auf: Moment, wir hatten da mal einen ...
Nichts. Auch kein Stutzigwerden über die Gleichheit der Namen nach so vielen Jahren noch. Woraus erhellt, daß Störtebeker in Vergessenheit geraten sein muß, was das offizielle Hamburg und das Brügger Hansekontor anbelangt. Nicht daß man ihn totschweigen würde, um ihn zu einer Unperson zu machen; nein, er ist ganz einfach aus dem Gedächtnis der Hanseaten verschwunden.
Aber im Gedächtnis anderer lebte er weiter: Auslieger, staatlich konzessionierte Kaperfahrer sind es, die sein Andenken hochhalten. Da erzählt also ein Seeräuber seinem Opfer, er sei Störtebeker und sei Hamburger. Abgesehen von dem puren Zufall, er hätte wirklich so geheißen, benutzt also ein späterer Berufskollege unseres Helden dessen verrufenen Namen – wozu?
Offenkundig um sein Opfer einzuschüchtern. Er glaubt, der Name dieses Vitalienbruders verbreite noch immer Angst und Schrekken. Vielleicht, daß der Überfallene weniger Widerstand leiste. Der Pirat mußte also davon ausgehen, daß die Nennung dieses

Namens sein Opfer zum Zittern bringt, weil er ihn vom Hörensagen kennt, womit er aber gleichzeitig auch unterstellen muß, Bottermann wisse, daß Störtebeker längst tot sei. Anders ergibt diese Situation keinen Sinn.
Es ist die spielerische Variante des Ernstfalls die vorgeführt wird; es ist der Scherz, der mit dem Entsetzen getrieben wird.
Die lange zurückliegenden Ereignisse hatten längst ihren Schrekken verloren, waren sogar – siehe das Brügger Kontor und die Hamburger Delegation – schon in Vergessenheit geraten; waren von neuen Geschehnissen überholt worden – Störtebeker, das war inzwischen die gute alte Zeit geworden. ...
... weißt du noch, als wir damals – wie hieß das noch – na, wir sind um das Kap Skagen gesegelt, und wer kommt uns da entgegen?! Da war vielleicht was los!
Alle Schiffsleute soll der immer über Bord geworfen haben? Quatsch hat er nie gemacht. Ich war selber mal dabei, als er ...
Kneipengespräche. Man renommierte, man schwadronierte. Hochsaison für Angeber.

Weshalb ausgerechnet Störtebeker es war, der zum Mittelpunkt solcher Geschichten wurde, ist unbekannt, und wird unbekannt bleiben. Von den sagenhaften Erzählungen auf seine Taten zurückzuschließen, ist nicht möglich, Andere Seeräuber, wie Godeke Michels, Arnold Stuke, Gerd Milies und nicht zuletzt Sven Sture haben viel mehr vorzuweisen, aber ihr Lied singt keiner.
Den einzigen Ansatzpunkt bietet vielleicht die Hinrichtung Störtebekers und die seiner Kumpane auf dem Grasbrook in Hamburg. Es war schon ein schauriges Schauspiel, kein Zweifel; so etwas hatten die braven Hamburger bis dahin noch nicht erlebt: Über 70 Vitalienbrüder, darunter der Anführer Klaus Störtebeker, wurden geköpft, immer hübsch der Reihe nach, alles an einem Tag. Als man wenig später denn Godeke Michels mit seinen Man-

nen an gleicher Stelle und auf gleiche Weise ins Jenseits beförderte, hatte Störtebeker bereits Maßstäbe gesetzt: Er überlebte durch seinen Tod. Zumindest im Bewußtsein des Volkes. Michels hatte da kaum noch eine Chance.

Das Volk hatte seinen Helden, begann an dessen Sage zu häkeln. Die Phantasie hatte etwas, woran sie sich entzünden konnte.

Die Sage erzählt nie ein Schicksal in seiner Totalität. Sie greift sich einzelne Stücke heraus, denen sie den Rang des Außerordentlichen verleiht: Störtebeker, der Mensch mit Riesenkräften; Störtebeker, der Mensch mit den unermeßlichen Goldschätzen; Störtebeker, dessen Schiff durch die Luft fliegen kann; Störtebeker, der den Armen gab – unzählige Aspekte werden angeboten, in unterschiedlichsten Varianten von Land zu Land. Eine Sage aus Hamburg läßt die Krone der Katharinenkirche von störtebekerschem Golde sein; in Rügen meint man, es sei die der Nikolaikirche. Um seinen Geburtsort streiten sich etliche Städte und Landschaften. In der Ostsee gilt er überwiegend als Wohltäter, weil er Stockholm mit Lebensmittel versorgt hat und auch sonst spendabel zu den Armen war. Die Nordsee sieht ihn schon eher als Banditen, wenngleich auch hier mit sozialem Touch.

»Aller Welt Feind, nur Gottes Freund« seien die Vitalienbrüder gewesen – immerhin, so hätte Gott es gebilligt, daß reiche Kaufleute ausgeraubt wurden; daß man sich von den Mächtigen holte, was diese vielleicht freiwillig nicht geben wollten.

Durfte man nicht auch ein geschworener Feind dieser Welt sein, die nur dazu geschaffen schien, die Menschheit zu plagen, gar zu vernichten? Auf der anderen Seite begann man aber diese Welt zu erobern, von ihr Besitz zu ergreifen. Bald werden die ersten Vorstöße in ferne Gegenden erfolgen, bald wird sich der Gesichtskreis unermeßlich erweitern. Störtebeker ist noch nicht der Mann, den Globus zu umrunden; auch die Sage dichtet ihm das nicht an. Noch fehlen im Bewußtsein des Volkes die Voraussetzungen dafür; weitschweifender Geist, Wissen-wollen; weniger um einer bestimmten Nutzanwendung willen, sondern um der Sache selbst. Wenn Störtebeker bis nach Spanien segelt, um von dort die Reliquien des heiligen Vincentius zu holen, dann segelt er noch im Kielwasser der Kaufleute, bewegt sich auf den üblichen Fahrtrouten. Daß er etwa, hols der Teufel, gleich weiter gesegelt sei, unbekannten Zielen zu, fällt der Sage, und damit ihren Erzählern, nicht ein.

Religiöse Unruhe hatte sich schon lange der Menschen bemächtigt. Man will wissen, ob Gott einem gnädig sei, ob man einst zu denen gehören wird, die in den Himmel kommen. Damit man das Heil erreiche, bietet die Kirche Mittel an: Bußfahrten, Wallfahrten und vieles andere; das Klosterleben als Mönch garantiere einen gewissen Erfolg, weiß man. Wovon Eustache le Moine offenbar nicht überzeugt gewesen war, denn er ging zur See, wurde Piratenkapitän und verlor die Schlacht bei Dover 1217 gegen die Engländer.

Man merkte: Auch die kirchlichen Gnadenmittel halfen nicht unbedingt. Ernsthafte Naturen sannen darüber nach, woran das wohl liegen mochte. Reformatorische, ketzerische Äußerungen werden laut – als Jan Hus aus Prag behauptet, die Kirche sei die unhierarchische Versammlung der Erwählten, die allein Christus – und nicht den Papst – zu ihrem Haupt hat, schickt man ihn 1415 in Konstanz auf den Scheiterhaufen.

Einige Jahre später ereilt den Florentiner Bußprediger Savonarola dasselbe Schicksal. Er kämpfte für die religiöse und sittliche Erneuerung – und wurde zu Asche verbrannt.

»Die historische Sage hat die Neigung,« erläutert Leander Petzold in der Einleitung des ersten Bandes seiner historischen Sagen, »Alltägliches zum Bedeutsamen zu stilisieren, sie interpretiert Personen und Geschehnisse aus einer mythischen Weltsicht heraus und bietet, indem sie die Komplexität der Verhältnisse ignoriert, eine vereinfachende, nichts desto weniger aber vieldeutige Erklärung an. Nicht die objektiven Fakten sind der historischen Sage wichtig, sondern die Art und Weise ihrer Tradierung. Der Wahrheitsanspruch historischer Sagen ist daher anderer Art, als der der Wissenschaft. Ihre Bedeutung liegt in der Sichtweite, in der Mythisierung des Alltäglichen, wodurch sie diesem eine besondere Qualität verleiht.«

Die Bedeutung dieser Sagen liege nicht auf dem Gebiet einer auf Fakten gegründeten Wahrheit, meint der Autor weiter, und sie würden auch kein objektives Charakterbild historischer Persönlichkeiten geben. Aber: »Sie sind Chiffren für die Bedeutung dieser Persönlichkeiten und zugleich für ihre soziale Position, die sie vom Erzähler trennt. Der Blickwinkel, aus dem die historische Sage berichtet, ist ... der Blick nach oben. Die Unfähigkeit des kleinbürgerlichen Erzählers, sich »die da oben« wirklich vorzustellen, sich in sie hineinzudenken, läßt ihn sie sich anverwandeln.

Zugleich reagiert er auf jede Bedrohung seines »kleinbürgerlichen Universums«, seines Identitätsraumes mit dem Abwehrverhalten durch Mythisierung des für ihn Fremdartigen. Die Inhalte dieses Vorganges aber sind durch eine Art kollektiver »Mythologie« determiniert, die in dem glücklichen Zufall ein Wunder und hinter der Anwendung chemischer oder physikalischer Gesetze Magie sieht.«

Das eben macht auch den Gehalt der Sagen um Störtebeker aus. Nicht die historische Wahrheit ist entscheidend, sondern das, was man von ihm glaubt und von dem berichtet wird. So gesehen ist Klaus Störtebeker wirklich der größte Seeräuber, den die deutsche Küste je kannte.

Anhang

Worterklärung
Bibliographie
Sach-, Personen- und Ortsregister

Bibliografie

Andersson, Ingvar, Schwedische Geschichte, München 1960

Barthold, F.W., Die Geschichte der deutschen Hanse, 2 Bände, Leipzig 1909

Beneke, Otto, Hamburgische Geschichten und Sagen, 5. Auflage, Stuttgart 1903

Benninghoven, Friedrich, Die Gotlandfeldzüge des Deutschen Ordens 1398–1408, in: Zeitschrift für Ostforschung, 13. Jahrgang 1964

Bessell, Georg, Bremen, 3. Aufl. 1955, Bremen

Blasel, Annelise, Klaus Störtebeker und Gödeke Michael in der deutschen Volkssage, Diss. Greifswald 1933

Borst, Arno, Lebensformen im Mittelalter, Frankfurt 1973

Botting, Douglas, Die Piraten, Time-Life-Bücher, Amsterdam 1979

Bredel, Willi, Die Vitalienbrüder. Ein Störtebeker-Roman, Reinbek 1977

Cordsen, Hans Chr., Beiträge zur Geschichte der Vitalienbrüder, in: Jahrbücher des Vereins für mecklenburgische Geschichte, 1908 Band 73

Daenell, E., Die Blütezeit der deutschen Hanse, 2 Bände, Berlin 1906

Daenell, E., Geschichte der deutschen Hanse in der zweiten Hälfte des 14. Jahrhunderts, Leipzig 1897

Detmar, Lübecker Chronik, Hrsg. F. H. Grautoff, Hamburg 1829

de Vries, Jan, Heldenlied und Heldensage, Bern 1961

Dollinger, Philippe, Die Hanse, Stuttgart 1966

Dufner, Wolfram, Geschichte Schwedens, Stockholm 1967

Eimer, Brigitta, Gotland unter dem Deutschen Orden, Innsbruck 1966

Ewe, Herbert, Schiffe auf Siegeln, Bielefeld 1972

Fontane, Theodor, Sämtliche Werke; Fragmente und frühe Erzählungen, Nachträge, München 1975

Freytag, Gustav, Bilder aus der deutschen Vergangenheit, 5 Bände, Leipzig 1924

Freytag, Gustav, 3 Bände, Hrsg. Heinrich Pleticha, Hamburg 1978

Friedell, Egon, Kulturgeschichte der Neuzeit, 3 Bände, München 1929

Girgensohn, Paul, Die skandinavische Politik der Hansa, Uppsala 1899

Hagedorn, Bernhard, Die Entwicklung der wichtigsten Schiffstypen bis ins 19. Jahrhundert, Berlin 1914
Halfar, Wolfgang, Gotland – Glück und Unglück einer Insel, Würzburg 1966
Handbuch der historischen Stätten Deutschlands – Schleswig-Holstein und Hamburg, 2. Aufl. 1964; Niedersachsen und Bremen, 3. Aufl. 1969; Ost- und Westpreußen, 1966
Hanse in Europa, Ausstellungskatalog, Köln 1973
Hanserezesse von 1256-1430, Bände II, III, IV, 1. Abt., 1872 bis 1877
Hansisches Urkundenbuch, Bände 8, 9, 10, 1907
Heinsius, Paul, Das Schiff der hansischen Frühzeit, Weimar 1956
Kehlert, Otto, Die Insel Gotland im Besitz des deutschen Ordens 1398 -1408, Diss. Königsberg/Pr., 1887
Klinkenborg, Melle, Geschichte der ten Broks, Diss. Berlin 1895
Kock, Reimar, Pawel Beneken, Hrsg. F. Schwarz, Danzig, o.J.
Koppmann, Karl, Der Seeräuber Klaus Störtebeker in Geschichte und Sage, in: Hansische Geschichtsblätter, 1877
Koppmann, Karl, Die Vitalienbrüder, Einleitung zu Band IV Hanserezesse, 1877
Koppmann, Karl, Zur Geschichte der mecklenburgischen Klipphäfen, in: Hansische Geschichtsblätter, 1885
KUBA, Die Legende vom Klaus Störtebeker, Rostock 1960
Landström, Björn, Segelschiffe, Gütersloh 1970
Lehe, Erich von, Heimatchronik der Freien und Hansestadt Hamburg, 2. Aufl. Köln 1967
Leip, Hans, Bordbuch des Satans. Geschichte der Freibeuterei, München 1965
Leip, Hans, Godekes Knecht. Roman, Wilhelmshaven 1952
Leyen, Friedrich von der, Deutsches Mittelalter, Frankfurt 1980
Lisch, Friedrich, Beitrag zur Geschichte der Vitalienbrüder und der Landstädte am Ende des 14. Jahrhunderts, in: Jahrbücher des Vereins für mecklenburgische Geschichte, Band 15, 1850
Lobsien, Wilhelm, Klaus Störtebeker. Roman, Stuttgart 1976
Lüth, Erich , Helgoland, die unzerstörbare Insel, Hamburg 1979
Lüth, Erich, See – Räuber und Geraubte, Flensburg 1970
Lüthi, Max, Es war einmal. Vom Wesen des Volksmärchens, Göttingen 1962
Lüthi, Max, Märchen, Stuttgart 1962
Lüthi, Max, Sagen und ihre Deutung, Göttingen 1965
Maschke, Erich, Der deutsche Ordensstaat, Hamburg 1935
Monfeld, Wolfram zu, Das große Piratenbuch, München 1976

Neukirchen, Heinz, Piraten. Seeraub auf allen Meeren, Berlin 1976
Nirrnheim, Hans, Hamburg und Ostfriesland in der ersten Hälfte des 15. Jahrhunderts, Hamburg 1890
Ostfriesland und seine Inseln, Merian-Band, Hamburg
Oswald von Wolkenstein, Die Lieder, übertragen und kommentiert von Klaus J. Schönmetzler, München 1979
Pagel, Karl, Die Hanse, 3. Aufl. 1963, Braunschweig
Petzold, Leander, Historische Sagen, 2 Bände, München 1977
Röhr, Albert, Deutsche Marinechronik, Oldenburg 1974
Sokol, Hans, Unter der Flagge mit dem Totenkopf. Geschichte der Seeräuberei, Herford 1971
Steinhausen, Georg, Geschichte der deutschen Kultur, 2 Bände, Leipzig 1913
Stenzel, Alfred, Seekriegsgeschichte, Teile 1 und 2, Hannover 1907
Teichmann, Fritz, Die Stellung und Politik der hansischen Seestädte gegenüber den Vitalienbrüdern in den nordischen Thronwirren 1389-1400, Diss. Halle-Wittenberg 1931
Tumler, Marian, Der Deutsche Orden im Werden, Wachsen und Wirken bis 1400, Wien 1955
Vogel, Walther, Deutsche Seestrategie in hansischer Zeit, in: Hansische Geschichtsblätter, 1930
Vogel, Walther, Geschichte der deutschen Seeschiffahrt Berlin 1915
Voigt, Johannes, Die Vitalienbrüder, in: Raumers histor. Taschenbuch, NF, 2. Jahrgang, Leipzig 1841
Wanke, Josef, Die Vitalienbrüder in Oldenburg (1395-1433), Diss. Greifswald 1910
Wencker-Wildberg, Friedrich, Raubritter des Meeres. Eine Weltgeschichte der Seeräuber, Berlin 1943
Willmann, Rainer, Wann starb Klaus Störtebeker? in: Die Heimat 3/80
Winter, Heinrich, Das Hanseschiff im ausgehenden 15.Jahrhundert, Bielefeld 1968
Zimmerling, Dieter, Die Hanse, Düsseldorf 1976

Worterklärungen

abfallen vom Wind – den Wind achterlicher in die Segel einfallen lassen

achterlich – alles, was hinter dem Schiff ist

an den Wind gehen – den Wind vorlicher in die Segel einfallen lassen

anheuern/anmustern – den Arbeitsvertrag für die Dauer einer Schiffsreise unterschreiben

Ankerspill – Winde zum Anker hieven

Armada – mächtige Kriegsflotte; nach der Flotte des spanischen Königs Philipp II. benannt

Armbrust – eine aus dem Bogen entwickelte Schußwaffe für Bolzen, Pfeile, Stein- und Bleikugeln; in Deutschland seit dem 12. Jahrhundert gebräuchlich; Reichweite etwa 100 Meter

Aufbauten – Schiffsräume, die sich über dem Hauptdeck befinden und von Bord zu Bord reichen

aufbringen/kapern – ein Schiff auf hoher See mit Gewalt oder deren Androhung dem Eigentümer wegnehmen

Barchent – Bezeichnung für dichte geraute Gewebe aus Baumwolle oder Zellwolle

Back – vorderer erhöhter Teil des Schiffs; auch Bezeichnung für zusammenklappbaren Eßtisch an Bord

Backbord – die linke Schiffsseite in Fahrtrichtung

Balinger – wendiges Schiff, mit Segel und Riemen ausgerüstet, häufig als Kaperschiff verwendet

Bardze – wendiges Kriegsschiff, auch als Kaperschiff verwendet; mit Segel und Riemen ausgerüstet

Beplankung – die Schalung, die ein Holzschiff nach außen abdeckt; → Kraweel-, Klinkerbeplankung

Blide – Wurfmaschine des Mittelalters mit einer Reichweite von etwa 500 Metern; geworfen wurden Steinkugeln von einem Gewicht bis zu 1,5 Tonnen

Blutbann/Bann – königliche Regierungsgewalt; betrifft als Blutbann die Ausübung der Strafgerichtsbarkeit

Bord – Kante des Oberdecks; »an Bord« bedeutet »auf dem Schiff«

Bording – besonders in Preußen verwendetes Küstenschiff zum Warentransport

Brünne – Kettengeflecht zum Schutz für Nacken und Hals des Ritters; wurde am Helm befestigt

Büttel – Bezeichnung für den Gerichtsboten, der zu den niederen Vollstreckungsbeamten gehörte

Bug – Vorderkante des Schiffsrumpfes

Bussen – kleine Frachtschiffe, die auch als Fischereifahrzeuge dienten

Butjadingen – Landschaft zwischen Jadebusen und Weser

Chargierte – Vorgesetzte

Chimäre – Trugbild, Hirngespinst

Chuzpe – Dreistigkeit, Unverschämtheit

Cicerone – scherzhaft für beredsamen Fremdenführer

»conditio sine qua non« – lateinisch; die notwendige Bedingung, ohne die etwas anderes nicht eintreten kann

Deck – waagerechter Abschluß des Schiffsrumpfes oder eines Schiffsraumes

Deckshaus – Aufbau auf dem Oberdeck, der nicht von Bord zu Bord reicht

Defilee – Enge, Engpaß

Deutscher Orden – Ritterorden, der in der Kreuzzugszeit im 12. Jahrhundert gegründet wurde und im 13. Jahrhundert in Preußen einen eigenen Staat gründete

Dioskurenpaar – unzertrennliches Freundespaar

Draggen/Enterdraggen – spezieller Anker ohne Schaft, der mit der Hand geworfen wurde und sich auf dem Deck des gegnerischen Schiffs verhakte

Drost/Reichsdrost – Truchseß; oberster Beamter an einem Königshof; zuständig für die gesamte Verwaltung

dwars – quer, querab

entern – das gewaltsame Eindringen in ein Schiff, nachdem es durch Enterdraggen/Enterhaken an das eigene Fahrzeug herangeholt und festgemacht wurde

Enterbeil – Beil zum Durchschlagen des Tauwerks

Enterhaken → Enterdraggen

Enternetz – ein Netz, das zum Schutz über das Deck gespannt wird

Ewer – kleineres langsames Handelsschiff

Fehde – Feindseligkeiten; Privatkrieg zwischen Einzelpersonen und Sippen zur Durchsetzung von Rechtsansprüchen bis hin zur Blutrache

fouragieren – Lebensmittel, Futter empfangen oder beschaffen

Gebietiger – höherer Beamter des Deutschen Ordens; vorwiegend Sammelbezeichnung für die Komture (Befehlshaber einer Ordensburg und des dazugehörigen Verwaltungsbezirks)

Gilde – genossenschaftliche Vereinigung von Kaufleuten mit besonderen Statuten; später bilden sich bei vorwiegend handwerklichem Gewerbe die Zünfte

Gissung – Schätzung

Glasen – das halbstündige Schlagen der Schiffsglocke; geht zurück auf die Sanduhren der Segelschiffe (das »Glas«), deren Laufzeit jeweils eine halbe Stunde betrug

Großschäffer – oberster Beamter des Deutschen Ordens; Chef der Speicherverwalter

Halsberg – Ringkragen; metallener Halsteil der Ritterrüstung

Hanse – Vereinigung von Kaufleuten des Mittelalters, die ein bestimmtes Land zwecks Handel aufsuchten; später Bezeichnung für eine Städtegruppe, deren Kaufleute Hansen waren

Harnisch – Schutzausrüstung des Ritters in Kampf und Turnier (15.–17. Jahrhundert) aus beweglichen miteinander verbundenen Eisenplatten oder -röhren

Heck – der den Achtersteven überragende Abschluß des Schiffsrumpfs

Hellebarde – mittelalterliche Stoß- und Hiebwaffe mit langem Schaft

Helling/Helgen – Bauplatz für Schiffsneubauten

Hochmeister – Titel des Oberhaupts des Deutschen Ordens

Höriger – zu einer Grundherrschaft gehörender Unfreier

Holk/Hulk – einmastiges Frachtschiff, das im 15. Jahrhundert die Kogge verdrängte und größere Tragfähigkeit hatte

Huldigung – Treuegelöbnis der Untertanen; später Treueeid

Hundskogel – Helm der Ritterrüstung mit spitz zulaufendem Gesichtsteil

Injurien – Beleidigungen

»inter australem plagam et orientalem ...« – lateinisch; »zwischen dem südlichen und dem östlichen Landstrich ...«

Janmaat – scherzhafte Bezeichnung für Matrose

Kai – befestigtes Ufer zum Anlegen von Schiffen

Kajüte – Wohnraum des Kapitäns an Bord

Kaper/Kaperer – Teilnehmer am Handelskrieg auf eigene Kosten und eigenes Risiko; ermächtigt durch den Kaperbrief

Kastell – Aufbau auf dem Vor- und Achterdeck eines Schiffs

Kettenhemd – Schutzkleid für den Ritter aus einem Geflecht von Eisenringen; vom Plattenharnisch abgelöst

Kimm – sichtbare Horizontlinie

Klinkerbeplankung – eine Art der Beplankung, bei der die Holzplanken dachziegelförmig übereinandergreifen

Knochenhauer – Fleischer, Metzger, Schlachter

Kogge – hochbordiges geklinkertes Schiff der Hansezeit mit einer Tragfähigkeit bis zu 100 Last (200 Tonnen); Einmaster mit einem großen quadratischen Segel

Koje – feste Schlafstelle an Bord

Koller – ärmelloses Lederwams

Kolli – Mehrzahl von »Kollo«; Frachtstück, Warenballen

kommod – bequem, angenehm

Kontribution – im besetzten Gebiet zum Unterhalt der Besatzungstruppen erhobener Beitrag von den Landesbewohnern

Konvent – Versammlung der Mönche eines Klosters

Konvoi – Zusammenfassung von Handelsschiffen zu einem Geleitzug, der von Kriegsschiffen gesichert wird

Kraweel – Schiffstyp mit drei Masten und glattem Rumpf mit einer Tragfähigkeit von über 400 Tonnen; seit Mitte des 15. Jahrhunderts in Gebrauch

Kraweelbeplankung – Art der Beplankung, bei der die Holzplanken mit ihren Kanten so gegeneinander gesetzt werden, daß eine glatte Außenfläche entsteht

kreuzen – im Zickzackkurs gegen die Windrichtung segeln

Kreuzzug – allgemein von der Kirche propagierte und unterstützte Kriege gegen die »Heiden« zur Wiederherstellung und Verteidigung des christlichen Glaubens

Küraß – Brustharnisch

Last – Gewichtseinheit; eine Last = zwei Tonnen (2000 kg)

Lastadie – Landeplatz für Schiffe zum Warenaus- und -einladen

Lee – die dem Wind abgekehrte Schiffsseite

Legerwall – Stellung eines Seglers in Luv einer Küste; Strandungsgefahr

Lehen – Nutzungsrecht an einer fremden Sache, vor allem an Grundbesitz, gegründet auf Verleihung durch den Eigentümer

Leichter – flaches, plattbodiges und offenes Schiff zum Entladen von Frachtern

Livland – historische Landschaft in der UdSSR; nördlicher Teil Estlands, südlicher Teil Lettlands

Lot – Leine mit Senkblei; damit wird der Abstand vom Schiff zum Meeresboden gemessen

Lotsgast – Matrose, der die Lotung durchführt

Luv – die dem Wind zugekehrte Schiffsseite

Mars – halbrunde Plattform auf der Mastspitze zum Abspreizen der Wanten; Plattform zur Führung und Befestigung der Marsstenge

Navigation – Bestimmung/Berechnung des Schiffswegs und Schiffsorts

Östringen – ostfriesische Landschaft

Patrizier – Angehöriger der reichen städtischen Oberschicht

Pfeffersäcke – abwertende Bezeichnung für Kaufleute

Pfundgeld – Sondersteuer zur Finanzierung bestimmter Aufgaben

Phalanx – geschlossene Schlachtreihe, geschlossene Front, im übertragenen Sinn gebraucht

Pike – Spieß; Landsknechtsspieß

Pleyte – einmastiges Frachtschiff, das verhältnismäßig groß ist und dem Ewer ähnelt

Pofel – wertloses Zeug
Prahm – kastenförmiges Transport- und Arbeitsboot
Prise – ein während des Kriegs auf hoher See aufgebrachtes feindliches Handelsschiff
Privilegien – Vorrechte; Ausnahmerechte zugunsten der Privilegierten
Prozedere/Prozedur – Verfahren

Rah – an der Vorderkante eines Mastes schwenkbar angebrachtes Rundholz, das zur Befestigung der Segel dient
Ratifizierung/Ratifikation – Genehmigung, Bestätigung eines von der Regierung abgeschlossenen völkerrechtlichen Vertrags durch die Legislative
Reede – Ankerplatz vor dem Hafen
Reep – Bezeichnung für Tau
Reisiger – Bezeichnung im Mittelalter für einen bewaffneten Krieger
Richerzeche – Zusammenschluß der reichsten Familien Kölns im Mittelalter; sie hatte überragenden Einfluß auf die Stadt
Ritter – berittener und gepanzerter Kriegsmann im Mittelalter; neben adligen Vasallen konnten auch Unfreie zum Ritter geschlagen werden und damit sozial aufsteigen
Roof – Schlafraum auf Deck
Ruder – die Steueranlage eines Schiffs
Rüstringen – Landschaft Ostfrieslands am Jadebusen

Santiago de Compostella – berühmter mittelalterlicher Wallfahrtsort in Nordwest-Spanien
Siel – schmaler, meist der Entwässerung des Landes dienender Durchlaß in einem Deich
Superkargo – bevollmächtigter Frachtbegleiter; reist im Auftrag des Versenders

Schalme – andere Bezeichnung für Seeräuber
Schiffer – Kapitän
Schiffmann – Matrose
Schiffsort – geografischer Punkt, an dem sich das Schiff befindet
Schismatiker – Verursacher einer Kirchenspaltung; Abtrünniger
Schnigge – kleiner schneller Segler, häufig als Kaperschiff oder Kriegsschiff verwendet
Schute – ähnliches Schiff wie die Schnigge, nur etwas kleiner

Stadland – Landschaft zwischen Weser und Jadebusen
Stenge – aufsetzbare Verlängerung des Mastes
Stentorstimme – laute gewaltige Stimme
Steuerbord – rechte Schiffsseite in Fahrtrichtung
Steven – der vom Kiel nach oben verlaufende Abschluß des Schiffsrumpfs
Strandrecht – ursprünglich das Recht der Küstenbewohner auf Leib und Gut Schiffbrüchiger; seit dem 13. Jahrhundert nur noch das Bergerecht

Tartsche – kleiner Reiterschild
Tief – Flüßchen, Rinne
Top – Spitze eines Mastes oder einer Stenge
Troß – Wagenpark, der die Truppe mit Verpflegung und Munition versorgt
Turnier – ritterliches Kampfspiel im Mittelalter
Tusculum – ruhiger behaglicher Landsitz

Unfreier – Höriger
usurpieren – widerrechtlich die Gewalt an sich reißen

Vasall – Lehnsmann, Gefolgsmann
Verweser – stellvertretender Verwalter

Vogtei – Sitz, Amtsbezirk eines Vogts
vorlich – alles was vor dem Schiff ist

Wappner – andere Bezeichnung für Ritter
Warft/Wurt – Erdaufschüttung für Behausungen als Schutz gegen Hochwasser
Watt/Wattenmeer – flacher Küstenstreifen, der bei Flut mit Wasser bedeckt wird und bei Ebbe ganz oder teilweise trockenfällt
Westsee – ältere Bezeichnung für »Nordsee«
Willkomm – Prunkgefäß, dessen Inhalt zur Begrüßung getrunken wird
Winterlage – Winterliegezeit
Wune – ins Eis geschlagenes Loch

Zepter – Herrscherstab; Zeichen der Herrscherwürde
Zunft – im Mittelalter entstandene Organisation der Handwerker; regelt die Ausübung des Berufs und die wirtschaftlichen Verhältnisse der Mitglieder

Sach-, Personen- und Ortsregister

342